Die Gegend hier herum ist herrlich

W0054791

Senta Baumgartner · Othmar Pruckner

Die Gegend hier herum ist herrlich

Reisen zu Dichtern, Denkern, Malern und
Musikern in Niederösterreich

Falter Verlag

ISBN 3-85439-165-X
© 1996 Falter Verlagsgesellschaft m.b.H.
1011 Wien, Marc-Aurel-Straße 9
Telefon 0222/536 60-0
Idee und Unterstützung: Land Niederösterreich
(Kulturabteilung des Amtes der NÖ Landesregierung).
Alle Rechte vorbehalten.

Coverfoto: Prof. Gerhard Trumler
Karten: Creative Computer-Kartografie Putz/Unger, Wien
Grafische Gestaltung und Coverentwurf: Christof Janitschek
Lektorat: Kirstin Breitenfellner
Produktion: Susanne Schwameis
Satz: Falter Satz, 1011 Wien
Druck: Druckhaus Grasl, 2540 Bad Vöslau

Inhalt

Inhalt

Eine Reise durch die Vorstadt
Thomas Ebendorfer, Josef Hyrtl, Christoph Willibald
Gluck, Hugo Wolf, Hans Fronius in Perchtoldsdorf –
Mark Twain in Kaltenleutgeben – Rudolf Steiner und Sepp
Hubatsch in Brunn am Gebirge – Hans Weigel in Maria
Enzersdorf ... 167

**Die Künstlerkolonien in Mödling und
in der Hinterbrühl**
Arnold Schönberg – Ernst Krenek – Anton Webern –
Josef Hyrtl – Josef Weinheber – Anton Wildgans – Franz
Theodor Csokor – Albert Drach – Rudolf Hausner –
Joseph Olbrich ... 179

Baden in Baden
Josef Georg Kornhäusel – Hugo Wiener – Wolfgang
Amadeus Mozart – Karl Millöcker – Carl Zeller –
Carl Michael Ziehrer – Karoline Pichler – Franz Grillparzer –
Eduard von Bauernfeld – Betty Paoli – Katharina Schratt –
Franz Nabl – Albert Paris Gütersloh – Anton Rollett ... 195

Bad Vöslauer Stammgäste
Theophil Hansen – Hugo von Hofmannsthal –
Fanny Elßler – Gustav Freytag – Otto Wagner –
Theodor Herzl – Arthur Schnitzler – Peter Altenberg –
Adolf Loos – Bertha von Suttner – Ludwig Anzengruber –
Betty Paoli – Bertha Zuckerkandl ... 209

Fabrikanten und Fabriksstädte
Hermann Broch in Teesdorf – Rudolf Steiner in Neudörfl/Bgld.
und Wiener Neustadt – Ferdinand Ebner in Wiener Neustadt
– Josef Matthias Hauer in Wiener Neustadt – Franz Fischer in
Neunkirchen – Arthur Krupps Berndorf ... 214

Das Biedermeiertal
Leopold Kupelwieser in Markt Piesting – Johannes
Brahms in Oed/Waldegg – Ferdinand Ebner in Waldegg –
Friedrich von Gauermann in Scheuchenstein ... 232

Hexameter in der Buckligen Welt
Anton Wildgans in Mönichkirchen ...238

Inhalt

Auf den Semmering!
Carl Ritter von Ghega – Peter Altenberg – Stefan Zweig –
Hermann Bahr – Arthur Schnitzler – Sigmund Freud –
Josef Kainz – Max Böhm – Koloman Moser – Richard von
Schaukal – Franz Ritter von Neumann ... 243

Unter, an und auf der Rax
Franz Carl Weidmann, Arthur Schnitzler, Peter Altenberg
und Robert Musil im Thalhof bei Reichenau –
Sigmund Freud auf der Rax – Karl Farkas in Dörfl –
Heimito von Doderer in Prein an der Rax – Alma Mahler-
Werfel, Franz Werfel, Oskar Kokoschka und Adolf Loos
am Kreuzberg ... 256

Im Hochgebirge
Matthias Zdarsky und Ignaz Franz Castelli in Lilienfeld –
Franz Nabl im Gstettenhof bei Türnitz – Ferdinand Andri
und Oskar Kokoschka in Lassing – Carl Zeller
in St. Peter/Au ... 273

Das Tal der Donau
Sepp Mayrhuber in Golling – Oskar Kokoschka in
Pöchlarn – Jakob Prandtauer, Josef Munggenast, Paul
Troger, Johann Georg Albrechtsberger und Maximilian
Stadler in Stift Melk – Josef Plečnik in Melk ... 284

Klosterneuburg, Kierling, Weidling und Altenberg
Nikolaus von Verdun, Anton Bruckner, Johann Georg
Albrechtsberger und Leopold Knebelsberger in
Klosterneuburg – Nikolaus Lenau, Joseph Freiherr von
Hammer-Purgstall, Irene Abendroth und August Siccard
von Siccardsburg in Weidling – Nikolaus Lenau und Franz
Kafka in Kierling – Peter Altenberg, Adolf und Konrad
Lorenz in Altenberg ... 292

8

Komponierstuben, Geburtshäuser und Traumvillen

Wolfgang Amadeus Mozart spielte in Baden auf der Orgel. Oskar Kokoschkas Geburtshaus steht in Pöchlarn an der Donau und die Villa von Karl Farkas am Fuß der Rax. Ist das wichtig? Gehört das zur Allgemeinbildung? Muß man das wissen? Um die Fragen gleich selbst zu beantworten: Nein, man muß nicht alles wissen, was hier aufgeschrieben ist. Dieses Buch ist kein Lexikon, obwohl es auf Genauigkeit größten Wert legt und unzählige Fakten auflistet.

Dieses Buch ist ein Reiseführer. Es zeigt Routen zu ärmlichen Häusern, in denen Genies geboren wurden. Es führt zu den schönsten einst von berühmten Schriftstellern bewohnten Villen. Es geleitet zu Spazierwegen, die Komponisten zu unvergleichlichen Werken anregten.

Dieses Buch beschreibt Menschen – und die von ihnen geliebten Häuser und Landstriche, Täler und Berge. Wo malte der Kremser Schmidt? Und wo wuchs er auf? Wo ließ sich Arthur Schnitzler auf ein Schachspiel mit Folgen ein? Und wo, so die etwas ungewöhnliche Frage, saß Egon Schiele im Gefängnis?

Unsere Reisen führen in die Geschichte, führen zu touristischen Kleinoden und verborgenen Paradiesen, zu Verstecken und Fluchtburgen ebenso wie zu repräsentativen Landsitzen.

Keine Frage: Das Werk eines Künstlers ist nach wie vor wichtiger als seine Lebensumstände. Aber gleichzeitig ist vieles, was Maler und Musiker, Autoren und Philosophen schufen, ohne Kenntnis ihrer Lebensumstände nur halb so interessant. Die Spurensuche vertieft das Verständnis für das künstlerische Schaffen. Und versetzt mancherorts in eine kontemplative Stimmung. Es ist erschütternd, die Räume jenes Sanatoriums zu besuchen, in denen Franz Kafka qualvoll starb. Es ist wunderbar, sich genau auf jenen steinernen Sessel zu setzen, auf dem Ferdinand Raimund schon vor 150 Jahren saß. Und es ist einfach interessant zu sehen, in welchem Weinviertler Haus der Komponist Ignaz Pleyel geboren wurde.

Legenden sind nicht Gegenstand dieses Buches. Wo immer möglich, kommen die Porträtierten selbst zu Wort. Dies schlägt in der Regel die Brücke zum jeweiligen Werk, zur Arbeit des Bildhauers, Malers, Musikers oder Schriftstellers. – Noch eine einleitende Bemerkung: Daß Frauen in diesem Buch einen prozentuell geringen Platz einnehmen, ist nicht unsere Schuld. Vielmehr hatten sie es zu allen Zeiten um ein vielfaches schwerer, sich über Kunst zu verwirklichen und sich in der Folge im Kunst- und Kulturbetrieb zu behaupten.

Adressen und Telefonnummern
von Museen bzw. Informationsstellen

Lesespuren verweisen auf konkrete Texte,
Bücher oder Gedichtssammlungen der Porträtierten

Ferdinand Raimund: Dichterkönig und Naturfreund
Ferdinand Raimund in Gaaden und Sparbach,
Pernitz, Gutenstein, am Mariahilfberg und in Pottenstein –
Therese Krones in Sparbach

Der Dichter und Schauspieler FERDINAND RAIMUND (1790–1836) ist der Inbegriff des österreichischen Charakters. Lachen und Verzweiflung liegen bei ihm ganz nah beisammen; auf jedes „Himmelhoch jauchzend" folgte postwendend ein „Zu Tode betrübt". Während er vom Publikum bejubelt wurde und seine Stücke sehr erfolgreich waren, haderte er ständig mit sich und seinem Schicksal. „Ich habe diese Welt bis zum Ekel durchschaut, und sie ist mir viel zu erbärmlich, als daß ich mir einen längeren Aufenthalt auf ihr wünschen sollte", schrieb er einmal an seine Geliebte Antonie Wagner. Das Tragische dabei: Er meinte das Geschriebene durchaus ernst.

Zwei Therapien verordnete sich Ferdinand Raimund gegen seine immer wiederkehrenden Depressionen: Erstens versuchte er, sich seinen Weltschmerz vom Leib zu schreiben. Fast hat man den Eindruck, er mache sich in seinen Stücken über sich selbst lustig.

Zum zweiten fuhr er gern aufs Land. Ab 1925 bis zu seinem Freitod 1836 suchte er immer wieder die Gegend um Gutenstein im niederösterreichischen Alpenvorland auf; die letzten Lebensjahre verbrachte er vorwiegend in diesem schönen Tal.

Ferdinand Raimund in Gaaden und Sparbach
1790 als Sohn des Drechslermeisters Jakob Raimann in Wien geboren, mußte Ferdinand Raimund nach der Volksschule und dem frühen Tod der Eltern zu einem Zuckerbäcker in die Lehre gehen. Zu seiner Tätigkeit gehörte es auch, als sogenannte „Numero" Abend für Abend Zuckerbäckereien im Burgtheater zu verkaufen – wodurch seine Sehnsucht nach dem Theater geweckt wurde. Mit achtzehn Jahren lief er seinem Meister davon, schloß sich einer Theatergruppe an und spielte vorerst in der Provinz – in Raab, Ödenburg und in Steinamanger – die Rollen von Intriganten und komischen Alten. Sein erstes Wiener Engagement erhielt er

1814 in der Josefstadt; 1817 kam er ans Leopoldstädter Theater. Bald feierte er als Schauspieler große Erfolge. Zu schreiben begann er 1823; er stellte ein Stück des Possenschreibers Meisl, den „Barometermacher auf der Zauberinsel", fertig.

Ab 1825 machte der Dichter immer wieder Urlaub in Gutenstein. Der Weg dorthin war mit der Kutsche acht Stunden lang; er suchte sich folglich auch einen Ort, der näher lag – und fand Gaaden im Wienerwald. Dies ist die erste Station unserer Raimund-Reise.

In Gaaden quartierte sich Raimund im *Stiftsgasthof am Kirchenplatz* ein; er logierte in einer Dependance des uralten Wirtshauses im ersten Stock auf Zimmer 8, mit Blick auf die Kirche. Das eigentliche Gebäude, in dem Raimund abstieg, existiert nicht mehr, an seiner Stelle steht – *Kirchenplatz 6* – ein Bungalow. Sehr wohl aber besteht der ehemalige, heute zum Wohnhaus umgebaute Stiftsgasthof noch. Er liegt direkt an der *Heiligenkreuzer Straße,* gleich bei der Kirche. Eine Gedenktafel markiert das Haus.

In Gaaden schrieb Raimund 1833 große Teile seines letzten Stücks „Der Verschwender". Sogar im Spätherbst war er hierhergekommen; zwischen 18. und 27. November jenes Jahres stellte er den zweiten Akt fertig. Am 2. Dezember vollendete er das Stück.

Raimund konnte aus seinem Gaadener Fenster in Richtung Norden, Richtung Sparbach, schauen, wo die Schauspielerin THERESE KRONES (1801–1830) sich einen „Ansitz" gekauft hatte. Krones war Raimunds überaus erfolgreiche Schauspielpartnerin in „Der Bauer als Millionär" gewesen; sie hatte bei der Premiere am 10. November 1826 die „Jugend" gegeben, Raimund selbst als „Fortunatus Wurzel" brilliert. Krones war mit Abstand die beliebteste Schauspielerin des Altwiener Volkstheaters; Raimund hatte dem einstigen Kinderstar die Rolle der Mariandl im „Diamant des Geisterkönigs" (1824) und die der „Jugend" auf den Leib geschrieben.

Der einstige Wohnsitz des jung verstorbenen Stars befindet sich in *Sparbach* – direkt an der Ortsstraße, *Hausnummer 8.*

Auch Raimund selbst hielt sich gerne in der Sparbacher Gegend auf. So notiert er etwa am Ende des ersten Akts am Manuskript vom „Alpenkönig": „Auf Johannstein in Sparbach an meinem 38. Geburtstage." (1828) – Die Ruine Johannstein liegt im Sparbacher Tiergarten und ist ein lohnendes Ausflugsziel.

Auch ins „Himmelreich" in der Brühl zog sich Raimund beizeiten zurück. Hier entstand die 25. Szene des ersten Akts des „Alpenkönigs".

Ferdinand Raimund in Pernitz

Der nächste Ort, den wir auf unserer Raimund-Fahrt erreichen, ist Pottenstein, Raimunds Sterbeort. Wir fahren aber vorerst weiter und gelangen durch das Piestingtal nach Pernitz. (➤ Biedermeiertal, S. 232)

Die repräsentative *Raimund-Villa,* schon außerhalb von Pernitz Richtung Gutenstein gelegen, ist unser Ziel. Kurz vor dem Ortsende von Pernitz biegt man in die Siedlung nach rechts ab, fährt die Blättertalstraße entlang und zweigt schließlich nach links auf den hier vorbeiführenden Rad- und Wanderweg ein. Hinter einem dicht verwachsenen Zaun erspäht man an einigen Stellen das Haus *Pernitz Nummer 71.* Raimund hatte es anno 1834 samt Hausgarten, Acker, Wiesen und Wald um 4000 Gulden erworben. Der Maler Michael Mayr begleitete Raimund 1835 nach Pernitz. Er schreibt in sein Tagebuch: „Das Haus ist geräumig, solid und nobel erbaut und möbliert, hat einen großen Garten, bedeutende Äcker und Wiesen, ein Wirtschaftshäuschen dabei, dann einen Berg mit dickem Nadelwald, Gängen, Aussichten,

Raimund-Villa in Pernitz: „solid und nobel erbaut"

Lusthäuschen, Einsiedelei etc., der dicht am Haus sich erhebt. Prächtige Aussicht von den Fenstern und Balkon, eine herrliche Lage, ist für eine Herrschaft nobel genug und freuet mit Recht Raimund. Und kann dies auch, da er es selbst verdient und es im Ankaufe äußerst wohlfeil war. Mag er es lange genießen, ich gönne es ihm."

Der durch eine Säulenfront klassizistisch anmutende Bau war erst kurz vor dem Kauf errichtet worden; Raimund verbrachte hier von 1834 bis zu seinem Tode viele Tage. Es ist, da in Privatbesitz, nicht zu besichtigen.

Ferdinand Raimund in Gutenstein

Ferdinand Raimund hatte schon lange vor dem Hauskauf Bekanntschaft mit dem Piestingtal, Pernitz und Gutenstein gemacht. Im Jahre 1825 war er zum ersten Mal hier, um sich von einer schweren Nervenkrankheit zu erholen. In der Folge sind für fast jedes Jahr mehrere Aufenthalte gesichert. So berichtet die Wiener Theaterzeitung im Juni 1831, daß „Herr Raimund eine kleine Reise und zwar nach Gutenstein in der Nähe des Schneebergs gemacht hat und seinen Aufenthalt in dem heitern Gebirg dazu benützen wird, ein neues Stück zu schreiben".

Raimund-Gedenkstätte in Gutenstein: Haarlocke und Bett des Dichters

Bei seinen ersten Besuchen in Gutenstein wohnte er nach mündlicher Überlieferung im sogenannten *Oberjägerhaus,* im Markt 21, heute *Hauptstraße 21*. In diesem Gebäude befindet sich heute im ersten Stock die *Gedenkstätte für Raimund.*

In drei Räumen sind über 170 Exponate mit

mehr oder weniger großem Bezug zu Raimund ausgestellt. Im ersten Raum finden sich alte Ansichten von Gutenstein ebenso wie Briefe Raimunds, Theaterzettel und der Hobel, den der Burgschauspieler Alexander Girardi bei seinem letzten Auftritt als Valentin benutzt hat. Im zweiten Raum sind Entwürfe des Malers Josef Engelhart für Wandmalereien zu sehen, die Szenen aus verschiedenen Raimund-Stücken darstellen. Der dritte Raum widmet sich schlußendlich dem Dichter persönlich. Zu sehen sind unter anderem das Bett, in dem Raimund – angeblich – schlief, eine Haarlocke und ein Porträt des Dichters.

Daß Gutenstein heute die Erinnerung an seinen prominentesten Sommerfrischler hegt und pflegt, liegt auf der Hand. Seit kurzem finden vor Schloß Hoyos sommerliche Freiluftaufführungen von Raimund-Stücken statt.

☞ *Raimund-Gedenkstätte in Gutenstein, Hauptstraße 21, 1. Mai bis Allerheiligen Sa, So und Fei 10–12 und 14–17 Uhr; Führungen und Besuche außerhalb der Besuchszeiten nach Voranmeldung bei der* ☞ *Gästeinformation, Hauptstraße 21, Tel. 02634/222 oder 220*

Ferdinand Raimund am Mariahilfberg

An Gutenstein
Am 1. Mai 1827. Auf der Höhe des Mariahilfberges

So schau ich Dich im Frühlingsschein,
Du mein geliebtes Gutenstein,
Und durch bedeutungsvolle Zahl
Begrüß ich Dich nun siebenmal.
(...)

Raimunds Lieblingsaufenthalt war der *Mariahilfberg,* der heute mit dem Auto, dem Autobus oder – ganz in Raimundscher Manier – per pedes erreicht werden kann. Beim Anstieg muß man den am Hang liegenden *Friedhof von Gutenstein* aufsuchen: Hier befindet sich das Grab des Dichters. Seine geliebte Toni veranlaßte schon kurz nach seinem Tod die Errichtung des Grabmals; schließlich hatte Raimund schriftlich deponiert, daß er hier begraben werden wolle:

Verbirg mein graues Haupt in deinem grünen Haus.
Dann mag sich meine Lebenssonne neigen,
Dann will ich in dein kühles Brautbett steigen,
In deinem Schoß ruh mein Gebein,
Mein Grabmal sei in Gutenstein!

Auf gewundener Straße erreicht man ein kleines Plateau, auf dem die Wallfahrtskirche und das Servitenkloster Mariahilfberg sowie eine Handvoll Buden, zwei Gasthäuser und zwei Fremdenpensionen liegen. Abends, wenn die Tagestouristen und Wallfahrer die Heimreise angetreten haben, wird es auf dem Platz, der so schön ist, daß man es gar nicht weitererzählen will, unendlich ruhig und idyllisch, geradezu biedermeierlich beschaulich. Schon vor 170 Jahren gab es hier Labestellen – Raimund besuchte gerne den Gasthof Huber, der heute eine Pension geworden ist.

Zum absoluten Lieblingsplatz des Dichters, dem heute so genannten *Raimundsitz,* gelangt man auf dem Kreuzweg, der gleich bei der Kirche beginnt. Der Weg ist rund zwanzig Minuten weit. Dieser Raimundsitz ist nichts anderes als eine Steinbank, die sich der Dichter selbst gebaut haben soll. Von hier und einigen anderen Plätzen ringsum hat man eine schöne Aussicht auf den Schneeberg. Auf diesem Platz hat Raimund am 1. Mai 1827 seine

Der Mariahilfberg bei Gutenstein: Raimunds Lieblingsort

oben zitierte Hymne „An Gutenstein" geschrieben; hier, so steht zu vermuten, holte er sich zumindest Anregungen für seinen „Alpenkönig".

Es ist keine schlechte Idee, sich das (möglicherweise noch aus der Schulzeit herübergerettete) „Alpenkönig"-Reclamheftchen hierher mitzunehmen und eine Lesestunde einzulegen. Wo, so fragt man sich, sollte man den „Alpenkönig" denn sonst lesen? – Der gesamte Mariahilfberg läßt sich übrigens auf dem Kreuzweg umrunden; für die Wallfahrer sind hier schon früh schöne, leicht zu bewältigende Spazierwege angelegt worden.

Ferdinand Raimund: An Gutenstein (Am 1. Mai 1827).
In: Raimund: Werke in zwei Bänden, Bd. II, Salzburg 1984.
Ferdinand Raimund: An Gutenstein (II.). In: Raimund: Werke in zwei
Bänden, Bd. II, Salzburg 1984. / Ferdinand Raimund: Der Alpenkönig
und der Menschenfeind, Stuttgart (Reclam).

Ferdinand Raimund in Pottenstein

Die letzte Station im Lebensweg von Ferdinand Raimund, die letzte Station auf der Raimund-Entdeckungsreise ist Pottenstein.

Jahrelang hatte Raimund der Wahn geplagt, daß er einst durch einen tollwütigen Hund gebissen und angesteckt werden könnte.

Ehemaliger Gasthof Zum Goldenen Hirschen: Raimunds Sterbehaus

17

Im August 1836 war dann die Verzweiflung groß – denn tatsächlich hatte ihn ein Hund gebissen. Raimund flüchtete nach Mariazell, erholte sich fürs erste und kehrte nach Gutenstein zurück. Da hörte er, daß der Hund auch andere Personen gebissen hätte und getötet worden sei – was seine Panik wiederaufleben ließ. Gemeinsam mit Toni Wagner brach er Hals über Kopf nach Wien auf, um sich untersuchen zu lassen, wurde aber durch ein Gewitter zur Übernachtung im Pottensteiner Gasthof Goldener Hirsch gezwungen. Irgendwann nach Mitternacht verlangte Raimund von Toni Wagner ein Glas Wasser. Ein Augen- und Ohrenzeuge, ein Piaristenpater, der im danebenliegenden Zimmer schlief, schildert das weitere Geschehen:

„Ich schlief bereits; aber ein Donnerschlag, wie ich noch keinen gehört habe, weckte mich. Ich meinte, im Wirtshause mußte es eingeschlagen haben. Ich horchte, denn ich fürchtete, jeden Augenblick Feueralarm zu vernehmen. Zugleich vernahm ich in dem Zimmer nebenan jemanden in größter Aufregung sprechen. Ich erhob mich, um zu dem mir bekannten Schauspieler zu eilen, aber in diesem Augenblick fiel ein Schuß. Ich stürzte nach dem Zimmer Raimunds. Er saß auf dem Bett. ‚Das ist ein Unglück‘, sagte er, dann sank er um. Ein Strom von Blut bedeckte ihn. Das Terzerol, deren er immer zwei bei sich trug, und mit dem er sich eine Kugel in die Mundhöhle gejagt hatte, hielt er noch krampfhaft in der Hand.“

Raimund hatte Pech im Unglück: Er war nicht sofort tot. Ja er blieb sogar bei Bewußtsein. Also wurden rasch Ärzte aus Wien und Baden angefordert – die Kugel konnte aber nicht entfernt werden. Der berühmte Anton Rollett aus Baden minderte wenigstens Raimunds Todesqualen, indem er ihm Knochensplitter aus der Mundhöhle holte; danach konnte der Sterbende wieder freier atmen. (➤ Rollett in Baden, S. 207f.)

Das Ende war unabwendbar. Der Wirt des Gasthauses, Josef Schönbichler, vermerkte in seinem musterhaft geführten Geschäftsbuch, das leider seit dem Zweiten Weltkrieg verschollen ist: „H. Ferdinand Raimund aus Wien, hat sich am 30ten August d. J. durch einen Schuß tödlich verwundet und ist am 5. October [muß September heißen, Anm. d. Verf.] Abends ½ 4 Uhr gestorben, wurde am 6ten dieß seccirt und am 8ten nach 12 Uhr hier, eingesegnet und nach Guttenstein zur Beerdigung überführt.“

Zum Begräbnis kamen viele Menschen, sowohl aus Gutenstein als auch Freunde aus Wien. Eine Rede wurde gehalten, ein Quartett abgesungen – und der Maler Michael Mayr notierte: „Jedes Auge vergoß Tränen. Ich habe bei keiner Leiche mehr wahrhafte Rührung und Teilnahme, auch mehr ernste Stimmung und Anständigkeit gefunden, als bei dieser. Gott segne Raimunds Asche!"

Allerdings wurde Raimund ohne den oberen Teil seines Kopfes begraben. Den hatte Anton Rollett (➢ Rollett in Baden, S. 207f.), der Schädeldecken von interessanten Persönlichkeiten „zu Forschungszwecken" sammelte, nach der Obduktion an sich genommen. Erst 1969 konnte die Hirnschale – nach einer langen Irrfahrt – bei den übrigen Raimund-Gebeinen bestattet werden.

Raimunds Sterbezimmer befindet sich im großen Gebäudekomplex am Hauptplatz von Pottenstein. Das ehemalige *Gasthaus Goldener Hirsch* wird heute von Nachkommen des obengenannten Wirts Schönbichler bewohnt. Am ältesten, aus dem 15. Jahrhundert stammenden Teil des Hauses ist noch das Wirtshauszeichen, ein goldener Hirsch, ausgehängt sowie eine Gedenktafel befestigt. Am später entstandenen, heute renovierten Gebäudeteil *Hauptplatz 6* befindet sich ebenfalls eine Gedenktafel. Der Besitzer des Hauses, Herr Buczkowski, hat einige Raimund-Erinnerungsstücke angesammelt. So hütet er z.B. einen Lorbeerkranz Raimunds. Bei freundlicher Anfrage ist eventuell auch ein Besuch des Sterbezimmers möglich. Es befindet sich im ersten Stock und dient heute als Abstellkammer.

 ☛ *Herr Buczkowski, Hauptplatz 6, Pottenstein, Tel. 02672/872 12*
☛ *Marktgemeinde Pottenstein, Hauptplatz 13, Pottenstein, Tel. 02672/824 24-0*

Das Land Ludwig van Beethovens
*Ludwig van Beethoven in Mödling, Baden und
Gneixendorf bei Krems*

Ist Beethoven ein Deutscher? Oder doch ein Österreicher? Kann man ihn wirklich guten Gewissens einen österreichischen Komponisten nennen? Ist er, der in Bonn geboren wurde, letztendlich  nicht doch ein Fremder in unserem Land geblieben?

LUDWIG VAN BEETHOVEN (1770–1827) kam nicht, um hier Arbeit zu finden, sondern um zu lernen. Noch während der Regentschaft Maria Theresias, im Jahre 1787, tauchte der Siebzehnjährige erstmals in Wien auf. Endgültig nach Österreich übersiedelte er dann 1792, um zuerst bei Haydn, dann bei Albrechtsberger und Salieri zu studieren.

Seine Lebensgeschichte ist minutiös dokumentiert, jede Station in diversen Büchern, Broschüren, Heftchen nachzulesen. Für uns ist eines wichtig: Er war ein unruhiger Geist und ständig auf der Suche nach Schönheit, Ruhe und Natur.

In Wien wechselte er mehr als dreißig Mal seine Wohnung. Große Reisen unternahm er wenig, vielleicht auch deshalb, weil er schon früh große gesundheitliche Probleme hatte – fast dreißig Jahre lang litt er unter schwindendem Gehör bzw. Taubheit, dazu kamen noch ständige, wenigstens zum Teil durch seine exzentrische Lebensweise mitbestimmte Unterleibsprobleme. So ist seine Sucht nach starkem Kaffee überliefert, es heißt, Kaffee sei sein „unentbehrlichstes Nahrungsmittel gewesen, sechzig Bohnen wurden für eine Tasse gerechnet und oft auch abgezählt".

Beethoven war ein Naturfreund und holte sich seine Inspirationen bei Spaziergängen und Wanderungen.

Ludwig van Beethoven in Baden
Der Ort, den Beethoven neben Wien sicher am meisten schätzte und demzufolge auch am häufigsten für lange Sommeraufenthalte besuchte, war Baden bei Wien. Er wollte hier seine Krankheit wenn schon nicht heilen, so doch stabilisieren.

Dreizehn Aufenthalte sind gesichert. „Ich melde ihnen nur, daß ich in Baden derweil bin und mich vortrefflich – nicht durch die dortigen Gesellschaftten, wohl aber durch die wahrhaft schöne Natur dort befinde", schreibt er in einem Brief.

Vor einem Rundgang zu den Badener Beethoven-Wohnhäusern sollte man sich im Fremdenverkehrsamt einen Stadtplan besorgen. Wir besuchen die Stätten der Erinnerung nicht in chronologischer Reihenfolge, sondern reihen sie nach ihrer Wichtigkeit bzw. Erreichbarkeit in einen nachvollziehbaren Spaziergang.

Erste Station: *Beethovenhaus,* auch „Haus der Neunten" genannt, in der *Rathausgasse 10,* ehemals Nummer 94. Als eines der ältesten Häuser Badens beherbergt es heute die Badener Beethoven-Gedenkstätte, eingerichtet im ersten Stock, in genau den Räumen, die Beethoven in den Jahren 1821, 1822 und 1823 bewohnte. 1823 arbeitete er hier an der neunten Symphonie op. 125, am Kanon „Kühl nicht lau".

Man sieht unter anderem Beethovens Schlafkammer mit Stilmobiliar; in den Räumen finden beizeiten auch Sonderausstellungen statt. An der Kasse sind CDs sowie Beethoven-Büsten zum „Sonderpreis" von 190 Schilling zu erwerben.

 ☛ *Beethovenhaus, Rathausgasse 10, Di–Fr 16–18 Uhr, Sa, So, Fei 9–11, 16–18 Uhr, Mo geschlossen*

Der Sauerhof in Baden: Beethovens Quartier 1813 und 1814

Zweite Station: *Antonsgasse 4*, ehemaliger *Gasthof zum goldenen Schwan*. Man erreicht die Antonsgasse, indem man über die Rathausgasse in die Fußgängerzone, dann durch die Pfarrgasse Richtung Pfarrkirche geht. Die Antonsgasse ist die verlängerte Pfarrgasse. Auf Nummer vier – das Haus wurde stark verändert und ist nicht zu besichtigen – wohnte Beethoven im Jahr 1822, allerdings nur deshalb, um sich von hier aus ein dauerhaftes Quartier zu suchen. In diesem Jahr zog er zweimal um: zuerst von der Antonsgasse, die damals noch Wiener Straße hieß, in die Rathausgasse 10 (siehe oben) und von da schließlich in die Frauengasse.

Dritte Station: *Frauengasse 10*, sogenannter *Magdalenenhof*. Um hierher zu gelangen, geht man von der Antonsgasse zurück zum Hauptplatz. Die schmale Frauengasse führt am unteren Ende des Hauptplatzes Richtung Josefsplatz ab.

An dem langgestreckten alten Bau nagt der Zahn der Zeit. Der Computerhändler, der das Geschäft im Parterre des ehemaligen Gasthofes führt, ist ein freundlicher Mann; bei höflichem Bitten öffnet er das große Tor und läßt Beethoven-Pilger in den schönen Innenhof blicken – hier hat sich seit Beethovens Zeit nicht viel verändert, was einesteils beruhigend, andernteils aber schon fast wieder beängstigend ist. Beethovens Aufenthalt ist durch eine hier ausgestellte Rechnung aus dem Jahre 1822 dokumentiert: „Herr von Beethoven vom 11. Oktober je Tag 2 Gulden 45 Kreuzer".

Beethovens Zimmer werden zur Zeit als Quartiere für Bauarbeiter genutzt.

In den Jahren 1848 bis 1860 verbrachte hier auch Franz Grillparzer seine Sommer. (➤ Grillparzer in Baden, S. 203f.)

Vierte Station: *Johannesbad* bzw. Johanneshof, *Johannesgasse 12–14*. Zum heutigen Johannesbad – das mit dem, das zu Goethes Zeit existierte, außer dem Standort nichts mehr gemein hat – gelangt man, indem man den belebten Josefsplatz Richtung Westen verläßt und die Pergerstraße bis zum ersten Platz entlanggeht. Direkt am Ufer der Schwechat liegt das zum „Kreativzentrum Johannesbad" verwandelte Gebäude. – Da, wo heute musiziert und Theater gespielt wird, befanden sich seit 1672 Armen- und Bettlerbäder; in der Johannesgasse, einige Schritte vom Bad entfernt, befindet sich das dazugehörige Sanatorium Johannesbad, das in mannigfacher Mutation aus einem ersten, 1802 errichteten „niedlichen Wohnhaus mit vielen Bequemlichkeiten" hervorgegangen ist. Von dem Wohnhaus, in dem Beethoven 1807 abstieg, ist nichts mehr zu sehen. 1807 war das zweite Badener Jahr Beethovens; er komponierte damals einen Teil der berühmten „Pastorale", der sechsten Symphonie.

Fünfte Station: Der *Sauerhof, Weilburgstraße 13,* liegt etwa fünf Minuten vom Johannesbad entfernt. Man überquert die Schwechat auf der Sauerhofbrücke, die man am Ende der Johannesgasse erreicht hat, und wendet sich nach rechts in die Weilburgstraße. Mächtig und einer Kasernenanlage nicht unähnlich, liegt der neue Sauerhof in stolzer Breite da. Er wurde 1820 bis 1822 vom berühmten Architekten Josef Kornhäusel errichtet, erlebte aber mehrfache Veränderungen.

Der alte Sauerhof, in dem Beethoven 1813 und 1814 logierte, wurde vor der Errichtung des neuen Sauerhofs abgerissen. Hier hat Beethoven die Schlachtensymphonie „Wellingtons Sieg oder die Schlacht bei Vittoria" komponiert, womit ihm seinerzeit ein erster ganz großer Erfolg gelang. – Auf der Grünfläche vor dem Hotel befindet sich ein Beethoven-Denkmal.

Magdalenenhof in Baden: Unverändert seit Beethovens Zeit

Franz Grillparzer verbrachte hier 44 Sommer später einen Kuraufenthalt. (➤ Grillparzer in Baden, S. 203f.)

 ☛ *Grandhotel Sauerhof, Weilburgstraße 11–13,*
Tel. 02252/412 51-0

Sechste Station: Auch vom Domizil *Schloß Gutenbrunn* bzw. dessen Nebengebäude, der Eremitage, existiert nur mehr der Name. Vom Sauerhof aus erreicht man dieses ehemalige Beethoven-Quartier, indem man über die Sauerhofstraße und die Sauerhofbrücke in die Pelzgasse geht. Unmittelbar am Mühlbach geht ein Weg nach rechts ab. Man befindet sich nun an der Rückseite des Hotels Gutenbrunn; mit einiger Phantasie kann man sich die damaligen Gebäude vorstellen. Beethoven logierte hier 1824 und 1825; ein Besucher aus England berichtet über die Wohnverhältnisse: „Ein hölzerner Zirkus für Reitpferde war in einem weiten Hofe vor dem Hause errichtet, in welchem er vier genial möblierte Zimmer bewohnte. In einem derselben befand sich das große Klavier, sehr verstimmt, welches ihm Herr Broadwood geschenkt hatte. (…) Nach einer langen Unterhaltung über musikalische Gegenstände, während der er auch sein großes Verlangen aussprach, nach England zu kommen, bestimmte er mit seiner seltsamen Köchin das Mittagessen und trug seinem Neffen auf, für hinlänglichen Vorrat von Wein zu sorgen. Dann unternahmen wir einen Spaziergang; Beethoven ging meist voraus, irgend eine Passage vor sich hinbrummend. (…) Das Mittagessen war sehr sorgfältig zubereitet und so reichlich, daß noch Gerichte kamen, als wir schon weggingen. Es wurde viel Wein getrunken; ich hörte zufällig, wie Beethoven sagte: Wir wollen versuchen, wieviel dieser Engländer trinken kann."

Siebte Station: Das *Ossolinskische Haus* oder *Schloß Braiten* in der *Braitner Straße 26,* in dem Beethoven 1816 wohnte, liegt etwas abseits der Route, der Marsch dorthin ist nicht schön. Das Gartentor ist versperrt, und das düster wirkende Gebäude beherbergt heute das Bundesinstitut für Heimerziehung und Sozialpädagogik.

Achte Station: Etwa fünf Kilometer außerhalb von Baden, im stark befahrenen *Helenental,* befindet sich am linken Ufer der Schwechat die sogenannte Cholerakapelle. Auf dem Steg, der am unteren Ende des Parkplatzes über die Schwechat führt, gelangt man ans andere Ufer. Etwas flußaufwärts liegt der *Lieblingsplatz Beethovens,* ein mit einem Gedenkstein markierter Felsblock; von hier führt auch der unmarkierte *Beethovensteig* auf den hohen Lindkogel. Angeblich, aber das fällt in die Kategorie Legende, erlebte Beethoven hier das Gewitter, das er musikalisch in der „Pastorale" verarbeitete. Wem der Anstieg zu steil ist, der bleibt auf dem markierten, im Tal verlaufenden *Beethoven-Weg.*

Neunte Station: *Beethoventempel im Kurpark.* Auf dem Rückweg in die Stadt sollte man noch einen Spaziergang im Kurpark machen. Die Kultstätte für den Komponisten, nach kurzem, steilem Anstieg zu erreichen, wurde 1928 fertiggestellt. Direkt mit Beethoven hat dieses Denkmal allerdings nichts zu tun.

☛ Kur- und Bäderdirektion Baden, Leopoldsbad, Brusattiplatz 3, Tel. 02252/445 31-42 ☛ Touristeninformation Baden, Brusattiplatz 3, Tel. 02252/445 31-59

Ludwig van Beethoven in Mödling

Die romantische Landschaft im Süden von Wien wurde zu Beethovens Zeit noch zusätzlich durch Bauten „verschönert". Fürst Liechtenstein, dem damals der größte Teil der Gegend gehörte, ließ den Husarentempel und den schwarzen Turm in Mödling errichten sowie die Burg Mödling restaurieren. Man liebte Ruinen, antike Tempel, Meiereien und Pavillons. Die ganze Brühl, die heutige Hinterbrühl, wurde zum romantischen Naturpark gestaltet, in dem sich Beethoven sichtlich wohl fühlte.

Zum ersten Mal kam der Komponist 1799 nach Mödling; wichtig und gut dokumentiert sind aber die Sommer 1818, 1819 und 1820. – Legende ist sein Umzug von Wien nach Mödling im Jahre 1818. Mit einem gemieteten Packwagen ließ er die wichtigsten Dinge wie Klavier, Wäsche und Noten von Wien aufs Land bringen, wollte den freudigen, sonnigen Tag aber gleichzeitig gut ausnützen und ging das letzte Stück des Wegs zu Fuß – und traf er erst spät am Abend in Mödling ein. Die Überraschung kann man sich vorstellen: Der ungeduldige Frächter hatte nicht auf den Bummler gewartet und dessen Habseligkeiten auf dem Hauptplatz abgeladen. Beethoven mußte, vielbestaunt, auf der Stelle einige Helfer aufnehmen, die ihm den Hausrat in die Wohnung schafften.

Beethovens Haus in Mödling: Renaissancebau aus dem 16. Jh.

Ein Grund für seine Mödling-Besuche war die 1815 wiederentdeckte schwefelhaltige Mineralquelle im Garten des Hauses Pfarrgasse 14, dessen Besitzer ein Heilbad mit angeschlossenem Restaurant errichtet hatte.

Beethoven notierte in seinem Tagebuch: „Am 19. Mai 1818 hier in Mödling eingetroffen, gebadet vom 21. Mai an das erstemal."

In den Jahren 1818 und 1819 wohnte er im sogenannten *Hafnerhaus* in der heutigen *Hauptstraße 79;* im Jahre 1820 im sogenannten *Christhof* in der *Achsenaugasse 6.*

Im frisch renovierten Hafnerhaus, an dem sich auch eine Gedenktafel befindet, ist heute die Mödlinger *Beethoven-Gedenkstätte* eingerichtet. Das Haus selbst ist sehr alt; es handelt sich um einen Renaissancebau aus der zweiten Hälfte des 16. Jahrhunderts; schön ist der enge Innenhof mit dem hölzernen Pawlatschengang. In den Gedenkräumen befinden sich Bilder, Fotos, Kopien von Autographen. Das zu Dekorationszwecken aufgestellte Klavier wurde erst nach Beethovens Tod gebaut.

In Mödling sind 11 Walzer, Menuette und Ländler entstanden, hier arbeitete Beethoven an der „Hammerklaviersonate" op. 106, an den „Diabelli-Variationen" op. 120 und an der E-Dur-Klaviersonate op. 109.

Im Jahr 1819 schrieb er im Hafnerhaus intensiv an der „Missa solemnis" op.123 – einem Werk, das die Mödlinger nunmehr für ihre Stadt „reklamieren"; die „Missa" wird alljährlich in der Othmarskirche aufgeführt. Beethovens Freund und Vertrauter Anton Schindler schildert die Arbeitsweise des Komponisten: „In einem der Wohnzimmer bei verschlossener Tür hörten wir den Meister über der Fuge zum Credo singen, heulen, stampfen. Nachdem wir dieser nahezu schauerlichen Szene lange schon zugehorcht und uns eben entfernen wollten, öffnete sich die Tür und Beethoven stand vor uns mit verstörten Gesichtszügen, die Beängstigung einflößen konnten. Er sah aus, als habe er soeben einen Kampf auf Tod und Leben mit der ganzen Schar der Contrapunctisten, seinen immerwährenden Widersachern, bestanden."

Zur gleichen Zeit schrieb der Komponist für eine Gruppe von sieben Musikanten, die im *Gasthaus Zu den zwei Raben* in der Vorderbrühl, heute *Brühler Straße 51*, auftraten, die elf „Mödlinger Tänze". Das Gasthaus Zu den zwei Raben existiert noch, ist aber heute geschlossen. Es liegt direkt an der Ortsgrenze Mödling/Hinterbrühl.

Beethoven wanderte von Mödling aus liebend gern in die Natur: „Was mich angeht, so wandle ich hier mit einem Stück Notenpapier in Bergen, Klüften, Tälern umher", schrieb er 1818 einem Freund. Er versuchte sogar in Mödling ein Haus zu kaufen, was aber nicht gelang. Besonders schwärmte er von der Hinterbrühl: „Ein kleines Haus allda, so klein, daß man allein nur ein wenig Raum hat! Nur einige Tage in dieser göttlichen Briehl, Sehnsucht oder Verlangen, Befreiung oder Erfüllung!" Die Hinterbrühler dankten ihm diese lobende Erwähnung und setzten ihm im *Beethovenpark,* gleich vis-à-vis der Pfarrkirche, ein monumentales, um nicht zu sagen klobiges Denkmal.

Wer nach einem kleinen Mödlinger Stadtbummel nun auch eine beethovensche „Befreiung oder Erfüllung" genießen will, kann einen rund zweieinhalbstündigen Marsch auf dem *Beethoven-Spazierweg* absolvieren. Er führt vom Parkplatz Goldene Stiege vorbei an der Breiten Föhre, über den Richardhof und den Harlehnerbrunnen zur Einöde (an der Straße von Pfaffstätten nach Gaaden gelegen) und von hier weiter zum Beethoventempel im Kurpark von Baden.

i ☞ *Beethoven-Gedenkstätte im Hafnerhaus, Hauptstraße 79.*
Direkt am Haus bei Herrn Kolb läuten. Oder Voranmeldung im Museum, Josef-Deutsch-Platz 2, April bis Dezember Sa, So, Fei 10–12, 14–18 Uhr, Tel. 02236/241 59. ☞ Fremdenverkehrsverein Mödling, Kaiserin-Elisabeth-Straße 2 (im Gebäude des Altstadtpostamts), Tel. 02236/267 27

Ludwig van Beethoven in Gneixendorf

„Sie sehen schon, daß ich in Gneixendorf bin. Der Name hat einige Ähnlichkeit mit einer brechenden Achse. Die Luft ist gesund. Über sonstiges muß man das Memento mori machen", schreibt Beethoven in einem Brief über seinen letzten Landaufenthalt in Schloß Gneixendorf bei Krems.

Hierher, zur vielleicht stimmigsten aller niederösterreichischen Beethoven-Gedenkstätten, gelangt man über Krems, fährt Richtung Kamptal-Langenlois, vorerst auf der breit ausgebauten Schnellstraße, immer bergauf. Nach rund drei Kilometern erreicht man den zum Gemeindegebiet von Krems gehörenden Ort. Die genaue Anfahrt zum *Beethovenhaus* in der *Schloßstraße 19* ist ausgeschildert.

In seiner jetzigen Form wurde der einst so genannte Trautingerhof im späten 18. Jahrhundert errichtet; bewohnt wird er heute von der Weinhändlerfamilie Gettinger, die, fast möchte man sagen: natürlich, Etiketten mit „Beethovenwein" und „Beethovengrappa" auf die entsprechenden Fläschchen klebt.

Die sehenswerten Gedenkräume befinden sich im ersten Stock des Anwesens. Die Papiertapeten mit romantischer Landschaftsmalerei und Abbildungen von klassizistischen Bauten stammen aus der Zeit um 1800, sind also ohne Veränderung aus Beethovens Zeit ins ausgehende 20. Jahrhundert herübergerettet wor-

Beethovenhaus in Gneixendorf bei Krems: 200 Jahre alte Tapeten

den und stellen damit eine echte Kostbarkeit dar. Das insgesamt liebevoll gepflegte Interieur läßt jene Zeit im Herbst 1828 wach werden, in der der berühmte, bereits schwer leidende und beinahe taube Komponist hier logierte.

In den Räumen liegen Kopien der Werke auf, die er zumindest teilweise in Gneixendorf geschrieben hat. Die wichtigste künstlerische Ausbeute des Gneixendorf-Aufenthalts war das neue Finale des Streichquartetts op. 130 in B-Dur, das er nach eigener Datierung am 30. Oktober 1826 hier vollendete, also seine letzte Komposition überhaupt. Ebenfalls zu sehen ist ein Faksimile einer Beethovenschen Manuskriptseite mit den Takten 61 bis 65 des zweiten Satzes der neunten Symphonie. Dieses Manuskript trägt den Vermerk „Gneixendorf".

Einst gehörte das Beethovenhaus zum Schloß, dem nur wenige Meter entfernt liegenden sogenannten „Wasserhof". Dieser Bau befindet sich heute in einem beklagenswerten Zustand.

Beethovens Briefen und Notizen entnimmt man, daß er – trotz Streits mit der Frau seines Bruders – noch einmal glücklich war, daß die Landschaft ihn aufmunterte. An den Verleger Schott schreibt er: „Die Gegenden, wo ich mich jetzt aufhalte, erinnern mich einigermaßen an die Rheingegenden."

Wie auch schon bei seinen Badener und Mödlinger Landaufenthalten lebte Beethoven nach seinen eigenen Gesetzen. Friedrich von Kleyle, der Apotheker aus dem nahe gelegenen Langenlois, erzählt: „Er schlenderte auf den Feldern herum, er schrie, taktierte mit den Händen, ging einmal sehr langsam, dann wieder sehr schnell oder blieb plötzlich stehen und schrieb in eine Art Taschenbuch."

Es hat seinen eigenen Reiz, Beethovensche Spaziergänge nachzuvollziehen. Man kann den Ort Gneixendorf zu Fuß oder mit dem Fahrrad auf einer von Pappeln gesäumten Schloßallee Richtung Osten verlassen. Linker Hand befindet sich der Sportflugplatz Krems-Gneixendorf. Man befindet sich auf einer Art Hochplateau, dem von Weingärten, Feldern und Brachland bedeckten „Kremsfeld". Nach rund zwei Kilometern stößt man auf den ausgeschilderten, von Rohrendorf über Gobelsburg ins Kamptal führenden Radweg. Von hier kann man auf kurzem Wege nach *Langenlois* gelangen; eine Einkehr im Lokal *Beethoven,* in dem der Komponist gerne Rast machte, ist obligat.

Beim Besuch von Gneixendorf schwingt freilich auch Schmerz mit; dieser Landaufenthalt sollte Beethovens letzter sein. Hier entschied sich sein weiteres Schicksal: Seine Rückreise nach Wien am 1. Dezember des Jahres 1826 trat er überhastet in einem offenen Milchwagen an. Er zog sich eine Lungenentzündung zu, von der er sich nicht wieder erholte. Beethoven starb am 21. März 1827.

 ☛ *Beethovenhaus, Schloßstraße 19, Gneixendorf bei Krems, Tel. 02732/868 76 od. 755 86-0*

Wo liegt Walthers Vogelweide?
Die Walther-Mania in Walthers bei Zwettl –
Walther in Zeiselmauer

Selten wurde eine historische Figur, ein Dichter noch dazu, so sehr mystifiziert, benutzt und mit Absicht uminterpretiert wie der mit Abstand bekannteste deutschsprachige Dichter des Mit-telalters WALTHER VON DER VOGELWEIDE (ca. 1170– 1230). Noch heute wird – in Ermangelung von Dokumenten – eifrig um die Herkunft des Minnesängers gestritten. Die Schweiz, Franken, Tirol, Schwaben-Rheinfranken, Böhmen, Ungarn und Niederösterreich reklamieren Walther mit unterschiedlicher Vehemenz für sich.
Eine Region, die seit längerem eifrig mitstreitet, ist das Waldviertel. Im Jahr 1994 wurde sogar ein Verein mit dem schönen Namen „Forschungsgemeinschaft Walther von der Vogelweide – ein Waldviertler" angemeldet. Der Vereinszweck ist über den Namen hinreichend beschrieben. Die Bemühungen, Walther zu einem Waldviertler zu machen, sind freilich schon viel älter.

Da fanden Heimatforscher zum Beispiel bei *Traunstein* (westlich von Ottenschlag im Waldviertel) einen *Vogelweidhof* – und schlossen daraus messerscharf: Er war ein Unsriger. Mit dem gleichen Argument war Walther aber längst auch schon für Südtirol reklamiert worden – im Lajener Ried oberhalb von Klamm sowie im übrigen Tirol gibt es mehrere Vogelweidhöfe. Kein Wunder: Vogelweiden – buschreiche Wiesen, auf denen sich Vögel leicht fangen ließen – waren im Mittelalter ungefähr so verbreitet wie heutzutage Großparkplätze vor Einkaufszentren, jedenfalls aber immer dort gelegen, wo in der Nähe von Klöstern und Feudalsitzen Vögel für die Habicht-, Falken- und Sperberbeize gehegt und gefüttert wurden.

Außerdem muß der Beiname „von der Vogelweide", so argumentieren seriöse Germanisten, ja nicht einmal auf die direkte Herkunft von einer Vogelweide hindeuten. Walther könnte sich den Namen genausogut selbst zugelegt haben, um auf seine Mittellosigkeit hinzuweisen. Denn „von der Vogelweide" kann synonym vestanden werden für einen „Habenichts, der auf den Vogelfang angewiesen war und besitzlos wie die Vögel unter dem

Himmel bald hier, bald dort seine Nahrung suchte und fand", argumentiert etwa Helmut Protze in einer Walther-Ausgabe des Jahres 1982.

Was ein richtiger Walther-„Forscher" ist, läßt sich aber durch solche Einwände nicht aus der Fassung bringen. Der deutsche Wissenschafter Bernd Thum unterstützte die begeisterten Waldviertler Walther-Fans anno 1981 durch einen Aufsatz, in dem er „bewies", daß Walther aus dem Waldviertel stammen müsse. Er argumentierte mit einer Verszeile aus Walthers berühmter Alters-Elegie, „bereitet ist daz velt – verhouwen ist der walt", übersetzte „verhouwen" etwas kühn mit „verhauen" bzw. „zerstört" und behauptete, daß um 1220, zur Entstehungszeit des Gedichts, nirgendwo sonst in deutschen Landen als ausgerechnet im Waldviertel noch Wald gerodet worden wäre. – Eine dünne Suppe, würde manch anderer Germanist wohl dazu sagen.

Also mußten neue „Beweise" gefunden werden: Der Heimatforscher Walter Klomfar, einer der eifrigsten unter den Waltheristen, stöberte lange Jahre in den Archiven des Stifts Zwettl. Und fand tatsächlich heraus, daß sich in der Nähe von Zwettl, genauer gesagt zwischen *Hörmanns* und *Bernschlag,* einst ein Dorf

Gedenkstein zwischen Hörmanns und Bernschlag:
Stammt Walther von der Vogelweide wirklich aus dem Waldviertel?

Walthers befunden hat. Und: In unmittelbarer Nähe des Dorfes befand sich eine – Vogelweide! Zitat aus den „NÖ. Kulturberichten", November 1992: „Und die Daten stimmen so überein, daß der Gründer des Dorfes Walthers, der sich nach der anschließenden Vogelweide nannte, vielleicht der Vater unseres Sängers gewesen sein könnte. Hier hatte sich die Landschaft wirklich so verändert, wie Walther dichtete."

Jetzt griff sogar die „richtige" Wissenschaft ein, unterstützt von der Stadtgemeinde Zwettl. Mit Schaufeln und Krampen rückte man dem seit dem 19. Jahrhundert verlassenen Weiler Walthers zu Leibe. Dabei wurden die Reste eines viereckigen hölzernen Schöpfbrunnens ausgegraben, nach mittelalterlichen Bildvorlagen möglichst naturgetreu rekonstruiert – und von lokaler Prominenz eingeweiht. Walther-Brunnen, Walther-von-der-Vogelweide-Schillinge, Walther-Straßen, Walther-Wandertage, zwei Walther-Gedenksteine und natürlich ein Walther-Gasthaus in Hörmanns beweisen – wenn schon nicht das Gegenteil, so jedenfalls den manischen Eifer der Waltheristen.

Abgesehen vom Herkunftsstreit: Die Gegend nördlich von Zwettl ist wunderschön. Den Walther-Brunnen erreicht man, indem man von Hörmanns Richtung Großkainraths fährt. Wenige

Der rekonstruierte Rest von Walthers:
mittelalterlicher Schöpfbrunnen

hundert Meter nach der Bahnüberführung geht rechts der Wanderweg Richtung Bernschlag ab. Der Waltherstein liegt auf halbem Weg zwischen Hörmanns und Bernschlag, direkt neben den Bahngleisen. Er trägt folgende Inschrift:

> *An dieser Stelle stand einst das mittelalterliche Dorf*
> *„Walthers" mit einer großen Vogelweide.*
> *„In Österreich lernte ich Singen und Sagen"*
>
> Walther von der Vogelweide.

Weit von Walthers entfernt, am Fuße der *Ruine Weitenegg* an der Donau, wurde ebenfalls 1994 ein *Walther-Gedenkstein* errichtet. Hier soll – einer Legende nach – Walther seine Alters-Elegie geschrieben haben.

Walther in Zeiselmauer

Weil wir schon auf der Suche nach Konkretem sind: Nur ein einziger Ort in Österreich hat es verbrieft, daß Walther in seinen Mauern weilte, und zwar in einer bischöflichen Schenkungsurkunde. Der Sänger hatte sich für einige Zeit dem Bischof von Passau angeschlossen, der seine Besitzungen inspizierte, und dieser machte am 12. November 1203 folgende Eintragung: *„Zeiselmauer,* Herrn Walther von der Vogelweide 150 solidi longi gegeben für einen Pelz." Glückliche Zeiselmaurer! – Sie haben zu Recht eine Gedenktafel angebracht, auf der deutlich verkündet wird, daß dies „die einzige geschichtliche Nachricht" sei, „die zu Walthers Lebzeiten seinen Namen nennt".

Hier stieg Walther ab: Passauerhof in Zeiselmauer (Rekonstruktion)

Vorsichtige Formulierungen erübrigen sich, schließlich ist sogar das Haus, in dem Walther und der Bischof von Passau abgestiegen sind, mit ziemlicher Sicherheit zu eruieren: Es ist das heutige *Gasthaus zum lustigen Bauern* am *Kirchenplatz 1*. So verkündet denn dort auch eine Gedenktafel: „An dieser Stelle stand im Mittelalter der Passauerhof. Hier weilte am 12. November der größte deutsche Minnesänger Walther von der Vogelweide."

Die mächtigen Stützpfeiler erinnern an die Zeit, in der das heutige Lokal ein einstöckiger Vierkanthof war; besagte Schenkungsurkunde befindet sich in Friaul, die Gemeinde Zeiselmauer besitzt aber eine Farbkopie in Originalgröße. Zeiselmauer, im Tullnerfeld auf halbem Weg zwischen Klosterneuburg und Tulln gelegen, ist, nebenbei bemerkt, ein interessanter Ort; Reste eines römischen Legionslagers sind erhalten.

 Gasthof zum lustigen Bauern, Kirchenplatz 1, Zeiselmauer,
Tel. 02242/704 24. Besteht seit 1629 als Gaststätte.

Das Eisenbahnerkind Egon Schiele
*Egon Schiele in Tulln, Krems/Stein,
Klosterneuburg und Neulengbach*

Ich wurde am 12. Juni 1890 in Tulln an der Donau durch einen Wiener als Vater und aus einer Krumauerin als Mutter geboren. Die bildhaft nachwirkenden Eindrücke der Kinderzeit empfing ich von ebenen Ländern mit Frühlingsalleen und tobenden Stürmen. Es war mir in jenen ersten Tagen, als hörte und roch ich schon die Wunderblumen, die sprachlosen Gärten, die Vögel, in deren blanken Augen ich mich rosa gespiegelt sah. Oft weinte ich mit halben Augen als es Herbst war."

Seine Bilder sind in Millionenauflage verbreitet. Kaum ein Haushalt, in dem sich nicht eines seiner Werke als Poster, als Kalenderblatt, ja sogar als Einband eines Notizbuchs befindet. Massenware, im Dutzend billiger, auf Postkarten und als Geschenkpapier:  EGON SCHIELE (1890–1918) ist unter uns. Kaum ein anderer österreichischer Maler ist so allgegenwärtig wie er – aber kaum jemand weiß, daß er in Niederösterreich geboren und aufgewachsen ist. Der Expressionist war ein Eisenbahnerkind, Sohn des Bahnhofsvorstands von Tulln und ganzer Stolz der Eltern. Gemeinsam mit seinen beiden Schwestern Melanie und Gerti machte er die Dienstwohnung im ersten Stock des *Bahnhofs Tulln* unsicher.

Die Mutter erzählte sieben Jahre nach dem Tod ihres Sohnes dem „Neuen Wiener Journal": „Sie möchten es nicht glauben, daß mein Bub mit ein und anderthalb Jahren angefangen hat zu zeichnen. Wo er konnte, hat er sich damals schon Bleistiftstückchen verschafft, und eines schönen Tages hat er auf den Rand einer Ansichtskarte Räder und einen Rauchfang gezeichnet. (...) Als er sieben Jahre alt war, hat er sich einmal auf das Fensterbrett gelegt und von früh bis abends ein dickes Buch mit Zeichnungen füllend, alle Geleise, Signalanlagen und so weiter aufs Papier geworfen."

In seiner Liebe zu Lokomotiven wurde Schiele von den Eltern durchaus gefördert, von Zeit zu Zeit aber wurde den Eltern seine Zeichen- und Bastelwut zuviel:

„Die unzähligen Zeichnungen, die Egon vom Fenster des Speisezimmers aus von den ein- und ausfahrenden Zügen und den durchfahrenden Zügen (...) anfertigte und die bis ins kleinste Detail auf langen Streifen Papier mit ungemeiner Dynamik angefertigt wurden, wanderten eines Tages durch Mamas Hand in den Ofen, sehr zum Leidwesen des weinenden Knaben", erzählt seine Schwester.

Doch wer ein wirklicher Freund der Eisenbahn ist, läßt sich durch solche kleinen Rückschläge nicht aus der Fassung bringen und verlegt seine Aktivitäten eben nach draußen: „An den Spitzen der Schuhe mußte er Messingspitzen bekommen, da er alle Schuhe vorne zerriß. Er lief nämlich einen guten Teil des Tages vor dem Stationsgebäude schlurfend, fauchend, schnaubend und pfeifend durch die Gegend." So entwickelte er anscheinend ein stimmakrobatisches Können, mit dem er auch noch als Zwanzigjähriger sein Publikum begeistern konnte.

Das Egon-Schiele-Museum in Tulln

Schieles Geburtsstadt Tulln besitzt ein wunderschönes Museum zu Ehren ihres großen Sohnes. Es ist im ehemaligen Bezirksgefängnis direkt an der Donaulände untergebracht. Im Erdgeschoß befindet sich eine Dokumentation über Schieles Leben, wobei seine niederösterreichischen Jahre im Vordergrund stehen. Eine Zelle des ehemaligen Gefängnisses wurde als solche belassen und

Schiele-Museum in Tulln: 90 Originalwerke im ehemaligen Gefängnis

der Zelle in Neulengbach angeglichen, in der Schiele tatsächlich für einige Zeit einsaß. Doch dazu später.

Im ersten Stock und im Dachgeschoß sind rund neunzig Originalwerke Schieles – Zeichnungen, Deckfarbenmalereien und Ölbilder – ausgestellt, darunter z.B. die „Zerfallende Mühle" von 1916. Auch das frühe Ölbild „Blick über verschneite Weingärten auf Klosterneuburg", das 1907 entstand, ist hier zu sehen.

 ☞ *Egon-Schiele-Museum, Donaulände 28, Tulln, Di–So 9–12 und 14–18 Uhr, Führungen nach Voranmeldung, Tel. 02272/45 70*

Egon Schiele am Bahnhof Tulln

Nochmals zurück zum Bahnhof. Über das Schiele-Museum Tulln kann – und muß! – man sich den Zutritt zu der Bahnhofswohnung der Schieles im Tullner Hauptbahnhof organisieren; Voranmeldung ist unbedingt notwendig.

Zwei Räume der Dienstwohnung des Vaters wurden als Museum adaptiert. Im ersten Zimmer sind einige Fundstücke zum Thema „Egon Schiele und die Eisenbahn" zusammengetragen. Der zweite Raum wurde „rekonstruiert" – d.h. passende Betten und Nachtkästchen vom Bundesimmobiliendepot besorgt. Der alte gekachelte Ofen diente schon zu Schieles Zeiten als Wärmespender. In ihm verwandelten sich Dutzende Kritzeleien und frühe Zeichnungen Schieles für immer und ewig in Asche!

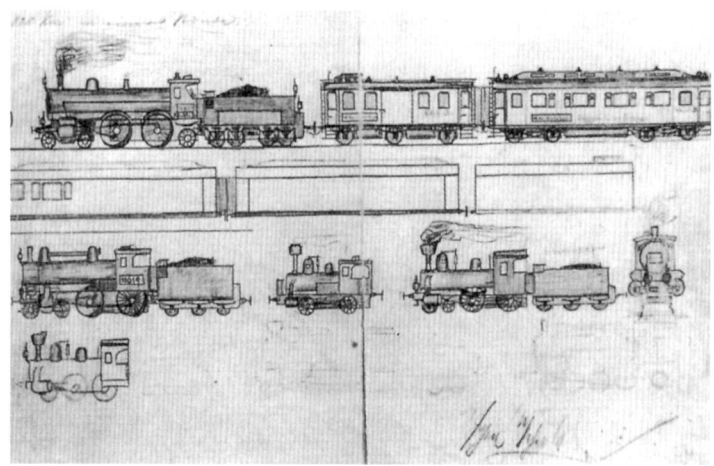

Kinderzeichnung Schieles: „Ich bin eben ein Eisenbahnerkind"

Schiele-Gedenkstätte am Bahnhof Tulln:
Unzählige Kinderzeichnungen landeten in diesem Ofen

Die ersten beiden Schuljahre wurde Egon Schiele von einem Privatlehrer unterrichtet, dann besuchte er in die Volksschule in Tulln. Ein Klassenfoto aus jener Zeit ist im Schiele-Museum Tulln zu sehen.

Mit dem Ende der Volksschule endete für Schiele auch seine Kindheit im Bahnhof Tulln. Doch er war für immer geprägt durch die schnaubenden Dampfrosse, die Welt der Geleise und Signale; auch als Erwachsener beschäftigte er sich noch liebend gern mit Spielzeugeisenbahnen.

 ☞ *Bahnhof Tulln, Außenstelle des Schiele-Museums; Besichtigung nach Voranmeldung im Schiele-Museum, Tel. 02272/45 70*

Schieles Schulzeit in Krems und Klosterneuburg

Schiele, der Bemerkungen über seinen Zug-„Spleen" gern mit einem „Ich bin eben ein Eisenbahnerkind" quittierte, kam nach *Krems* in das *Realgymnasium an der Ringstraße;* wohnen konnte er bei Verwandten in der Alleestraße 14, der heutigen *Schillerstraße 14.* Das repräsentative Gründerzeitwohnhaus ist gut erhalten. Aus dieser Zeit sind seine ersten Versuche, Landschaften zu malen, bekannt. Er hatte jedoch großes Heimweh, und so wechselte er 1902 nach Klosterneuburg.

Dreiundzwanzigjährig kam Schiele nochmals nach Krems und schuf bei diesem Anlaß einige seiner schönsten Landschaftsbilder. Das Bild „Stadt Stein" malte er vom rechtsseitigen Donauufer aus. Man weiß sogar, an welchem Tag dieses Bild entstand, denn am 24. März 1913 schrieb er einem Freund: „(...) heute wurden zwei Bilder von Stein fertig". Zwei andere hier gemalte Bilder tragen die Titel „Stein an der Donau, vom Kreuzberg aus gesehen" und „Stein an der Donau, vom Süden aus gesehen".

Doch zurück zu seiner Schulzeit, zurück nach *Klosterneuburg*. Seine Zeit hier war gut und nicht gut zugleich. Gut deshalb, weil er einen ersten Erfolg verzeichnete: Sein Zeichenlehrer, der Landschaftsmaler Ludwig Karl Strauch, entdeckte und förderte den über alle Maßen begabten Schüler und nahm ihn sogar in seiner Freizeit zum Malen in die freie Natur mit. Verschiedene weit über Schülerzeichnungsniveau hinausgehende Klosterneuburg-Motive entstanden, darunter das erste jemals in der Öffentlichkeit gezeigte Bild des Künstlers. „Der Schmiedehof" wurde bei einer Sammelausstellung im Jahr 1908 im Stift Klosterneuburg gezeigt.

Heute sind die Frühwerke von großem Wert. „Blick aus dem Zeichensaal des RG Klosterneuburg" (1905/1906) und „Blick auf Klosterneuburg bei Sonnenaufgang" (1907) sind im Schiele-Museum in Tulln ausgestellt. „Albrechtstraße" (1906), „Stiftskeller" (1907), „Stiftstischlerei" (1908) und „Schmiedehof" (1908) befinden sich im Original im *Stiftsmuseum Klosterneuburg*.

 ☛*Stiftsmuseum Klosterneuburg, Mai bis November, variierende Öffnungszeiten, Tel. 02243/411-154*

Die Familie Schiele wechselte häufig die Wohnung; als Adressen sind das *Marnohaus* in der *Hofkirchergasse,* die *Schule* in der *Albrechtstraße,* der *Schmiedehof* in der *Albrechtsbergergasse 4* und das *Holzknechthaus* in der *Buchberggasse 29* bekannt.

Das Klosterneuburger Schulgebäude, das *Bundesgymnasium* und Bundesrealgymnasium, wurde 1903 neu gebaut und inzwischen stark erweitert; es befindet sich in der *Buchberggasse 31* in der Oberen Stadt.

Keine gute Zeit hatte Schiele in Klosterneuburg deshalb, weil er sehr unter der 1902 voll ausgebrochenen Geisteskrankheit seines Vaters litt. Dieser hatte den Dienst quittieren müssen und starb im Jahr 1905.

In der Folge studierte Schiele an der Wiener Akademie der bildenden Künste. Weder sein Vormund noch die Mutter waren davon begeistert, aber Egon war unter keinen Umständen von diesem Lebensweg abzubringen. Er führte ein „Künstlerleben", legte sich mit seinem Vormund an, stritt mit der Mutter, hatte selten Geld, trug abgetragene Röcke, zerrissene Hemden und viel zu große Hüte – aber fand sehr bald zu seinem unverwechselbaren Stil und gewann neue Freunde. Gustav Klimt und Oskar Kokoschka beeinflußten ihn maßgeblich.

Obwohl Schiele nun vorwiegend in Wien lebte, riß sein Kontakt zu Niederösterreich nicht ab.

Egon Schiele in Neulengbach

1911 flüchtete Schiele nach Niederösterreich, in den rund zwanzig Kilometer südwestlich von Tulln gelegenen Ort Neulengbach.

Der Einundzwanzigjährige mietete ein Haus mit der Adresse Au 48, heute *Egon-Schiele-Gasse 48,* etwas außerhalb des Ortszentrums. Man erreicht sie, indem man vom langgezogenen Hauptplatz ausgehend die Burg Neulengbach zuerst auf der Schloßberggasse und dann auf der Weinbergstraße „umrundet". Steil bergab gehend, kommt man bald an eine Brücke über den kleinen Anzbach – hier beginnt, nach rechts abführend, die Egon-Schiele-Gasse. Das Haus, in dem Schiele in den Jahren 1911 und 1912 wohnte, befindet sich unmittelbar hinter einer leichten Rechtskurve auf der linken Straßenseite und trägt eine Gedenktafel. Es ist bewohnt und nicht zu besichtigen.

Der Kunsthistoriker und spätere Direktor der Albertina Otto Benesch erinnert sich an Schieles Motive, wieder aufs Land zu gehen: „[Er] begründete diesen Schritt damit, daß er auf dem Lande viel freier und ungehinderter schaffen könne. Er bewohnte dort ein am Südhange des Buchberges gelegenes, aus zwei sehr hellen, geräumigen Zimmern, Küche und Vorraum bestehendes Einfamilienhaus mit hübschem Garten. Die Aussicht von seinen Zimmern war herrlich. (…) Die Zeit, die Schiele in Neulengbach verbrachte, scheint die glücklichste seines Lebens gewesen zu sein."

In Neulengbach erzählt man sich noch immer, daß Schiele alle Zimmer schwarz ausmalen ließ. Das bekannte Bild „Schlafzimmer in Neulengbach" entstand im Jahre 1911. Seine sehr junge Freundin wohnte einige Häuser weiter.

Die glückliche Zeit sollte aber bald für immer vorbei sein. Am 13. April des Jahres 1912 wurde der Künstler zu einem Verhör vorgeladen – und gleich in Untersuchungshaft genommen. Man warf ihm Unsittlichkeit und Entführung vor. Nun saß er in Zelle zwei des Neulengbacher Gefängnisses. „Er war sehr gedrückt, aber der kindlich-heitere Ausdruck in seinem Gesichte blieb unverändert", erzählt Otto Benesch von einem Besuch. Schiele hatte immer gerne mit Kindermodellen gearbeitet und in seinem Haus ein „wundervoll farbiges Blatt, ein ganz junges, nur am Oberkörper bekleidetes Mädchen darstellend, mit Heftnägeln an der Wand befestigt", wie Benesch berichtet. Die Kinder erzählten das im Ort – womit das Verhängnis seinen Lauf nahm. Der Herstellung „pornographischer Bilder" beschuldigt, saß er für 24 Tage ein.

Die *Schielesche Zelle zwei* im – längst aufgelassenen – Kotter des Neulengbacher Bezirksgerichts existiert noch immer, ein Besuch ist möglich. Das Gebäude des *Bezirksgerichts* befindet sich am *Hauptplatz 2, Ecke Franziskanergasse.* Man betritt das Gebäude durch den an Wochentagen offenen Haupteingang und steht gleich in einem stimmungsvollen Hof. An der hinteren Front befindet sich eine Eisengittertüre – der Eingang ins ehemalige Gefängnis. An Arbeitstagen während der Arbeitszeiten ist eine Besichtung der Zelle ohne Voranmeldung möglich, indem man bei der im Gebäude befindlichen Firma AFW, die einen Teil des ehemaligen Gefängnisses als Lagerraum benützt, den Schlüssel entlehnt. Sicherer ist es allerdings, sich vorher bei der Gemeinde anzumelden. Von Mai bis Oktober ist es außerdem jeden Sonntag möglich, eine

Schiele-Zelle in Neulengbach:
24 Tage Einzelhaft

kombinierte Schloß- und Zellenbesichtung zu absolvieren; Treff-punkt um 10 Uhr bei Schloß Neulengbach.

i ☞ *Marktgemeindeamt Neulengbach, Kirchenplatz 82,*
Tel. 02772/521 05-0 ☞ *Schloß- und Zellenführungen: Ewald Furtmüller, Tel. 02772/544 16*

Während seiner Haft durfte Schiele malen. Zwischen dem 19. und 27. April entstanden 13 aquarellierte Zeichnungen, die zwar nicht hier in Neulengbach, aber in der nachgebauten Gefängnis-zelle im Tullner Schiele-Museum – allerdings nur als Reproduk-tionen – zu sehen sind.

Schiele selbst versah sie mit folgenden Bleistiftvermerken: „Die eine Orange war das einzige Licht", „Kunst kann nicht modern sein, Kunst ist urewig" und „Ich werde für die Kunst und meine Geliebte ausharren". Auf einer ebenfalls im Gefängnis entstande-nen Zeichnung hielt Schiele das Innere der Zelle samt der Türe fest; auch das Blatt „Gefangener" entstand in jenen bangen Ta-gen, in denen Schiele auf seine Verhandlung wartete.

Am 30. April 1912 wurde Schiele in das Kreisgericht St. Pölten überstellt, wo es am 7. Mai zur Verhandlung und Verurteilung kam. Ein Corpus delicti, das Bild des halbnackten jungen Mäd-chens, wurde verbrannt, 125 erotische Zeichnungen beschlag-nahmt, Schiele aber auf freien Fuß gesetzt. Der Künstler war durch die Affäre schwer getroffen. Er betrat Neulengbach nie wieder. Otto Benesch mußte die Übersiedlung nach Wien für ihn organsieren.

Im ehemaligen Gefängnis befinden sich Fotos der hier entstan-denen Werke; anläßlich der Eröffnung des Schiele-Museums Tulln im Jahr 1990 wurde eine Mappe mit den kommentierten Gefäng-nisbildern aufgelegt.

Im März 1918, dem Jahr des allgemeinen Zusammenbruchs, hatte Schiele endlich durchschlagenden Erfolg. Eine Ausstellung in der Secession brachte ihm die lang verdiente Anerkennung und auch großen materiellen Gewinn. Nur kurz konnte er sich darüber freuen: Schieles Frau starb am 28. Oktober jenes Jahres an der Spanischen Grippe, nur drei Tage später starb auch Schie-le an dieser Krankheit – mit 28 Jahren.

Ludwig Wittgenstein: das Genie als Dorfschullehrer
*Ludwig Wittgenstein auf der Hochreith bei
St. Ägyd / Neuwald, in Trattenbach, Otterthal, Kirchberg am
Wechsel und Puchberg am Schneeberg*

LUDWIG WITTGENSTEIN (1889–1951), eine zentrale Figur der modernen Philosophie, verbrachte wesentliche Jahre seines Lebens als Dorfschullehrer in der „Buckligen Welt". Fernab des Wissenschaftsbetriebs entwickelte er seine Gedankenwelt, konstruierte seine Ideen – und lehrte gleichzeitig Bauernkindern rechnen und lesen.

Geboren wurde er in Wien als jüngstes von acht Kindern der außerordentlich reichen Fabrikantenfamilie Wittgenstein. Die Kinder wurden durch die autoritäre Erziehung des Vaters stark geprägt. Vor allem sein Wunsch, daß seine Söhne erfolgreiche Industrielle werden sollten, hatte fatale Auswirkungen auf sie und war wahrscheinlich mit ein Grund für die Selbstmorde der Söhne Hans und Rudolf.

Ludwig Wittgenstein auf der Hochreith
Die Sommerresidenz der Wittgensteins befand sich im niederösterreichischen Alpenvorland nahe St. Ägyd am Neuwalde, hoch über dem Tal der „Unrecht Traisen". Ludwig verbrachte auf der Hochreith viele seiner Kinder- und Jugendsommer und kehrte immer wieder gerne hierher zurück. Das Gut befindet sich heute noch im Besitze der Familie – und ist unsere erste Station auf der Wittgenstein-Reise.

Die Anreise gestaltet sich wie folgt: Man fährt auf der Straße von Lilienfeld nach St. Ägyd. Kurz nach der Abzweigung auf den Ochsattel, ca. drei Kilometer außerhalb von St. Ägyd, führt nach links eine kleine, direkt an der ÖBB-Haltestelle Mitterbach / St. Ägyd vorbeiführende Straße ab. Man überquert die Gleise und fährt bis zu einem Fahrverbotsschild. Hier beginnt die auf die Hochreith führende Privatstraße. Man kann nun zu Fuß dieser Sandstraße folgen oder als steilen „Abschneider" den rechts ansteigenden Mariazeller Wallfahrtsweg benutzen. Auf der Anhöhe erreicht man dann wieder den Fahrweg. Diesem folgt man ein kurzes Stück Richtung Ochsattel, bis sich der Blick auf das großzügige, aus mehreren Bauwerken bestehende Anwesen eröffnet.

Im Zentrum des Anwesens steht das schloßartige Hauptgebäude; flankiert wird es von mehreren Blockhäusern. Der Vater Wittgensteins ließ hier 1908 ein erstes Blockhaus bauen, in dem er dann getrennt vom Rest der Familie mit seiner Frau wohnte. Eingerichtet wurde dieses Haus von den Wiener Werkstätten. Achtung: Eine Besichtigung des Anwesens ist nicht möglich, auch das Betreten des Grundstücks ist streng verboten!

Im Gegensatz zu den rein künstlerischen Neigungen seiner Geschwister interessierte sich Ludwig schon früh für technische Angelegenheiten, bastelte viel und gern. Deswegen wurde er 1903 in die Staatsoberrealschule Linz geschickt. Dort fiel er durch seine vornehme Art und sein distanziertes Benehmen auf. Seine vierzehnjährigen Mitschüler mußten ihn mit Sie ansprechen, und auch er siezte seine Mitschüler. Seine Leistungen waren mittelmäßig. 1906 begann er das Studium an der Technischen Hochschule in Berlin-Charlottenburg; seine Ferien verbrachte er aber nach wie vor mit der Familie in Wien und auf der Hochreith.

1908 immatrikulierte er sich am College of Technology in Manchester, wo er an einem Forschungsprogramm mitarbeitete; zuerst befaßte er sich mit der Konstruktion von Ballonen und Drachen, dann mit der Entwicklung von Düsenmotoren. Doch die Technik faszinierte ihn nicht allzulange, und so wendete er sich der Mathematik zu. Die Bekanntschaft mit Bertrand Russell, dem berühmten Mathematiker und Erkenntnistheoretiker, bewirkte seine endgültige Hinwendung zur Philosophie. „Getting to know Wittgenstein was one of the most exciting adventures of my life", sagte Russel später. 1911 ging Wittgenstein als Gasthörer nach Cambridge.

Nach dem Tod des Vaters im Jänner 1913 spendete er ein Drittel des Erbes für bedürftige Künstler. 1914 meldete er sich freiwillig zum Kriegsdienst, wobei er durchaus damit rechnete, in den Kämpfen den Tod zu finden – er war auf eigenen Wunsch direkt an die Front versetzt worden. Trotzdem gelang es ihm, sein Hauptwerk bereits in den Kriegsjahren fertigzustellen. Er vollendete den „Tractatus logico-philosophicus" 1918 während Heimaturlauben auf der Hochreith und in Salzburg. „Ich bin der Meinung, die Probleme im Wesentlichen gelöst zu haben", schreibt er darin. Und: „Wovon man nicht reden kann, darüber muß man schweigen." – Deswegen begab er sich nun auf die Suche nach neuen Herausforderungen. Diese lauteten: „Ich will bei kärglichem Lohn anständige Arbeit leisten."

Im August 1919 kehrte er aus der Kriegsgefangenschaft heim; im September desselben Jahres begann er seine Ausbildung zum Volksschullehrer in der Wiener Kundmanngasse. Der schwerreiche Erbe „befreite" sich von seinem Millionenvermögen und schenkte es der Familie – er erwartete sich durch diese Veränderungen ein „spannungsreicheres Leben".

Ludwig Wittgenstein in Trattenbach

Zweite Station der Pilgerfahrt auf den Spuren Wittgensteins: das weltabgeschiedene Trattenbach in der Buckligen Welt. Der Ort liegt an der von Kirchberg am Wechsel zum Feistritzsattel führenden Straße. Wittgenstein verbrachte hier die Jahre 1920 bis 1922; er gab hier sein „Debüt" als Lehrer. Im September 1920 schreibt er an den Freund Russel: „Danke für Deinen lieben Brief! Ich habe jetzt eine Anstellung bekommen; und zwar als Volksschullehrer in einem der kleinsten Dörfern; es heißt Trattenbach und liegt 4 Stunden südlich von Wien im Gebirge. Es dürfte wohl das erstemal sein, daß der Volksschullehrer von Trattenbach mit dem Universitätsprofessor in Peking korrespondiert."

Wittgenstein bewohnte zunächst eine Kammer in einem Nebengebäude des *Gasthauses zum braunen Hirschen*. Mit Bett, Sessel und Waschtisch war diese Kammer spartanisch eingerichtet – ganz nach dem Wunsche Wittgensteins. Da sich aber oberhalb des Zimmers ein Tanzboden

Wittgenstein-Gedenkstätte in Trattenbach: Waschtisch des Philosophen

befand und dem frischgebackenen Lehrer der Lärm unerträglich war, wechselte er bald das Quartier. Doch für uns bleibt diese Kammer für immer die Wittgensteinsche: Man kann das Denkmal der selbstgewählten Armut nach Voranmeldung auf der Gemeinde Trattenbach besuchen – und sollte dies auch tun. Im Nebenraum ist ein Klassenzimmer nachgebildet; die von Wittgensteins Schülern angefertigten Tierskelette sowie andere Erinnerungsstücke sind ausgestellt. Der eigentliche Ort seines Wirkens, die ehemalige *Volksschule*, liegt schräg gegenüber der Kirche. An der Fassade befindet sich eine Gedenktafel.

Kurze Zeit wohnte Wittgenstein bei seinem Lehrerkollegen Berger; dann zog er in die Dachkammer des *Kaufhauses Scheibenbauer,* heute *Anger 66*. Dieses Haus befindet sich beim unteren Ortsende, gegenüber der Postbushaltestelle. Eine Gedenktafel erinnert an den berühmten Bewohner.

In den ersten Tagen seines Aufenthalts im Ort aß Wittgenstein auch im *Braunen Hirschen,* mied dann aber das Lokal, weil er die Gäste „unerträglich" fand. Dieses Gasthaus steht noch – die Frage ist nur, wie lange noch. Eine Scheibe ist zerschlagen, das „Libella"-Schild völlig ausgebleicht.

Wittgensteins einziger Freund im Ort war der Pfarrer; mit ihm unterhielt er sich oft in lateinischer Sprache. Der Pfarrer war es auch, der ihm einen Kostplatz bei den Trahthofbauern vermittelte – Wittgenstein wanderte nun täglich zu diesem rund eine Stunde entfernten, hoch am Berg gelegenen Hof, um sich dort sein Essen zu holen, das aber oft nur aus einem Stück Brot und Milch bestand.

Mit der Trattenbacher Bevölkerung hatte der Philosoph seine Schwierigkeiten: „Bei mir hat sich nichts verändert. Ich bin noch immer in Trattenbach und bin nach wie vor von Gehässigkeit und Gemeinheit umgeben. Es ist wahr, daß die Menschen im Durchschnitt nirgends sehr viel wert sind; aber hier sind sie viel mehr als anderswo nichtsnutzig und unverantwortlich. Ich werde vielleicht noch dieses Jahr in Trattenbach bleiben, aber länger wohl nicht, da ich mich hier auch mit den übrigen Lehrern nicht gut vertrage", berichtet er Russel 1921.

Konkret hatte Wittgenstein immer wieder Schwierigkeiten mit Eltern, die seinen Unterricht nicht schätzten, die seine Ausführungen über Algebra unnötig fanden, die oft auf ihre Kinder warten mußten, weil sich der seltsame Lehrer, der Tag für Tag eine Flanellbundhose, eine Windjacke und schwere Bergschuhe trug, nicht an starre Unterrichtszeiten halten wollte. Wie weit seine homoerotische Ader und sein bekannter „Weiberhaß" die Beziehungen zu den Ortsbewohnern trübte, bleibt dahingestellt. Faktum ist, daß ihn seine Lehrertätigkeit bald nicht mehr befriedigte, er den Beruf aber sehr ernst nahm. Er strafte hart und sparte – wie damals üblich – nicht mit Ohrfeigen und anderen körperlichen Züchtigungen.

Über seine Art des Unterrichts berichtet sein Lehrerkollege Berger: „Die Unterrichtszeit wurde ihm immer zu kurz. (…) Viele Lehrmittel verfertigte er selbst oder mit Hilfe der Kinder: Dampfmaschinenmodell, Eisenhammer, Säugetierskelette etc. Für den Chemieunterricht hatte er allerlei Flaschen und Fläschchen bereit. (…) Im Gesangsunterricht verwendete er weder Geige, noch Harmonium, sondern eine B-Clarinette, und zeitweise mit bestem Erfolg. Begegnete er nachts Schülern seiner Klasse, dann gab er sogleich Unterricht in Astronomie. Gelegentlich organisierte er diesen Unterricht mit Vorbedacht."

Schon zu Beginn seiner Lehrertätigkeit begann er eine Sammlung von Wörtern anzulegen, die von den Kindern in Aufsätzen verwendet wurden. Auf Basis dieser Sammlung verfaßte er 1924

Wittgenstein-Gedenkstätte in Trattenbach: Askese in der Buckligen Welt

und 1925 in Otterthal sein 1926 veröffentlichtes „Wörterbuch für Volksschulen".

Besonders förderungswürdigen Kindern gab er zusätzlichen kostenlosen Privatunterricht, doch schließlich waren die Anfeindungen durch die Erwachsenen größer als die Verehrung der Schulkinder. Wittgenstein wurde nach zweijähriger Tätigkeit nach Puchberg am Schneeberg versetzt.

Heute bemüht sich der Ort Trattenbach sehr darum, die Erinnerung an den berühmten Lehrer nicht verblassen zu lassen.

 ☞ *Wittgenstein-Museum, Trattenbach, Anmeldung bei der Gemeinde, Trattenbach 10, Tel. 02641/82 20*

Beim Spar-Kaufhaus beginnt der Trattenbacher *Wittgensteinwanderweg*. Diese Tour erfordert festes Schuhwerk (keine Sandalen!), den Willen, eine Stunde bergauf zu gehen, und die dazugehörige – mäßige – Kondition. Belohnt wird man mit einem wirklich schönen Spaziergang. In Abständen von wenigen hundert Metern sind auf Holztäfelchen Wittgenstein-Aphorismen aufgemalt; sie verkürzen den Anstieg zum *Trahthof* – dem Bauernhof, bei dem Wittgenstein Essen erhielt. Die jetzigen Bewohner haben ihren Hof ordentlich modernisiert, von alter Bausubstanz ist kaum mehr was zu sehen; die Lage im einschichtigen Schlaggraben ist freilich einmalig. Von hier geht man zurück in den Ort – wieder begleitet von Wittgensteins philosophischen Weisheiten.

Verläßt man den Ort Richtung Otterthal und Kirchberg, sollte man einen kurzen Blick auf das am Ortsausgang befindliche *Fabriksgebäude* werfen. Hier setzte Wittgenstein zum Erstaunen der Trattenbacher die kaputte Dampfmaschine wieder in Gang – nachdem der Fabrikstechniker gescheitert war.

Ludwig Wittgenstein in Otterthal

Wir überspringen Wittgensteins Puchberger Zeit vorerst – denn Otterthal, wo er 1924 bis 1926 angestellt war, liegt nur fünf Kilometer von Trattenbach entfernt. Beim Ortsbeginn steht die Tafel „Willkommen in Ludwig Wittgensteins Schulgemeinde". Hier beendete Wittgenstein seine Lehrerkarriere.

Die *Schule* befindet sich am Ortsausgang Richtung Kirchberg auf der linken Seite. Gleich dahinter beginnen Wiesen und Wälder, Schafe grasen auf der Weide. Am Schulgebäude, in dem Witt-

Schule von Otterthal: Wittgensteins letzter „Dienstort" als Lehrer

genstein auch wohnte, ist eine Tafel angebracht, die daran erinnert, daß der Lehrer hier sein „Wörterbuch" geschrieben und fertiggestellt hat. Nicht berichtet wird, daß er – es mangelte an Turngeräten – gemeinsam mit den Kindern eine Hoch- und Weitsprunggrube anlegte. Doch all sein Engagement half nichts: Die Zweifel am Lehrerberuf waren zu groß geworden, die Anfeindungen im Ort noch schlimmer als in Trattenbach. Tatsächlich wurde er im April 1926 entlassen, nachdem ein Schüler nach einer Ohrfeige ohnmächtig geworden war. In einem Dienstaufsichtsverfahren wurde er zwar freigesprochen und gebeten, wieder in den Schuldienst einzutreten, doch der Abgang war für ihn fix und endgültig.

Ludwig Wittgenstein in Kirchberg am Wechsel

Kirchberg ist der Hauptort des Wechselgebiets. Und obwohl der Philosoph hier weder unterrichtet noch gelebt hat, stehen alle Zeichen auf Wittgenstein.

Hier wirkt die Österreichische Ludwig-Wittgenstein-Gesellschaft; die von ihr im Kloster der Herz-Jesu-Priester eingerichtete *Ludwig-Wittgenstein-Dokumentation* zeigt über 200 Fotografien, Dokumente und Bücher, unter anderem Wittgensteins Klarinette.

Die Gesellschaft organisiert auch von internationalem Publikum besuchte Wittgenstein-Symposien – und damit ist der philosophierende Dorfschullehrer oder, besser gesagt, der dorfschulmeisternde Philosoph bereits zum nicht unwichtigen Wirtschaftsfaktor geworden. Das moderne *Konferenzzentrum* – selbstverständlich Wittgenstein gewidmet – befindet sich in erhöhter Lage über dem Ort.

 ☛ *Ludwig-Wittgenstein-Dokumentation – Österreichische Ludwig-Wittgenstein-Gesellschaft, Kirchberg am Wechsel, Markt 2 im Kloster der Herz-Jesu-Priester, Anmeldung und Auskünfte: Frau Beck Tel. 02641/25 57 od. 61 52 ☛ Die Dokumentation aufgebaut hat der Tierarzt und Wittgenstein-Freak Adolf Hübner, der auch Führungen macht, Tel. 02641/22 80 od. 82 19 ☛ Tourismusbüro Kichberg am Wechsel, Hauptstraße 114, Tel. 02641/24 60*

Ludwig Wittgenstein in Puchberg am Schneeberg

Puchberg liegt eine gute Autostunde von Wittgensteins Buckliger Welt entfernt. Wir blenden zurück: Hier unterrichtete er zwischen Trattenbach-Rauswurf und Otterthal-Finale, also in den Jahren 1922 bis 1924.

In diesem Ort, der vor allem als Luftkurort und Ausgangspunkt der Zahnradbahn auf den Hochschneeberg bekannt ist, erinnert nur noch eine Gedenktafel an der generalsanierten *Schule* auf dem *Kirchenplatz* an den Philosophen. Wittgenstein verbrachte hier die angenehmsten seiner sechs Lehrerjahre – schließlich ist der Blick von der Schule auf Friedhof und Schneeberg ja wirklich schön. Vor allem aber munterten ihn die Freundschaft und das gemeinsame Musizieren mit dem Lehrerkollegen Koder auf.

Zwischen Schule und Ruine gelangt man über Stufen auf die Neunkirchner Straße. Diese geht man nach links, bis nach rechts der Rendlweg abzweigt. Auf der anderen Seite der Sierning, direkt an der Brücke, *Ziehrerweg 7,* steht das sogenannte Rendlhaus, in dem Wittgenstein wohnte.

„Herr Wittgenstein hatte eben seine Wohnung gewechselt, sein geräumiges und komfortabel eingerichtetes Zimmer im ersten Stock des Hauses der Frau Ehrbar aufgegeben und dafür einen engen, finsteren und feuchten Raum, eine ausgeräumte Waschküche, im Hause des Herrn Rendl bezogen. Ein Bett, ein Sessel und ein kleiner Tisch, mehr hatte nicht Platz in der kleinen Behausung", erzählt der Lehrerkollege Rosner.

 ☛ *Fremdenverkehrsamt Puchberg am Schneeberg, Tel. 02636/22 01-11*

1929, im Alter von vierzig Jahren, kehrte der Philosoph nach Cambridge zurück. Sein „Tractatus" wurde als Dissertation anerkannt. Wittgenstein betonte nun immer mehr den Grundgedanken, daß philosophische Probleme sprachliche Probleme seien: Der Sinn von Sätzen, nicht die Phänomene selbst müßten geklärt werden, meinte er.

1939 erhielt der Vordenker der analytischen Philosophie den Lehrstuhl für Philosophie in Cambridge und schrieb seine „Philosophischen Untersuchungen". 1947 legte er sein Professorenamt zurück, verzichtete auf alle Ämter und Einkünfte und zog sich an verschiedene einsame Orte Irlands zurück. 1948 kehrte er krank nach Cambridge zurück wo er im April 1951 an Prostatakrebs starb. Eine Behandlung hatte er abgelehnt.

Eine Reise mit Franz Schubert
Franz Schubert in St. Pölten, auf der Ochsenburg,
in Atzenbrugg, in der Aumühle und der Hinterbrühl

Unser Zimmer in St. Pölten war besonders lieb, die zwei Ehe-
betten, ein Sofa neben dem warmen Ofen, ein Fortepiano
nahmen sich ungemein häuslich und heimisch aus. Abends refe-
rierten wir immer einander, was des Tages geschehen war, ließen
uns dann Bier holen, rauchten unsere Pfeife und lasen dazu oder

Sofie und Nettel kamen herüber und es wurde ge-
sungen. Schubertiaden waren ein paar beim Bischof und eine bei dem Baron von Mink, der mir
recht lieb ist, wobei eine Fürstin, zwei Gräfinnen
und drei Baroninnen zugegen, die alle aufs nobel-
ste entzückt waren."

Es deutet sich in diesem Text schon an, wer die
St. Pöltner Baroninnen, Gräfinnen und Kirchenfürsten mit Haus-
konzerten entzückte: kein Geringerer als FRANZ SCHUBERT
(1797–1828), der 1821 gemeinsam mit seinem Freund Franz
von Schober in der Stadt war.

Gewohnt haben die beiden vermutlich im *Dreikronenwirtshaus*
Ecke *Domplatz 7 / Herrenplatz 5.* Hier stellte Schober das Libret-
to der Oper „Alfons und Estrella" fertig. Das ehemalige Gasthaus

Schuberthaus in St. Pölten: Ort einer „Schubertiade" im Jahr 1821

53

trägt heute eine Gedenktafel; das schmiedeeiserne Wirtshaus-schild mit den drei Kronen befindet sich im Stadtmuseum.

Die erwähnte Schubertiade, gegeben für sechs adelige Zuhöre-rinnen, fand im Haus *Rathausgasse 2*, dem *Schuberthaus*, statt.

Im *Stadtmuseum St. Pölten* befindet sich ein Schatz für alle Schubert-„Wallfahrer": Das Klavier, auf dem Franz Schubert in Atzenbrugg gespielt hat (s.u.).

☛ Stadtmuseum St. Pölten, Prandtauerstraße 2,
Di–Sa 10–17, So 9–12 Uhr, Tel. 02742/525 31-2611 (333-2611)

Franz Schubert auf der Ochsenburg

Was soll man über den Schubert-Franzl noch erzählen? Trotz sei-nes frühen Todes hinterließ er über 600 Lieder, acht Symphonien, sieben Messen, 17 Ouvertüren, 15 Streichquartette, daneben Kla-vier- und Violinsonaten sowie Duos für Klavier und Violine, ein Klavierquintett, ein Streichquintett sowie zahlreiche Klavier-stücke und Tänze.

Vor ihrer kurzen Zeit in St. Pölten hatten sich Schubert und Schober als Gäste des Bischofs Johann Nepomuk Ritter von Dan-kesreither, des Onkels Schobers, auf *Schloß Ochsenburg* aufgehal-ten. Zu diesem schönen Schloß, rund zehn Kilometer südlich vom Stadtzentrum gelegen, gelangt man auf der B20 Richtung Maria-zell; kurz nach St. Georgen am Steinfelde biegt man nach links ab. Das Schloß liegt auf einem steil aufragenden Hügel, ist vom Fuß dieses Hügels in wenigen Minuten zu erklimmen, für Besucher aber leider dauerhaft versperrt: Hier residiert zur Sommerszeit seine Exzellenz, der Bischof von St. Pölten. Zum Trost: Vor dem Gebäude befindet sich ein dem Komponisten geweihtes „Schu-bertbründl"; eine Inschrift über dem Schloßtor erinnert an die von Schubert hier (wenigstens zum Teil) komponierte Oper „Alfons und Estrella", die, zu Schuberts Lebzeiten von allen Theatern ab-gelehnt, erst 1854 von Franz Liszt in Weimar uraufgeführt wurde.

Der Aufenthalt auf der Ochsenburg, der von Mitte September bis Mitte Oktober 1821 dauerte, ist dokumentiert. Schober schrieb in einem Brief an seinen Freund Spaun:

„Teurer Freund! Schubert und ich sind von unserm halb Land-, halb Stadt-Aufenthalt wieder zurückgekehrt und bringen die Erin-nerung an ein schönes Monat mit. In Ochsenburg hatten wir mit der wirklich schönen Gegend, und in St. Pölten mit Bällen und Konzerten sehr viel zu tun. (...) Dem ungeachtet waren wir fleißig, besonders Schubert, er hat fast zwei Akte komponiert, ich bin im letzten."

Am Fuß des Ochsenburg-Berges liegt ein Gasthaus, an dessen Fassade sich eine Schubertbüste befindet. Von Schloß Ochsenburg gehen einige Wanderwege ab, ein etwas längerer Spaziergang führt zur bewirtschafteten Ochsenberghütte, einem beliebten Naherholungsziel der St. Pöltner.

Franz Schubert in Atzenbrugg

Atzenbrugg, rund dreißig Kilometer nordöstlich von St. Pölten entfernt, hat es geschafft, zur bekanntesten Schubert-„Wallfahrtsstätte" Österreichs zu weden. Der Grund, warum sich Schubert gemeinsam mit seinen Freunden einige Male in *Schloß Atzenbrugg* aufhielt, ist leicht erklärt: Der Verwalter des Schlosses, das sich damals im Besitz des Stifts Klosterneuburg befand, war ein Onkel des Schubert-Freundes Franz von Schober. Und dieser Freund war ein geselliger junger Mann: In der warmen Jahreszeit lud er die ganze Partie kurzerhand aufs Schloß ein.

Schubert und seine „Schubertianer" folgten der Einladung erstmals 1817; Schuberts Aufenthalt ist für die Jahre 1820 bis 1823 bezeugt. Nach Franz von Schobers Aussagen waren es

„Schubertiade" in Schloß Atzenbrugg, Schubert am Klavier sitzend.
Aquarell von Leopold Kupelwieser

meist nur drei Tage, die hier verbracht wurden – und zwar als
großangelegte Feste.

Bei diesen Festen wurde gespielt und getanzt; oft wurden hier
Lieder Schuberts vom Sängerfreund Vogl zum ersten Mal vorge-
tragen.

Dichter wie Johann Baptist Mayrhofer, Eduard von Bauernfeld
und Franz von Schober waren mit von der Partie; Maler wie Moritz von Schwind, Johann Kriehuber und Leopold Kupelwieser
kamen gerne, ebenso wie der Opernsänger Johann Michael Vogl
oder der Komponist Ignaz Aßmayer.

Da es zu jener Zeit noch keine Fotoapparate gab, wurden die
rauschenden Feste mit Pinsel und Leinwand festgehalten: Das
„Ballspiel in Atzenbrugg" etwa, eine Gemeinschaftsarbeit von
Schober, Schwind und Ludwig Mohn, zeigt im Vordergrund Schubert mit einer Pfeife im Mund, Josef von Gahy hält die Gitarre, daneben steht Ludwig Kraißl mit einer Geige. Moritz von Schwind
ist ebenfalls auszunehmen, Kupelwieser spielt mit dem Ball. Im
Hintergrund, rechts neben dem Schlößchen, ist das „Salettl", ein
kleiner barocker Gartenpavillon, zu sehen. Dieses auf einem
künstlich aufgeschütteten Hügel im Schloßpark gelegene Häuschen bot Schubert eine willkommene Rückzugsmöglichkeit; es

Gartenhäuschen in Atzenbrugg:
Entstehungsort der „Atzenbrugger Deutschen"

stand ihm sogar ein eigenes Hammerklavier zur Verfügung, das heute im Stadtmuseum St. Pölten zu sehen ist.

In dem zur Besichtigung freigegebenen Gartenhäuschen hat Schubert angeblich die sechs „Atzenbrugger Deutsche" für Klavier komponiert.

Das Schloß Atzenbrugg, heute im Besitz der Gemeinde, widmet im renovierten Haupttrakt nicht nur Franz Schubert einen Schauraum, sondern auch sämtliche anderen Schubertianer werden in eigenen Räumen vorgestellt. So sind für Schwind, Kupelwieser, Schober, Mayrhofer, Vogl, Spaun und Bauernfeld eigene kleine Ausstellungen entstanden.

Im Schloß wurden bislang Jahr für Jahr vielbeachtete Konzerte abgehalten.

☛ Komitee zur Rettung der Schubert-Gedenkstätte, Schloß Atzenbrugg, Rosl Schwab, Atzenbrugg, Tel. 02275/62 85; Öffnungszeiten: Ostern bis 26. Oktober, Sa, So 14–17 Uhr bzw. nach Voranmeldung

Franz Schubert in der Aumühle

Auch das nahe bei Atzenbrugg gelegene barocke *Schloß Aumühle* wurde von den Schubertianern gern als Schlaf- und Unterhaltungsstätte aufgesucht. Ein Bild Kupelwiesers, das Franz Schober bei seinem Freund in Auftrag gegeben hatte, dokumentiert eine „Landpartie der Schubertianer nach Aumühle". Zu sehen sind ein offener, mit zwei Pferden bespannter Zeiserlwagen sowie achtzehn Personen, unter ihnen auch Schubert und Kupelwieser. In der Ferne sieht man schon die an der Perschling gelegene Aumühle.

Wenn schon nicht auf dem Zeiserlwagen, so kann man doch auf dem Fahrrad versuchen, die Landpartien der Schubert-Runde nachzuvollziehen. Ein *Franz-Schubert-Radweg* führt sowohl am Schloß Atzenbrugg als auch bei der an der Perschling gelegenen Aumühle vorbei. Das Gebäude befindet sich in Privatbesitz und kann nicht besichtigt werden.

Franz Schubert in der Hinterbrühl

Ortswechsel in die Hinterbrühl bei Mödling. Schubert war da! Oder doch nicht? Wo war er genau? Was tat er hier? Soll man den liebevoll gepflegten Legenden Glauben schenken? Oder über die permanente Vereinnahmung des Musikers die Nase rümpfen?

Schauen wir uns die Lokalität, die heute mit Schubert das große Geschäft macht, einmal näher an. Es handelt sich um die am westlichen Ortsende von Hinterbrühl gelegene *Höldrichsmühle*. Im Jahr 1786 trug der Ortsrichter Franz Sonnleithner dem Müller Anton Höldrich auf, das Haus mit einem Schild für Wein- und Bierausschank zu kennzeichnen. Seit damals – und mit kurzen Unterbrechungen bis heute – ist die einstige Mühle ein beliebtes Ausflugsziel, eine Stätte der leiblichen und seelischen Erbauung. Kolportiert wird, daß Schubert allein oder mit Freunden hier zu Gast war. Dies liegt durchaus im Bereich des Möglichen, denn die malerische Hinterbrühl war ja bereits zu Beginn des 19. Jahrhunderts in Künstlerkreisen sehr beliebt. Der Haken: Nirgendwo ist eine wirklich verläßliche Quelle für diese Behauptung aufzutreiben. Ein zum Beweis herangezogenes Dokument ist beispielsweise ein Zeitungsartikel der „Wienerwaldpost" Nr. 29 aus dem Jahr 1928, in dem das „Deutsche Volksblatt" von 1897 zitiert wird, das sich seinerseits auf einen „Bericht des alten Botting Bauer in der Brühl" stützt, der angab, in der Höldrichsmühle gearbeitet und dabei den Gast Schubert gesehen zu haben: „Ich entnahm auch aus den Worten des anderen Begleiters, dass er Schubert hiess und Musikant wäre".

Höldrichsmühle in der Hinterbrühl, Holzschnitt. War Schubert da?

Wurde Schubert, wenn er wirklich dagewesen sein sollte, vom Brunnen vor dem Tore zu seinem Lied „Am Brunnen vor dem Tore" animiert? – Zweifelsfrei ist der Lindenbaum, der heute vor der Höldrichsmühle steht, um einiges zu jung, als daß ihn Schubert noch gesehen haben könnte, das gibt die Wirtin des Nobelrestaurants auch gerne zu. Doch: Früher, so weiß sie, sei an seiner Stelle eine mächtige alte Linde gestanden, die aber leider vom Blitz getroffen worden sei.

Was tut das alles noch zur Sache? Legenden lassen sich ebensogut vermarkten wie „harte Fakten". Zwei Lautsprecherboxen stehen neben dem Brunnen, und damit sind zwei Möglichkeiten eröffnet: Entweder wird das weltbekannte Lied für die Touristengruppen, die hier bei der routinemäßigen „Wienerwaldtour" haltmachen, mittels CD-Player abgespielt. Oder es werden Textblätter ausgeteilt. Zum Selbersingen. An der Rezeption hält man auch solche mit japanischen Schriftzeichen bereit.

Ansonsten ist die einstige Mühle ein gutes Speiselokal. Selbstverständlich wird hier, wie es sich für ein Schuberthaus gehört, auch eine „Echte Bachforelle Müllerin Art mit Petersilerdäpfeln" angeboten.

 ☛ *Hotel-Restaurant Höldrichsmühle, Hinterbrühl,*
Gaadner Straße 34, Tel. 02236/262 74

Die Prominenz von St. Pölten

*Jakob Prandtauer – Paul Troger – Enrica von Handel-Mazzetti –
Bartolomeo Altomonte – Josef Munggenast – Daniel Gran –
Joseph Maria Olbrich – Rudolf und Wilhelm Frass – Gustav
Klimt – Ernst Stöhr – Rainer Maria Rilke – Josef Bayer*

Die jüngste Geschichte der Stadt begann 1986, also vor exakt einem Jahrzehnt. Am 10. Juli dieses denkwürdigen Jahres wurde St. Pölten nach einer Volksbefragung zur Hauptstadt des größten Bundeslandes Österreichs erhoben. Die Stadt hatte lange Zeit den Ruf, eine gesichtslose Industriestadt zu sein, groß geworden durch Voith, die Glanzstoff-Fabrik, sowie die ÖBB-Zentralwerkstätte, aber sie ist auch eine Stadt der Kultur. Die große Fußgängerzone macht eine Besichtigung der meisten Sehenswürdigkeiten besonders angenehm. Insgesamt präsentiert sich hier eine stolze Stadt, die ständig bemüht ist, als erste Stadt des Landes auch die beste Stadt des Landes zu sein.

 ☛ *Fremdenverkehrs-Informationsstelle im Rathaus,
Rathausplatz 1, Tel. 02742/35 33 54*

Jakob Prandtauer, „Bildhauer bei St. Pölten"

Den Wohnsitz eines großen Barockkünstlers stellt man sich natürlich großartig, prächtig, prunkvoll verziert – eben barock –

 vor. Das Haus von JAKOB PRANDTAUER (1660–1726), des Erbauers von Stift Melk, in der *Klostergasse 15* ist aber gar nicht imposant. Hatte er keine Zeit, sich sein Haus zum prachtvollen Stadtpalais umzubauen? Oder keine Lust? War er ein bescheidener, im Privatleben schlichter und zurückgezogener Mensch?

Der aus einer Tiroler Bergbauernfamilie stammende Prandtauer, in der Verlassenschaftsurkunde seiner Mutter „Bildhauer bei St. Pölten in Österreich" genannt, ließ sich im Jahr 1690 endgültig hier nieder, gründete seine „Bauhütte", heiratete zwei Jahre später und kaufte 1692 das besagte Haus im Klosterviertel, in dem er dann bis zu seinem Tode lebte. Dieses Haus existiert heute noch und ist auf Anfrage wenigstens teilweise zu besichtigen. Aus der Zeit Prandtauers sind allerdings nur noch das Stiegenhaus und Teile des Untergeschoßes erhalten.

Die barocke Stiege (Stiege 1) führt in den Teil des Hauses, den Prandtauer bewohnte. Im Erdgeschoß hatte er vermutlich eine Art Büro. Heute nützt diesen sogenannten „Prandtauerraum" die „Katholische Aktion" für Seminare und Veranstaltungen.

Das wohl eindrucksvollste Gebäude, das Prandtauer in St. Pölten gestaltete, ist das *Institut der Englischen Fräulein* in der *Linzer Straße 9–11*. Das 1706 gegründete Institut besitzt eine der schönsten Barockfassaden Niederösterreichs. Der ebenfalls von Prandtauer geschaffene Kapellenraum bildet heute das Presbyterium der Klosterkirche. Ein Besuch ist nach Anfrage bei der Pforte möglich. Das darin enthaltene Kuppelfresko „Offenbarung der Menschwerdung Christi" stammt von PAUL TROGER (1698–1762) (➤ Troger in Altenburg, S. 100 ff.). Nach Anfrage bei der Pforte kann man auch das im Erdgeschoß gelegene, mit Deckenfreskos verzierte Refektorium besichtigen.

Im ersten Stock des Instituts befindet sich ein repräsentativer Vorraum, in dem sich die früheren Internatszöglinge an Besuchstagen mit den Eltern treffen konnten. Hier saßen sicher auch die jungen Schülerinnen Handel-Mazzetti und Preradovic. Die freund-

Institut der Englischen Fräulein, St. Pölten: Prachtbau Prandtauers

liche Schwester Oberin erzählt von ihren Versuchen, Werke von ENRICA VON HANDEL-MAZZETTI (1871–1955) zu lesen, was ihrer Meinung nach aber gar nicht so einfach ist. Dabei bekam die Klosterschule von der katholischen Dichterin 1934 dickes Lob ausgesprochen: „Unter allen Orten, zu denen mein Schaffen in Beziehung steht, nimmt mein geliebtes St. Pölten einen ganz eigenartigen Platz ein. St. Pölten ist in buchstäblichem Sinn die Wiege, die Werkstätte meiner katholischen Barockkunst."

Zurück zu Prandtauer, der auch am und im *Dom* arbeitete. 1722 begann er mit den Umbauten, 1735 wurden die Arbeiten unter Josef Munggenast (s.u.) abgeschlossen. Die Malereien im Inneren des Doms stammen von Daniel Gran (s.u.) und vom Barockmaler BARTOLOMEO ALTOMONTE (1702–1783).

Von Jakob Prandtauer gebaute Bürgerhäuser sind in St. Pölten Mangelware – offenbar war die Kirche der bessere Zahler. In jungen Jahren hat der Architekt wahrscheinlich das Haus *Rathausplatz 6* barockisiert. In jenem Gebäude befand sich die von Maria Theresia gegründete Stadtschule. Seit 1837 hat hier der Musikverein seinen Sitz; angeblich soll hier auch Josef Munggenast gelebt haben. Ein Haus, das sicher Prandtauer zuzurechnen ist, befindet sich in der *Wiener Straße 37*.

Prandtauer starb im September 1726 in St. Pölten. Er wurde in der *Gruft* des *Domes* bestattet.

Josef Munggenast

JOSEF MUNGGENAST (1680–1741) stammte wie sein berühmter Onkel Jakob Prandtauer aus Tirol. 1717 suchte der Baumeistersohn Munggenast in St. Pölten um die Aufnahme als Bürger und Maurermeister an. Das Ansuchen wurde genehmigt, er konnte das Haus *Domgasse 8* kaufen und das Meisterrecht eines ansässigen Baumeisters übernehmen.

Munggenast, der gleichzeitig Bauunternehmer, Techniker und Künstler war, lebte und arbeitete vor allem in Niederösterreich; als sein Hauptwerk gilt Stift Altenburg (➤ Munggenast in Altenburg, S. 100 f.); maßgeblich beteiligt war er auch an Stift Melk (➤ Munggenast in Melk, S. 288), der Basilika auf dem Sonntagberg und an Stift Seitenstetten.

In St. Pölten hat er etliche Häuser barockisiert bzw. neu gebaut. Sein markantestes Werk ist das *Rathaus,* dessen Fassade er im

Jahre 1727 neu gestaltete. Auch das nahegelegene, aus dem 16. Jahrhundert stammende Gebäude *Rathausgasse 2,* das sogenannte *Schuberthaus,* wurde vermutlich von Munggenast barockisiert. Als Schuberthaus wird das Gebäude deshalb bezeichnet, weil Franz Schubert hier bei der Familie des Freiherrn Münk zu Gast war (➤ Schubert in St. Pölten, S. 53 f.). Auch das barocke Haus *Prandtauerstraße 4* neben dem ehemaligen Karmeliterinnenkloster wurde von Munggenast errichtet.

St. Pölten, Wiener Straße 16:
Fassade von Munggenast

In der *Wiener Straße* (der verlängerten Rathausgasse) hat Munggenast das Haus *Nummer 1* umgestaltet. Das gegenüberliegende Haus *Nummer 4,* ursprünglich ein Renaissancehaus mit schönem Arkadengang, das leider nicht zu besichtigen ist, hat seine barocke Fassade ebenfalls von Munggenast erhalten, genauso wie das Haus *Wiener Straße 36.*

Eines der schönsten Barockpalais der Stadt befindet sich zwischen Wiener Straße und Domplatz, am *Herrenplatz 2.* Die Fassade, wahrscheinlich von Johann Lukas von Hildebrandt oder einem ihm nahestehenden Architekten geplant, wurde vom Bauherren Josef Munggenast ausgeführt. Am Giebel wird die Vertreibung der Mächte der Finsternis durch die Mächte des Lichts dargestellt.

63

Daniel Gran

Der dritte große Barockkünstler, der sich abseits der großen Herrschaftszentren – sozusagen in der Provinz – niederließ und hier vor allem große Aufträge für den Bauherren Kirche ausführte,  war DANIEL GRAN (1694–1757). Er ist ein früher Stadtflüchtling: 1744 übersiedelte der damals fünfzig Jahre alte Maler von Wien nach St. Pölten. Es wird angenommen, daß er in einem Stadtpalais der Adelsfamilie Schallenberg am heutigen *Rathausplatz 6* wohnte, in einem Haus, das vom jungen Prandtauer barockisiert und später von Josef Munggenast umgebaut wurde. Aber auch ein heute nicht mehr bestehendes Haus in der Wiener Straße 3–7 wird als mögliche Adresse Grans angegeben.

Gran wurde einer der bedeutendsten Barockkünstler und avancierte zum Wegbereiter weiterführender Entwicklungen: Zugunsten von Klarheit, Ordnung und Ruhe verzichtete er auf die für die Barockmaler typische Affektdarstellung und kann deswegen als Vermittler zwischen der Malerei des Barock und des Klassizismus angesehen werden. 1727 wurde er zum Hofmaler ernannt.

Ein Großteil seiner Werke befindet sich in Niederösterreich, wo er viele kleine Kirchen ausschmückte und unzählige Altarbilder und Fresken anfertigte.

Auch die vier Altarbilder in den vier westlichen Seitenaltären des *St. Pöltner Doms* stammen von ihm; in der Krypta des Doms liegt der Meister auch begraben.

Skizzen und Entwürfe Grans sind im *St. Pöltner Stadtmuseum* zu sehen.

 ☛ *Stadtmuseum St. Pölten, Prandtauerstraße 2, Di–Sa 10–17, So 9–12 Uhr, Tel. 02742/525 31-2611 (333–2611)*

Joseph Maria Olbrich

Vom Bahnhof durch die Kremser Gasse stadteinwärts gehend, fällt rechter Hand ein markantes Jugendstilgebäude auf: Es handelt sich bei dem Haus in der *Kremser Gasse 41* um ein 1899 für den St. Pöltner Arzt Hermann Stöhr erbautes Wohnhaus. Als Architekt zeichnete JOSEPH MARIA OLBRICH (1867–1908) verantwortlich. Er schuf sich durch das Bauwerk in der Stadt nicht

nur Freunde. Das vorgewölbte Obergeschoß wurde von Gegnern als „schwerfällig", das Haus abfällig als „Mauerkasten" und „Haus der chinesischen Gesandtschaft" bezeichnet. Das Relief „Medizin" an der Fassade stammt vom St. Pöltner Jugendstilkünstler Ernst Stöhr (s.u.).

Olbrich, in Troppau geboren, hatte in Wien bei Karl Freiherr von Hasenauer und seinem Nachfolger Otto Wagner Architektur studiert; gemeinsam mit Josef Hoffmann und Gustav Klimt gilt er als Begründer der Secession. Die Secessionisten übertrugen ihm 1897 auch die Planung des Ausstellungsgebäudes am Wiener Naschmarkt. Bis 1899 arbeitete er im Atelier seines Lehrmeisters Wagner, wo er mit der Planung der Stadtbahnbauten beschäftigt war. Da es ihm nicht gelang, in Wien eine Professur zu erhalten, ging er 1899 nach Darmstadt.

Rudolf und Wilhelm Frass

Die beiden Brüder, der spätere Architekt RUDOLF FRASS (1880–1934) und der Bildhauer WILHELM FRASS (1886–1968), waren die Söhne des St. Pöltner Gaswerkverwalters Alois Frass und seiner Frau Anna. Ihre Wohnung befand sich in der alten, nach dem Zweiten Weltkrieg abgetragenen Gasanstalt in der Kerensstraße. Beide gingen in St. Pölten zur Schule und verlebten hier ihre Kindheit und Jugend; und beide übersiedelten später nach Wien. Rudolf besuchte ab 1895 die Staatsgewerbeschule für das Bauhandwerk, und Wilhelm lernte ab 1901 an der Zeichen- und Modellierschule bei Prof. Brenek und besuchte danach die Akademie.

1906 gründete Rudolf gemeinsam mit seinem um sechs Jahre jüngeren Bruder in Wien ein Atelier und etablierte sich bald als Architekt. Seine ersten Bauten entstanden in St. Pölten und Mariazell.

1912/13 baute er in St. Pölten, *Kremser Gasse 20,* das ehemalige Hotel *Zur Kaiserin von Österreich.* Das dreistöckige, von Erkern und einem umlaufenden Balkon geprägte Eckhaus hat sein Vorbild in der damals üblichen Stadtarchitektur Wiens. Bruder Wilhelm zeichnet für die Fassadenskulpturen „Adalbert und Ottokar", die als Gründer der Stadt St. Pölten gelten, verantwortlich.

Im selben Jahr enstand im Süden der Stadt das wohl prächtigste St. Pöltner Frass-Gebäude, die ehemalige *Voith-Villa, Maria-Theresia-Straße 23.* Die ehemalige Herrschaftsvilla befindet sich heute im Besitz der öffentlichen Hand und beherbergt als „Kulturheim Süd" eine Musikschule und eine Bücherei. Interessant ist die Verknüpfung verschiedenster Stilelemente: Experten sehen neobarocke Züge ebenso wie Einflüsse des Wiener Werkbunds und solche des Heimatstils.

Auch vom „kleinen" Bruder Wilhelm, seit 1919 Mitglied der Secession, sind in St. Pölten einige Werke erhalten. Er schuf das *Kriegerdenkmal* „Sterbender Krieger" auf der *Hofstatt* sowie die *Skulptur* „Das schwere Kreuz", die im alten Foyer des *Krankenhauses* St. Pölten zu sehen ist. Für diese Plastik erhielt er den Preis der Akademie.

Auch ein anderer berühmter Künstler der Jahrhundertwende hat sich in St. Pölten verewigt. Auf dem Domplatz stehend, sollte man den Blick kurzzeitig vom Dom ab- und dem gegenüber, an der Westseite des Platzes gelegenen großen Sparkassengebäude zuwenden. Dessen Frontgiebel wird von einem färbigen Mosaik geziert, einer Allegorie, die vom jungen GUSTAV KLIMT (1862–1918) stammt.

Ernst Stöhr

Ernst Stöhr wurde gern „der größte Träumer der Secession" genannt; seine Bilder sind leider weitgehend in Vergessenheit geraten. Einer der Gründe dafür mag die große Bekanntheit Klimts und Schieles sein; ERNST STÖHR (1860–1917)  hatte sich aber auch schon zu Lebzeiten vom Wiener Kunstbetrieb ferngehalten – was seinem Ruf offenbar schadete.

Der spätere Secessionist ging in seiner Geburtsstadt St. Pölten zur Schule und studierte an der Kunstgewerbeschule, brachte es aber wegen eines Nervenleidens nie zu einem Abschluß. Er malte nicht nur, sondern schrieb auch zahlreiche Gedichte und epische Werke. Die Fassadenmalerei des bekannten St. Pöltner *Jugendstilhauses* von Joseph Maria Obrich in der *Kremser Gasse 41* (s.o.) stammt von ihm. Vorbild für die „Medizin", die Frauenfigur im roten Mantel, die aus einer Schale Äskulapnattern füttert, war seine Frau Fritzi.

Der gesamte Nachlaß des Künstlers befindet sich im *Stadtmuseum. – Das Ende des Malers war tragisch: Um 1915 trat ein Nervenleiden auf. Stöhr litt an schweren Depressionen und verbrachte einige Zeit in der Tullner Nervenklinik. Nach seiner Entlassung 1917 erhängte er sich im Wohnhaus *Domgasse 2*. Er wurde in Melk, wo er längere Zeit gelebt hatte, begraben.

Rainer Maria Rilke

„Der Dienstbetrieb beginnt auf das im Sommer um 5, im Winter um 6 Uhr gegebene Signal, ‚Tagwache'. Dem Frühstück folgt Unterricht, durch den ‚Rapport' unterbrochen, und dem Unterrichte das Mittagessen. Für dieses werden Tischgesellschaften gebildet, deren Vorsitzende die Speisen vorzulegen, die Unterhaltung zu leiten und auf Anstand und Ordnung zu halten haben. Zwischen Mittagessen und Nachmittagsunterricht liegt eine Erholungszeit, welche bei günstiger Witterung im Freien zugebracht wird. An Schultagen wird um 4 oder 5, an Sonntagen um 2 Uhr der Tagesbefehl verlautbart. Dann folgt die Jause und nach dieser körperliche oder musikalische Übung oder Selbststudium. Um 8 findet das Nachtmahl statt, um 9 Uhr wird zu Bett gegangen. In jedem Schlafsaal hält ein Diener Nachtwache. An schulfreien Tagen unternehmen die Zöglinge des Waisenhauses und der Realschulen unter Aufsicht eines Offiziers größere Spaziergänge."

Es ist hier nicht etwa der Tagesablauf einer Anstalt für schwererziehbare Jugendliche wiedergegeben. Diese Hausordnung stammt aus der Militärunterrealschule St. Pölten, in der einer der

bekanntesten deutschsprachigen Lyriker, RAINER MARIA RILKE (1875–1926), vier entsetzliche Schuljahre verbrachte. Der Zehnjährige kam als schüchterner, zarter, gesundheitlich schwacher Bub in den von Härte und Drill geprägten Militärbetrieb.

Nicht nur am militärischen Drill litt der junge Rilke, sondern auch am Umgang mit den gleichaltrigen Zöglingen. Schon bald war er verspotteter Außenseiter und Einzelgänger: „Nach der ärgsten Verzärtelung kam ich unter fünfzig Knaben, die mir alle mit der gleichen Feindschaft begegneten", sagte er später über seine St. Pöltner Zeit. Und 1894, vier Jahre nach seinem Austritt aus der Schule, schreibt er in einem Brief an seine Freundin Vally über seine Mitschüler: „(...) jene feige, unverhüllte Herzlosigkeit, welche selbst vor Mißhandlungen aus reinem bestialischen Mordtriebe (der Ausdruck ist nicht zu stark) nicht zurückschreckt. Mein Herz bebte beim Anblick dieser Ungerechtigkeiten und ertrug mit einer diesem Alter uneigenen Ergebung die Qualen jener Behandlung."

In den Jahreszeugnissen wird Rilke als still, zaghaft, gutmütig, sehr artig und bescheiden beschrieben. Obwohl seine Noten passabel waren, brach er nach einem Jahr Militäroberrealschule, die er in Mährisch-Weißkirchen durchmachte, die Militärausbildung endgültig ab.

Die von Rilke so sehr gefürchtete *k.k. Militärunterrealschule* – die halbwüchsigen Zöglinge hatten selbstverständlich militärische Kleidung zu tragen – war 1875 errichtet worden und bestand bis 1918. Sie befand sich auf dem Areal der heutigen HTL, in unmittelbarer Nachbarschaft der heute noch bestehenden Hesserkaserne. Sowohl Kaserne als auch Schule befinden sich direkt am *Schießstattring*, an der Durchfahrtsstraße Krems–Mariazell.

Der 1875 in Prag geborene Rilke gilt als „der Lyriker" schlechthin. Er war Zeit seines Lebens auf Reisen. Nach dem Ersten Welt-

Hesserkaserne St. Pölten: Rilke besuchte hier die „Militärunterrealschule"

krieg übersiedelte er in die Schweiz, wo er bis zu seinem Tod im Jahr 1926 auf dem kleinen Schloß Muzet im Kanton Wallis lebte.

Josef Bayer

Der kaiserliche Hofopernkapellmeister und Ballettdirigent JOSEF BAYER (1852–1913) ist ein Weltmeister, gerade recht für eine Aufnahme in das Guinness-Buch der Rekorde. Er komponierte das meistgetanzte Ballett der Welt „Die Puppenfee".

Geschrieben wurde dieses Ballett in *Viehofen* an der Traisen, einem heute eingemeindeten Vorort von St. Pölten.

Bayer war hier Gast seines Freundes Godderidge, eines Spitzenfabrikanten. Der Hofkapellmeister bewohnte mit seiner Frau und den beiden Töchtern das kleine Schloß seines englischen Freundes; das einst prächtige sogenannte *Herrenhaus* steht heute als traurige Ruine im verwilderten Park. Um sie zu sehen, muß man auf der nach Herzogenburg führenden Austinstraße stadtauswärts fahren und bei der Stadtgrenze den Mühlbach nach links überqueren.

Der „Johannn Strauß des Balletts" hat hier nachweislich zwanzig Arbeitssommer verbracht; insgesamt hat er zweiundzwanzig große Ballettstücke und zwei Operetten geschrieben. Für St. Pölten komponierte Bayer den „Völkl-Marsch", der dem damaligen Bürgermeister gewidmet ist, sowie den „St. Pöltner Schützenmarsch". Bayer dirigierte auch einige seiner Werke am St. Pöltner Theater.

69

Das stolze Krems
*Martin Johann Schmidt in Stein und Krems – Ludwig Ritter
von Köchel in Stein – Josef Maria Eder in Krems*

Krems und Stein

Krems und Stein. Wachau. Donau. Wein. Geschichte. 1000 Jahre
Krems. Schöne Stadt. Alte Stadt. Doppelstadt. Stadtbild. Tradition. Kremser Senf. Kremser Pfennig. Kremser Schmidt. – Assoziationen über Assoziationen. Krems und Stein, diese Doppelstadt
am Ausgang der Wachau, lebt mit, in und durch ihre Geschichte;
sie ist zu einer Bastion der vorbildlichen Stadterhaltung und
Stadterneuerung geworden. Auf Schritt und Tritt Gotik, Renaissance, prunkvolle Fassaden, schöne Innenhöfe. An jeder Ecke, in
jeder Gasse haben Bürgersleute und reiche Händler ihre Spuren
hinterlassen – und die Stadt zu einem einzigen Denkmal gemacht.
So existiert in Krems, das schon 995 erstmals urkundlich erwähnt wird, mit der aus dem Jahre 1265 stammenden Gozzoburg
einer der wichtigsten mittelalterlichen Profanbauten Österreichs.
Bauherr war der Stadtrichter Gozzo (gest. 1291), der sich das
Haus mit dem vorgelagerten Arkadengang nach dem Vorbild ita-
lienischer Stadtpaläste errichten ließ.

Einer der ganz großen Maler des Spätbarock stammt aus
Krems. Er hat der Stadt ein reiches Erbe hinterlassen, und sein
Name war Martin Johann Schmidt. Genannt wird er heute nur
noch der „Kremser Schmidt".

 ☛ *Tourismusbüro der Stadt Krems, Undstraße 6,
Tel. 02732/826 76*

Der Kremser Schmidt in Stein und Krems
Der Spaziergang auf den Spuren des Barockmalers MARTIN JO-
HANN SCHMIDT (1718–1801) ist lang und beginnt schon vor
den Toren der Stadt, noch fast in der Wachau, im sogenannten
 *Förthof, Förthofer Donaulände 10.* Dieses Gebäude
– urkundlich bereits 1220 erstmals erwähnt – war
und ist das Zentrum des kleinen Gutsweilers Fört-
hof. In dieses Gebäude übersiedelte vor runden
270 Jahren der aus dem Hessischen stammende
Bildhauer und Maler namens Johann Schmidt
(1689–1761) – und zwar deshalb, weil er beim

Ausbau des Stifts Dürnstein Beschäftigung fand. Mit im Reise-
gepäck hatte Johann seinen achtjährigen Sohn Martin Johann.
Der war im kleinen Ort *Grafenwörth,* rund zwölf Kilometer östlich
von Krems, als zweites von fünf Kindern auf die Welt gekommen;
in der Taufmatrikel ist der 25. September 1718 vermerkt. In Grafenwörth besuchte er die Dorfschule.

Ab 1726 besuchte der hoffnungsfrohe Jüngling die Stadtschule
von Stein; der Vater vermittelte seinem Sohn die ersten Kenntnis-
se in der bildenden Kunst. In die Lehre ging er zu Johann Gottlieb
Starmayr, der ebenfalls in Dürnstein arbeitete. Dann verlieren
sich für einige Jahre die Spuren des großen Kremsers. Es wird
ein Aufenthalt in Venedig angenommen, der aber nicht belegt ist.

Zurück in Krems, mußte er schlecht entlohnte Arbeiten annehmen. Er malte nach Auftrag, so zum Beispiel das Porträt des
Kremser Bürgermeisters Mayreck, das sich heute im Besitz der
Stadt Krems befindet; auch ein Porträt des Göttweiger Abts Bes-
sel ist erhalten. Durch unermüdlichen Fleiß schuf sich Schmidt einen Namen – sowie ange-
messenen Wohlstand.

Die gute Auftragslage
ermöglichte es dem Krem-
ser Schmidt, im Jahre
1755 ein eigenes Haus zu
kaufen. Direkt hinter dem
Linzer Tor, in der *Steiner
Landstraße 122,* ließ sich
der Meister nieder. Er heiratete; der Ehe entstamm-
ten 4 Kinder.

Johann Martin Schmidt
ließ einen zweiten Stock
auf das Haus bauen und
richtete sich in zwei über-
einanderliegenden Räu-
men des ersten und zwei-
ten Stocks eine Werkstatt
ein. Die beiden Malzim-
mer waren durch einen
Spalt in der Decke ver-

*Wohnhaus von Martin Johann Schmidt in
Krems-Stein: spätbarocke Fassade*

71

bunden; so konnte der Künstler seine großflächigen Gemälde besser bearbeiten.

Heute ist das spätbarocke Wohnhaus in Privatbesitz; im Inneren verbergen sich einige Schätze, so etwa von Schmidt auf Holztafeln gemalte Allegorien von Jugend und Alter. Im hinteren Berggarten befindet sich ein hölzernes Salettl vom Ende des 18. Jahrhunderts; vermutlich stammen die ovalen, auf Holz gemalten Landschaftsbilder darin ebenfalls vom Künstler.

Kaum mehr wahrnehmbare Spuren des Künstlers befinden sich direkt am Linzer Tor, und zwar auf der stadtauswärts gelegenen Seite. Unter den drei Segmentbögen des im 18. Jahrhundert veränderten Stadttores von 1477 sieht man Reste von Schmidt-Fresken.

Weiter geht es im Spaziergang durch die wunderbare Steiner Landstraße Richtung Osten, Richtung Krems, zur Steiner *Pfarrkirche St. Nikolaus.* Auf dem Weg dorthin passiert man den zur Donau hin offenen Schürerplatz, an dem das berühmte *Mazzetti-Haus, Schürerplatz 8,* liegt. Hier verbrachte Ludwig Ritter von Köchel seine Jugendjahre (s.u.).

In der *Steiner Pfarrkirche* – der Bau stammte aus dem 15. Jahrhundert – konnte der Kremser Schmidt 1751 einen seiner ersten großen Aufträge verwirklichen. Das ehemalige Hochaltarbild „Der Heilige Nikolaus rettet Schiffbrüchige" befindet sich am Seitenaltar rechts neben der Kanzel. Den Marienaltar schmückt das Ölbild des Heiligen Nepomuk (1770). Seitlich von der Empore findet sich ein Deckenfresko des Meisters, das die „Auferstehung Christi" (1768) darstellt.

Schmidt schuf neben vielen Deckengemälden insgesamt mehr als 1000 Altar- und Andachtsbilder, vor allem in niederösterreichischen Klöstern und Kirchen, er arbeitete aber auch in Ungarn und in der Krain. Besonders beeinflußt fühlte er sich von Rembrandt sowie von Paul Troger.

Wir gehen weiter nach Krems. Die um 1515 fertiggestellte, innen barockisierte *Piaristenkirche* ist vielleicht das schönste Gotteshaus der Stadt. Von hier oben hat man außerdem einen wunderbaren Blick auf Stadt, Donau und das Stift Göttweig. Das Hochaltarbild „Himmelfahrt Mariens" (1756) stammt ebenso vom Künstler wie das Gemälde am rechten Seitenaltar, „Josef von Calasanz erweckt ein Kind zum Leben". Ebenfalls vom Kremser

Schmidt stammen das Altargemälde an der Nordseite „Heiliger Josef mit dem Christuskind" und das am südseitigen Altar, „Hl. Aloisius geleitet einen Knaben zum Altar" (1755).

Wieder vor der Kirche, geht man durch die Piaristengasse nach Osten und kommt zwangsläufig am *Piaristengymnasium* vorbei. Diese Kremser „Eliteschule" wurde unter anderen von Josef Misson (➤ Misson in Mühlbach, S. 121), Josef Maria Eder und Ludwig Ritter von Köchel (s.u.) besucht.

Am unteren Ende des leicht abschüssigen Hohen Markts liegt die schon erwähnte Gozzoburg. Durch die Margarethenstraße, vorbei am Sgrafittohaus, erreicht man den Pfarrplatz mit der *Pfarrkirche*. Sie wurde 1616 auf dem Platz der mittelalterlichen St. Veitskirche gebaut und birgt Gemälde von einigen der berühmtesten Barockkünstler, unter anderem Deckenfresken vom Kremser Schmidt.

Der Maler starb am 28. Juni 1801 79jährig in seinem Haus in Stein und wurde am Stadtfriedhof von Stein begraben.

Eine der größten Sammlungen von Gemälden des Kremser Schmidt befindet sich im Stift Seitenstetten im niederösterreichischen Alpenvorland. Sie kann von Palmsonntag bis November täglich um 10.30 und 15 Uhr im Rahmen von Stiftsführungen besichtigt werden.

 ☛ *Stift Seitenstetten,*
Tel. 07477/423 00

Ludwig Ritter von Köchel in Stein

Auf dem Marsch durch die Steiner Landstraße kommt man – wie bereits erwähnt – am Schürerplatz vorbei. Das wunderbare Haus, das an der *Ecke Landstraße/Schürerplatz (Schürerplatz 8)* steht,

 trägt den Namen „Mazzettihaus". Benannt nach einem Besitzer des Hauses im 20. Jahrhundert, dem Bürgermeister Mazzetti, wurde es 1719/20 an Stelle einer Brandruine für den Bürgermeister und kaiserlichen Rat Jakob Oswald von Mayreck erbaut. Der palastartige, reich dekorierte Bau führt uns zu einem klingenden Namen. LUDWIG RITTER VON KÖCHEL (1800–1877), im Haus *Steiner Landstraße 62* geboren, verbrachte hier, im Hause seines Großvaters, seine Kinder- und Jugendjahre. Der Ersteller des oft zitierten „Köchel-

73

„Mazzettihaus" in Krems-Stein: Wohn-stätte des Ludwig Ritter von Köchel

Verzeichnisses" besuchte von 1810 bis 1816 das Kremser Piaristengymnasium. Bekannt wurde der Mozartforscher durch diese chronologisch-thematische Auflistung der Werke Mozarts; er verfaßte aber auch Studien zum Komponisten und Musiktheoretiker Johann Joseph Fux und zu Ludwig van Beethoven.

Der umfassend gebildete Humanist erlangte auch als Pädagoge Ansehen. Dem *Piaristengymnasium* vermachte er eine Mineraliensammlung.

Die 1995 in Krems gegründete Ludwig-Ritter-von-Köchel-Gesellschaft, ein „Verein zur Förderung musikalischer Tätigkeit", veranstaltet an wenigen Tagen im Jahr Hausmusikabende in den ehemals von Köchel bewohnten Räumlichkeiten im Mazzettihaus. In stimmiger Atmosphäre werden im Wohnzimmer des derzeitigen Mieters Lieder- oder Kammermusikabende gegeben – für Fans eine einmalige Gelegenheit, schöne Musik in ansprechendem Ambiente zu hören und gleichzeitig die noblen bürgerlichen Räume mit Deckenstuck von 1720 zu besichtigen.

Ludwig-Ritter-von-Köchelgesellschaft, Krems, Gartenaugasse 6, Tel. 02732/801-285 ☛ Dkfm. Hans Breitschopf, Tel. 02732/704 60

Josef Maria Eder in Krems

Der Sprung in ein anderes Jahrhundert und in ein anderes Metier fällt, zugegebenermaßen, etwas hart aus. Wir befinden uns nun beim Steiner Tor, dem mächtigen, als einzigen erhalten gebliebenen mittelalterlichen Stadttor von Krems. Das erste Haus in der *Kremser Landstraße*, direkt an das Steiner Tor angebaut und an der *Ecke zur Schmidgasse* gelegen, zieht unsere Aufmerksamkeit aus drei Gründen auf sich. Erstens befindet sich im Erdgeschoß eine durchaus empfehlenswerte Konditorei, zweitens fällt das Gebäude dadurch auf, daß es bis in den zweiten Stock offene Lauben hat, und drittens verbrachte hier der wohl wichtigste Fotopionier

Österreichs, JOSEF MARIA EDER (1855–1944), seine Kindheit und Jugend.

Eder wurde am 16. März 1855 in Krems geboren. Nach Beendigung seines Studiums wurde er Assistent an der Lehrkanzel für chemische Technologie. Dort lernte er die Anfänge der Fotografie kennen und machte prompt eine Reihe von wesentlichen Entdeckungen auf dem Gebiet der Fototechnik. Der Begründer und erste Direktor der Graphischen Lehr- und Versuchsanstalt in Wien legte die technisch-wissenschaftlichen Grundlagen zur Entwicklung der Farbfotografie. Der erst unlängst entdeckte Nachlaß befindet sich im *Historischen Museum der Stadt Krems*.

 ☛ *Magistrat der Stadt Krems, Kulturverwaltung, Dr. Franz Schön-*
fellner, Körnermarkt 14, Tel. 02732/801-262, Fax 02732/788 50
☛ *Historisches Museum der Stadt Krems, Körnermarkt 9,*
Tel. 02732/849 27 od. 801-339

Das Kremser Umland
Der heilige Severin in Mautern – Oskar Werner in Thallern –
Frau Ava in Kleinwien – Christian Freiherr von Ehrenfels in
Brunn am Walde und Lichtenau – Wilhelm Szabo in Lichtenau –
Imma von Bodmershof in Rastbach – Leopold Hauer in Droß –
Johann Fruhmann in Lengenfeld

Von Krems aus lassen sich wunderbare Tages- oder Halbtagestouren sowohl mit dem Fahrrad als auch mit dem Auto absolvieren. Man sollte dabei nicht nur die – zugegebenermaßen immer wieder reizvolle – Standardstrecke durch die Wachau abspulen, sondern durchaus auch „Sidesteps" wagen. Die Runde, die im folgenden beschrieben wird, führt zuerst ans Südufer der Donau, dann ein Stück ins Waldviertel hinein und kombiniert Bekanntes mit Unbekanntem. Wer zum Beispiel wußte bislang, daß der große Oskar Werner seine letzten Lebensjahre in dem kleinen Weinort Thallern am Fuß des Göttweiger Berges zubrachte? Doch begonnen wird, anständigerweise, mit einem richtigen Heiligen, mit einem sehr sympathischen noch dazu.

Der heilige Severin in Mautern
„Dann zog sich der selige Severin in einen etwas abgelegenen Ort zurück, der ‚Zu den Weinbergen' hieß, wo er sich mit einer klei-
nen Zelle begnügte." SEVERIN (gest. 482), damals noch nicht heilig, kam nach dem Tod Attilas 453, möglicherweise aber auch erst 467 in niederösterreichische Lande. Über seine Herkunft und Heimat gibt es kein Zeugnis; er lehnte es ab, darüber Auskunft zu geben, um nicht prahlerisch zu wirken. Er wirkte zunächst im heutigen Klosterneuburg, dann in Tulln. Auf Bitten der notleidenden Bevölkerung gründete er ein Kloster in Favianis, dem heutigen Mautern. Severin, der zu jener Zeit lebte, da sich das Römische Reich in allgemeiner Auflösung befand, war zweifelsfrei ein „Urchrist", wie er im Buche steht: richtete für die notleidende Bevölkerung eine Armenfürsorge ein, kümmerte sich um Flüchtlinge, organisierte Sach- und Geldspenden und sammelte sie in seinem Stammkloster in Favianis. Und pflegte – gemeinsam mit seinen Mitbrüdern – Kranke und Sieche. Von Favianis aus besuchte er weite

Teile Ufernoricums, unter anderem wirkte er immer wieder in Lauriacum, dem heutigen Lorch. Hier sammelte er die von den Alemannen verfolgte romanisierte Bevölkerung und verteilte sie auf Städte, die den Rugiern tributpflichtig waren, darunter auch nach Favianis.

Darüber hinaus war er auch so etwas wie ein Diplomat: Er verhandelte mit Rugiern und Alemannen und stand bei deren Fürsten in hohem Ansehen. 482 starb er; beim Abzug der römischen Bevölkerung wurde Severins Leichnam von den Mönchen des Klosters nach Neapel gebracht.

Bekannt sind uns diese Fakten durch die Beschreibung seines Lebens, verfaßt im Jahre 511 vom Mönch Eugippius, der ebenfalls im Severinkloster zu Mautern gelebt hat.

Während römisches Mauerwerk in Mautern durchaus sichtbar geblieben ist, kann man das Leben und Wirken des „Apostels von Ufernoricum" kaum mehr nachvollziehen.

Daß sich in der *Pfarrkirche Mautern* eine Reliquie des heiligen Severin – ein Knochensplitter – befindet, ist eine erste, freilich dünne Spur. Severins „habitaculum", seine persönliche *Fluchtburg* wird außerhalb von Mautern, an der *Straßengabelung Furth/Palt,* an einem etwas höher gelegenen Ort vermutet. An diesem – nicht gekennzeichneten – Platz wurden bei früheren Ausgrabungen tatsächlich Reste eines Bauwerks gefunden.

Das eigentliche *Kloster des Severin* lag mit ziemlicher Sicherheit auf dem Gelände der heutigen *Bundesheerkaserne.* Bei Ausgrabungen wurden in Gebäuderesten die Fundamente einer Priesterbank und eines Altars sowie eine einfache Bodenheizung und außerdem eine Handmühle gefunden. Archäologen glauben aufgrund dieser (heute wieder zugeschütteten) Funde, das Kloster des heiligen Severin – und damit eines der ältesten christlichen Baudenkmäler Österreichs – entdeckt zu haben.

Im *Römermuseum* in der Margarethenkapelle in der *Frauenhofgasse 56* befindet sich ein anschauliches Modell dieser frühen, denkbar einfachen Klosteranlage; eine Vitrine ist dem heiligen Severin gewidmet. Auch die erwähnte Handmühle ist hier zu sehen.

☛ Römermuseum der Stadt Mautern an der Donau, Margarethenkapelle, Frauenhofgasse 56, Ostern bis Allerheiligen Sa 10–12 und 14–16, So, Fei 10–12 Uhr, sonst gegen Voranmeldung beim Stadtamt, Tel. 02732/831 51, oder bei Dir. Erna Kainz, Tel. 02732/832 51

Oskar Werner in Thallern

Er war – im Gegensatz zum heiligen Severin – wahrlich kein Heiliger, dafür aber ein begnadeter Schauspieler mit einem Hang zur Selbstzerstörung: der großartige OSKAR WERNER (1922–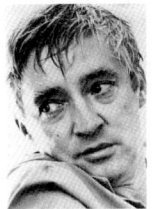1984), der eigentlich Josef Bschließmayer hieß und sich in seinen letzten Lebensjahren oft in der Wachau aufhielt.

Im kleinen, versteckten Weinhauerdorf Thallern, fünf Kilometer östlich von Mautern, hatte er außerhalb des Ortsverbandes, am Ende einer Kellergasse, einen Bungalow gemietet. Er arbeitete dort ruhelos an einem Drehbuch über das Schicksal des jüdischen Schauspielers Leo Reuß und ließ, das erzählt man noch im Ort, alle Wände mit dunkelgrüner Ölfarbe ausmalen.

Er versuchte hier von seiner Alkoholsucht loszukommen. Laut Oskar-Werner-Biograph Robert Dachs feierte er kurz vor seinem Tod „100 Tage ohne Alkohol".

In den frühen achtziger Jahren las Werner noch selbst in Krems und auf der Schallaburg; gemeinsam mit seiner Mutter unternahm er auch Ausflüge in die Wachau. Sein Kremser Stammlokal war das Restaurant in der Gozzoburg. In Thallern erinnert der kleine Oskar-Werner-Platz an den großen Mimen, der unter anderem durch seine Rolle in Truffauts „Fahrenheit 451" Weltruhm erlangte. Sein ehemaliges Domizil *Thallern 90* – unscheinbar und nicht zu besichtigen – erreicht man, indem man beim Kriegerdenkmal die Gasse bergan geht. Es ist das letzte Haus auf der rechten Seite.

Frau Ava in Kleinwien

Im Schatten des Göttweiger Berges, im engen, abseits gelegenen Tal des Fladnitzbachs, liegt der kleine Ort Kleinwien. Im 12. Jahrhundert lebte hier möglicherweise FRAU AVA (gest. 1127), die erste namentlich genannte Dichterin des deutschen Sprachraums. Sie verfaßte schlichte Werke religiösen Inhalts. Vielleicht lebte sie aber auch in der Nähe von Melk. – Nix ist fix, aber eine gewisse Wahrscheinlichkeit ist gegeben, daß die Klausnerin ihre letzen Jahre tatsächlich im mehrfach umgebauten *Avaturm, Avagasse 7*, zubrachte und vom einstigen Frauenkloster Kost bezog.

Einige Handschriften – die aber keine näheren Hinweise auf die Stätten ihres Wirkens bieten – sind erhalten. 1120 verfaßte sie eine Bearbeitung der Heilsgeschichte unter Benützung der Evangelien und Apokryphen. Drei in der Vorauer Handschrift gefundene Gedichte stammen aus ihrer Feder, nämlich „Vom jüngsten Gericht", „Leben Jesu" und „Vom Antichrist".

 ☛ Gemeindeamt Furth,
Tel. 02732/846 22

Christian Freiherr von Ehrenfels in Brunn am Walde

Fährt man von Krems das Kremstal aufwärts, so verläßt man wenige Kilometer hinter der Stadtgrenze die Weinbauregion. Die Straße beginnt merkbar zu steigen, aus dem Tal führt der Weg hinauf auf die Hochfläche. Über den kleinen Ort Loiwein erreicht man das noch kleinere Brunn am Walde.

Das mächtige *Wasserschloß* liegt unweit der Durchzugsstraße Richtung Zwettl. Das aus aus dem Jahre 1584 stammende Gebäude ist eines der ganz wenigen in Österreich erhalten gebliebenen Schlösser mit einem gefüllten Wassergraben, der sich noch dazu im Osten zu einem richtigen Teich erweitert. Leider befindet es sich in einem bedauernswerten Zustand. Zu einer Zeit, in der Schloß Brunn zweifelsfrei prächtiger aussah als heute, verlebte der Philo-

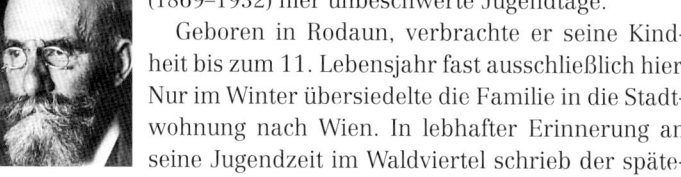 soph CHRISTIAN FREIHERR VON EHRENFELS (1869–1932) hier unbeschwerte Jugendtage.

Geboren in Rodaun, verbrachte er seine Kindheit bis zum 11. Lebensjahr fast ausschließlich hier. Nur im Winter übersiedelte die Familie in die Stadtwohnung nach Wien. In lebhafter Erinnerung an seine Jugendzeit im Waldviertel schrieb der spätere Philosoph, der als einer der Vordenker der modernen Wert- und Gestaltpsychologie gilt: „Was in der Freischütz-Ouverture erklingt, das habe ich in meinen Kinder-, Knaben- und Jünglingsjahren erlebt – so treulich und real, als es sich überhaupt in der zweiten Hälfte des neunzehnten Jahrhunderts erleben ließ. Schon die Ortsnamen für dieses Erlebnis deuten es an. Das Waldviertel, der nordwestliche Teil von Niederösterreich, die Ausläufer des Böhmerwaldes, mein Heimatland, und Schloß Brunn am Wald, die Stätte, in der ich heranwuchs. Jagd- und Wilderergeschichten gehörten zur ersten Nahrung der Phantasie des Knaben."

Wasserschloß in Brunn am Walde: Christian von Ehrenfels lebte hier

Die Erlebnisse in den Wäldern um Brunn spiegeln sich im späteren dichterischen Schaffen wider: Viele seiner Dramen spielen in Ritterburgen und Königshöfen, seine Protagonisten jagen durch Wälder und Schluchten, menschliche und unmenschliche Lebewesen stürzen in Wassertiefen, stürmen Berggipfel und Felswände.

Schon während und nach der Matura entstanden Ehrenfels' erste Trauerspiele; 1882 bat er den Vater, das Erbe an seinen Bruder Bernhart abtreten zu dürfen. Nur das damals weniger gut erhaltene Schloß Lichtenau ging an ihn über – es blieb bis zu seinem Tod seine Fluchtburg.

Christian Freiherr von Ehrenfels in Lichtenau

Das *Schloß Lichtenau*, das spätere Domizil des Philosophen Ehrenfels, liegt versteckt am Rand des Ortes. Man erreicht es nach einem kurzen Fußmarsch vom Hauptplatz aus. Bis in den Vorhof kann man vordringen. Dann ist Besichtigungstour zu Ende: Privatbesitz, Betreten verboten.

Nach der Promotion und Habilitation wechselte Ehrenfels häufig den Wohnsitz, er wohnte z. B. über 30 Jahre lang in Prag, wo er Ordinarius an der philosophischen Fakultät war, außerdem in Wien und im Sommer auf Schloß Lichtenau.

Vorhergehende Seite:
Raimundsitz am Mariahilfberg

Beethoventempel im
Kurpark Baden (links oben)

Landschaft bei Ruppersthal,
Ignaz Pleyels Heimat
(links unten)

„Zum Braunen Hirschen",
Ludwig Wittgensteins
Trattenbacher Quartier (rechts)

Munggenast-Haus in St. Pölten (links)

„Villa Frass" in St. Pölten (rechts oben)

Schiele-Zelle im Schiele-Museum Tulln (rechts unten)

Franz Traunfellner,
Selbstbildnis
(links oben)

Grillparzer-Zimmer
in Greillenstein
(links unten)

Joseph Gottfried
Pargfrieders Schloß
Wetzdorf (rechts oben)

Hamerling-Büste in
Kirchberg am Walde
(rechts unten)

Folgende Seite:
Piaristenkirche Krems,
Altarbild von Martin
Johann Schmidt

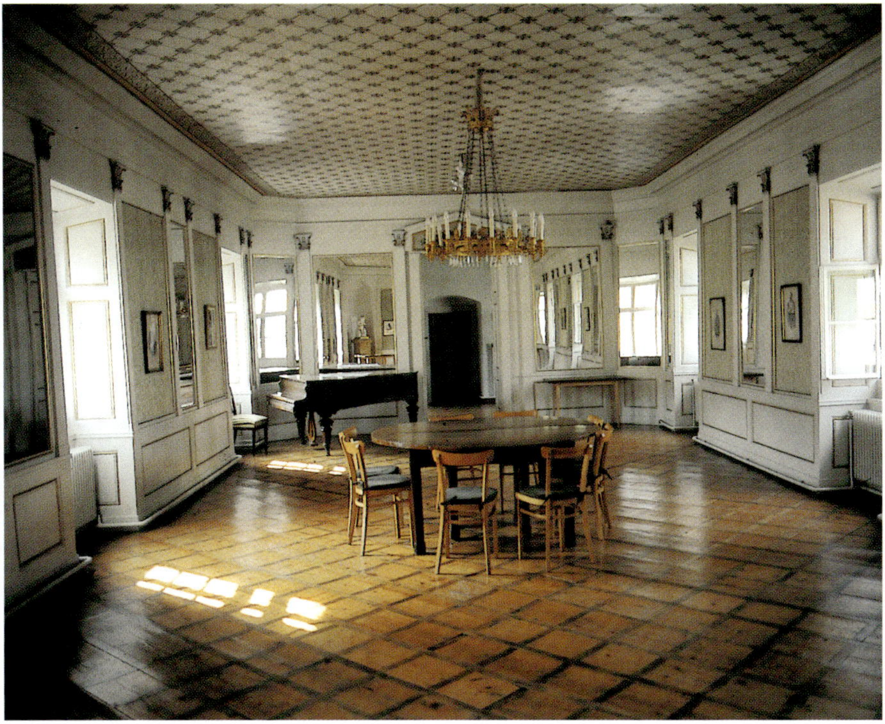

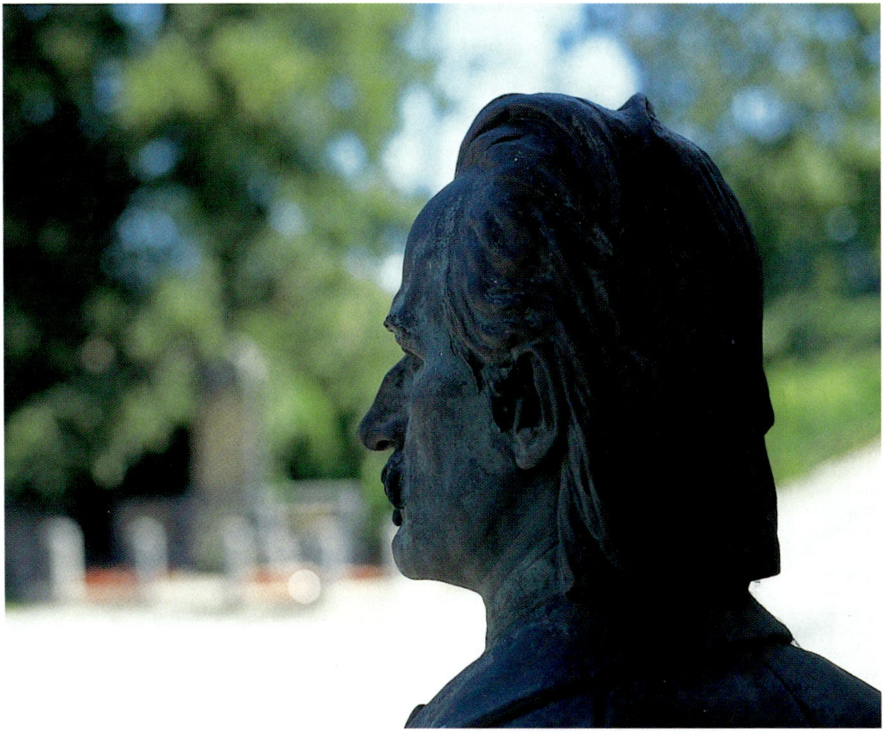

Am Beginn seines philosophischen Schaffens entstand sein berühmtestes Werk, die Abhandlung „Über Gestaltqualitäten". Darin verdeutlicht er, daß eine Gestalt nicht bloß die Summe ihrer Teile ist, sondern eine neue Ganzheit bildet. Er entwickelte ein Modell zur „Regeneration der Kulturmenschheit", in dem er die Idee der „positiven Auslese" vertrat. Er redete der „Züchtung" von guten Eigenschaften das Wort und entwickelte eine spezifische Übermenschen-Ideologie. Außerdem griff er sozialistische Ideen auf.

Während des Ersten Weltkriegs war Ehrenfels durch eine psychische Erkrankung jahrelang nicht arbeitsfähig. Er emeritierte 1929 und starb 1932 in Lichtenau.

Zu seinem 50. Todestag 1982 fand auf Schloß Lichtenau, wo sich ein Teil seines Nachlasses befindet, ein internationales Symposium zu seinen Ehren statt. Erst seit wenigen Jahren wird an der Herausgabe seiner philosophischen Werke gearbeitet.

 ☛ *Mireille Ehrenfels-Abeille, Schloß Lichtenau, Tel. 02718/234*
☛ *Gemeinde Lichtenau, Richard Rauscher, Lichtenau 49,*
Tel. 02718/257 od. 02718/61 83

Wilhelm Szabo in Lichtenau

Ein Gedenkstein auf der früheren Schulwiese, auf der vor der Kirche liegenden parkähnlichen Grünfläche: Lichtenau hat, so lernen wir aus der Inschrift, nicht nur einen Denker, sondern auch  einen großen Dichter beherbergt: Der Lyriker WILHELM SZABO (1901–1986), lediges Kind einer Sängerin und Pianistin, kam als zweijähriger Bub nach Lichtenau und mußte hier seine harten Kinder-und Jugendjahre bei einer Ziehmutter verbringen.

„Meine Ziehmutter hat in ihrem Leben wenige gute Tage gesehen, aber es ist ihr anscheinend weder früher noch später so elend gegangen wie eben damals. Sie hatte kaum das Nötigste zum Leben, konnte es fast nicht erwarten, bis der Postbote das monatliche Kostgeld für mich brachte." Von einem nicht mehr existierenden Haus an der Straße Richtung Brunn zog der kleine Szabo mit seiner Ziehmutter in ein direkt am Dorfanger gelegenes Haus. Heute trägt das einst ärmliche Anwesen die *Nummer 23*; es wurde nachhaltig verändert.

81

„Von den rund dreißig Häusern des Ortes war das Röhrlhaus so ziemlich das ärmlichste und bescheidenste. Es hatte ein Strohdach mit Flicken aus Brettern und Schindeln und winzige Fenster, die auf einen kleinen Obst- und Gemüsegarten und einen daneben liegenden schmalen Hof hinausgingen. Durch ein finsteres und stets von Gerümpel erfülltes Vorhaus gelangte man in den einzigen Wohnraum, die Stube. (...) Alles im Röhrhäusl war Flickwerk."

Mit 14 Jahren ging er nach Wien, zuerst als Kellner-, später als Tischlerlehrling. Wilhelm Szabo hat Lichtenau nicht nur genau beschrieben; der brave Ministrant hat sich hier auch für immer eingeschrieben: In der *Kirche*, genauer gesagt in einer Kirchenbank auf dem *Chorgestühl, direkt neben der Orgel*. Wer am Sonntag noch vor der Messe da ist, sollte auf die Empore hinaufklettern. Das eingravierte „Szabo" ist eine rührende Erinnerung an einen ganz normalen Lausbuben. Wer nach der Messe kommt, muß sich beeilen. Der Mesner mit dem großen Kirchtürschlüssel ist streng und läßt den Besuchern nicht lange Zeit, den Schriftzug des Dichters zu suchen.

Während des Ersten Weltkriegs konnte Szabo die Lehrerbildungsanstalt St. Pölten besuchen; anschließend wurde er als

Kirche von Lichtenau: Namenszug von Wilhelm Szabo im Chorgestühl

Volksschullehrer ins Waldviertel geschickt. Während der NS-Zeit aus dem Schuldienst entlassen, mußte er sich als Holzfäller und Organist im Waldviertel durchschlagen; das Stift Zwettl gab ihm während des Kriegs Quartier. Hier arbeitete er später als Lektor. Einige Zeit verbrachte er auch in München als Verlagslektor.

Gegen Kriegsende zum Volkssturm eingezogen, konnte er sich erst wieder nach dem Krieg seiner literarischen Tätigkeit widmen.

Den Ort seiner ersten Anstellung, Siebenlinden, rund zehn Kilometer östlich von Weitra gelegen und am besten bei einem Besuch der Kuenringerstadt „mitzunehmen", verewigte er in seinen „Erinnerungen an ein Dorf", „die Geschichte meines Weges durch die Dörfer, ich könnte auch sagen, die Geschichte eines langen und schmerzlichen Ringens um Heimat", und zwar unter dem Namen „Siebeneichen".

Verklärende und verharmlosende Heimatkunst im herkömmlichen Sinn ist für Szabo „nicht fortführbar". Er schreibt über den und bekennt sich zum „kleinen Mann". Sein lyrisches Gesamtwerk erschien 1981 unter dem Titel „Lob des Dunkels". (➤ Szabo in Weitra, S. 95 f.)

 ☛ *Gemeinde Lichtenau, Richard Rauscher, Lichtenau 49,*
Tel. 02718/257

 Wilhelm Szabo: Zwielicht der Kindheit. Prosa, St. Pölten 1986.
(Prosa über die Kinderjahre in Lichtenau.)

Imma von Bodmershof in Rastbach

Von Lichtenau, dem Ort Szabos und Ehrenfels', geht die Reise nach Obergrünbach. Von da scharf rechts über Pallweis nach Moritzreith. Von hier sieht man, einer Landmarke gleich, das Schloß Rastbach steil auf einem Felshügel aufragen. An der Ostmauer  des kleinen *Dorffriedhofs* befindet sich ein bemerkenswertes Grab, nämlich das von IMMA VON BODMERSHOF (1895–1982), der Tochter des Philosophen Ludwig von Ehrenfels.

Nach Rastbach ist es nun nicht mehr weit. Das *Schloß*, erbaut an der Stelle einer mittelalterlichen Burg, beherrscht den Ort, thront über ihm. Schwer ist es, Zugang zu finden; der dreiflügelige, aus der Wende vom 16. zum 17. Jahrhundert stammende Bau ist hermetisch abgeschlossen.

1924 war Imma von Bodmershof mit ihrem Mann, einem Volkswirt, auf das Schloß Rastbach gezogen, um das Gut zu bewirtschaften. Ab 1937 schrieb sie Romane; den literarischen Durchbruch erzielte sie mit ihrem 1944 erschienenen Waldviertelroman „Die Rosse des Urban Roithner". Für den in Sizilien spielenden Roman „Sieben Handvoll Salz" (1958) erhielt sie den Großen Österreichischen Staatspreis.

In den folgenden Jahren beschäftigte sich Bodmershof hauptsächlich mit der japanischen Verskunst „Haiku".

Im August 1995 wurde in Rastbach ein *Gedenkstein* errichtet. Auch im nahe gelegenen *Gföhl* entstand in einer Art kleiner Bodmershof-Renaissance im selben Jahr ein *Denkmal*. Der Künstler Willi Engelmayer durfte es gestalten: An einem pyramidenähnlichen Granitblock ist eines von Bodmershofs Haikus zu lesen. Der Stein ist mit vier Edelsteinen des Waldviertels verziert, vorgelagert sind siebzehn „aus der Landschaft gewachsene" Granitrestlinge, die für je eine Silbe des formal strengen Haiku stehen und das „Gewicht der Worte" verkörpern. Zu sehen ist das Denkmal auf der Grünfläche neben dem *Stadtsaal von Gföhl*.

 ☛ *Gemeinde Gföhl, Hauptplatz 3, Gföhl,*
Tel. 02716/63 26

Leopold Hauer in Droß

Von Gföhl gelangt man auf kurzem Weg nach Droß. Man fährt dazu vorerst auf der Hauptstraße Richtung Krems; rund einen Kilometer nach Gföhl, hinter einer Bergkuppe, führt eine schöne Waldstraße rechts ab nach Droß. Dort stoßen wir auf die Ge-

 schichte des 1984 verstorbenen Malers LEOPOLD HAUER (1896–1984).

Der junge Hauer reiste viel; von überallher brachte er Bilder und Motive mit. Durch seine Bekanntschaft mit dem Regisseur G.W. Pabst angeregt, begeisterte er sich auch für den Film. Nach dem Zweiten Weltkrieg setzte er sich für die Gründung des Künstlerhauskinos ein, dessen Programmdirektor er von 1950 bis 1966 auch war.

Nach dem Krieg fuhr er gern mit Jeep und Wohnwagen auf „Malerfahrt". Seine Frau Sophie und seine Tochter Christa begleiteten ihn dabei.

„Ein ehrenvoller Auftrag seitens des Niederösterreichischen Landesmuseums führte mich in den Jahren 1956–1958 mit meinem Wohnwagen quer durch Niederösterreich. Hunderte Blätter entstanden und zeigten Ansichten von Ortschaften, alten interessanten Häusern, Kirchen und verträumten Gassen, von der Ebene des Ostens über das Hügelland bis hinauf zu den Burgen des Südens. Auf einer dieser Expeditionen lernte ich durch Zufall Droß, den Geburtsort meiner Mutter, kennen – und, wie nicht anders zu erwarten war, auch lieben. Auf einem Hügel über dem Ort baute ich mir ein kleines Holzhaus. Hier, wo das Weinland endet und der Wald beginnt, hoffe ich in der göttlichen Ruhe dieses traumhaft schönen Stückes Erde noch viele Jahre arbeiten zu können", berichtete Hauer später.

1964 übersiedelte er in das bis dahin als Zweitwohnsitz geführte Droßer Haus. Es liegt außerhalb des Ortsverbandes Richtung Stratzing, am Prof.-Hauer-Weg in den Weingärten. Eine schwere Krankheit seiner Frau Sophie aber machte schließlich einen Umzug ins *Schloß Lengenfeld* zu Tochter und Schwiegersohn notwendig.

1977 wurde Hauer mit einer umfangreichen Ausstellung im Oberen Belvedere geehrt.

Peter Baum würdigt den Maler in einem Katalogbeitrag folgendermaßen: „Der Facettenreichtum einer erlebten, von Erfahrungen aller Art begleiteten Welt begegnet einem im Werk Leopold Hauers (...) zunehmend im Kleinen und Stillen, im scheinbar Nebensächlichen wie einem Holzgatter, einer Tür, Lattenverschlägen oder einem alten Mauerwerk, das bei ihm – weit über den individuellen Anlaß hinaus – allgemeinverbindlichen Symbolgehalt und Gleichnischarakter erhält."

Noch mit 80 Jahren unternahm Hauer eine Reise nach Tunesien, und die dort entstandenen Bilder gehören zu den besten seines Spätwerkes.

Leopold Hauer starb am 2. November 1984 auf Schloß Lengenfeld.

Johann Fruhmann in Lengenfeld

Von Droß ist das langgezogene Straßendorf *Lengenfeld* leicht zu erreichen; man unterquert die von Gföhl nach Krems ziehende Bundesstraße und durchfährt den ganzen Ort, bis man am Ortsende Richtung Langenlois das *Schloß* erblickt. Hier heißt es aussteigen, die kleine Straße nach rechts hineingehen und das Gebäude von der Hinterseite betrachten: Die Fassade des schönen Baus wird von einem riesigen, 1973 entstandenen Sgraffito geprägt.

„Nachdem das Schloß rundum frisch verputzt ist, beginnt Johann mit dem Sgraffito. Zuerst an der zum Garten gerichteten Ostfassade. Er trägt eine rötlich-braune Putzschicht auf, diese muß leicht auftrocknen, dann wird weißer Kalk aufgestrichen. Wie in guten alten Zeiten machte er sich aus Metall verschieden breite Schlingen, damit kratzt er die Bögen aus dem Kalk. Er hat nur kleine Entwürfe, und die liegen im Atelier, er arbeitet also ganz frei und spontan. Wegen des Trockungsprozesses kann er immer nur ca. 1 m^2 machen – es wird eine Langzeitbeschäftigung, die ihn aber sehr interessiert", schreibt Leopold Hauers Tochter Christa Hauer-Fruhmann. Die Malerin und Galeristin im Ruhestand, die nach wie vor auf Schloß Lengenfeld wohnt, war verhei-

ratet mit dem Maler JOHANN FRUHMANN (1928–1985), auch „der Revoluzzer von Lengenfeld" genannt. Sie beschreibt ihn weiter: „Johann hat sich ganz zum Landmann entwickelt. Der Bart wird immer länger. Das Haar hinten zu einem Knötchen gedreht. Dieses Knötchen macht manchen braven Bürger richtig wütend, man hat sich zwar an Bärte und lange Haare gewöhnt, aber das Knötchen geht zu weit! Er trägt im Sommer von seiner Mutter kunstvoll geflickte Jeans und griechische Sandalen, im Winter graue Pumphosen, Stutzen und leichte Bergschuhe, so geht er auch Schifahren und sieht aus wie der erste Mensch im Schnee. Bei Kulturgesprächen in Krems hat er manchmal wilde Ausbrüche wegen der Zerstörung, Verschandelung oder Verniedlichung alter Bauten."

Fruhmann, ab 1952 ordentliches Mitglied des Art-Club, konnte 1954 gemeinsam mit Gütersloh, Bertoni, Hundertwasser, Hutter, Lehmden, Mikl und anderen bei der Biennale in Venedig ausstellen.1960 eröffnete seine spätere Frau Christa eine Galerie im Griechenbeisel am Fleischmarkt, die alsbald zum legendären Künstlertreff avancierte. Für den österreichischen Pavillon bei der Weltausstellung in New York stellte Fruhmann ein Glasmosaik her; 1965 erhielt er den Staatspreis für Malerei.

Schloß Lengenfeld: Fassade von Johann Fruhmann

Zu Beginn der siebziger Jahre veränderten sich Johannes und Christa gänzlich. „Wir suchen zuerst im Burgenland, können aber nichts Passendes finden. Dann schauen wir uns in der Nähe von Droß um. In einem der nächsten Orte, in Lengenfeld, gibt es ein kleines Schloß mit vier lustigen Türmen. (...) Ich bin sofort von dem Zauber des Gebäudes hingerissen. Es ist ein Vierkanter mit einem Innenhof, der ganz und gar mit wildem Wein verwachsen ist. Ein schlichter Renaissance-Bau mit einer südlichen Atmosphäre. Wir überlegen nicht lange, wir wollen das Schloß haben", erinnert sich Christa Hauer-Fruhmann.

Die Räumlichkeiten von Schloß Droß sind heute mit Werken Hauers, Fruhmanns und anderer Künstler geschmückt; für Interessierte ist nach Anmeldung ein Besuch im Schloß möglich. Einzelne Werke Fruhmanns und Hauers sowie von Christa Hauer können sogar gekauft werden; außerdem gibt es rare Exemplare von schönen Hauer- und Fruhmann-Katalogen.

☛ Christa Hauer-Fruhmann, Lengenfeld, Langenloiser Straße 50, Tel. 02719/24 32

Die Größen des Waldviertels

*Robert Hamerling in Kirchberg, Groß-Schönau und Schweiggers
– Rudolf Weinwurm in Scheideldorf – Kaspar Schrammel in Litschau – Ignaz Franz Castelli und Wilhelm Szabo in Weitra –
Franz Traunfellner in Pöggstall.*

Das Waldviertel: Der Name dieses niederösterreichischen Landstrichs klingt vielen wie Musik in den Ohren. Waldviertel: Das hört sich an wie Natur, Unberührtheit, Ruhe, Erholung und Entspannung. Das Waldviertel war aber in Wirklichkeit nie ein Paradies, sondern, da abseits der großen Industriezentren gelegen, eher eine arme „Peripherie", in der die Leute entweder arm blieben oder gleich wegzogen, in die ferne Stadt. Einige der im folgenden porträtierten Künstler gingen schon früh aus ihrer Waldviertler Heimat fort. Einer von ihnen gilt als der „Dichter des Waldviertels"; die gesamte Region ist mit Denkmälern für ihn durchsetzt. Ein anderer, der Holzschneider Franz Traunfellner, blieb immer da. Er brauchte die Stille, die Natur, die Einsamkeit, um über sich selbst hinauswachsen zu können.

Robert Hamerling in Kirchberg am Walde

Kirchberg am Walde. Ein netter Ort mit einem kleinen Hauptplatz, einer schönen Kirche und einem riesigen Schloß am Ortsende. Unweit dieses Schlosses, direkt an der Ortsstraße, befindet sich ein Gebäude, das irgendwie absolut nicht nach Kirchberg paßt. Mit seinen antiken Säulen ist es einem kleinen Tempel nicht unähnlich. Wer an Wochentagen hier vorbeikommt, erlebt dieses fremdländisch und historistisch wirkende Haus belebt: Die Gemeindestube der Ortschaft hat darin Unterschlupf gefunden.

Doch seine ursprüngliche Widmung war eine andere. Der Bauherr dieses als Kult- und Weihestätte konzipierten Gebäudes war der deutschnationale und antisemitische Politiker Georg Ritter von Schönerer; gewidmet ist es dem in Kirchberg geborenen Gymnasiallehrer und Dichter ROBERT HAMERLING (1830– 1889).
Schönerer, der den zu seiner Zeit viel gelesenen Hamerling sehr verehrte und dessen Sympathie für die nationale Einigungsbewegung Deutschlands schätzte, ließ zwei Jahre nach dem Tod des

Stiftungshaus in Kirchberg am Walde: Kultstätte für Robert Hamerling

Dichters dessen Geburtshaus niederreißen und errichtete an dessen Stelle das *Stiftungshaus* – mit dem er sich auch gleichzeitig selbst ein Denkmal setzte. Das wenige, das in den Räumen ursprünglich an Hamerling erinnerte – Möbelstücke und seine umfangreiche Bibliothek und Münzsammlung –, verschwand im und nach dem Zweiten Weltkrieg. Einzig Hamerlings Büste schaut vom Portal des Gebäudes unverwandten Blickes hinüber Richtung Schloß. Über der Büste spannt sich ein kleines Vordach, an der Decke des kleinen Gewölbes sind Allegorien seiner Hauptwerke aufgemalt.

Mit 35 Jahren schrieb Hamerling sein erstes großes Werk „Ahasver in Rom“. Thema seines „Homunculus“ ist der aus der Retorte stammende, seelenlose Mensch. Dieses Epos wurde von Reinhard Pils in der „Bibliothek der Provinz“ neu aufgelegt.

Hamerlings Sprache ist oft pompös und sentimental, er wurde aber zu Lebzeiten gerne gelesen. Einige Gedichte wurden sogar von Johann Strauß vertont. 1865 wegen Krankheit pensioniert, widmete er sich nur noch der Dichtung. Mit dem Begründer der Waldorfschulen, dem Anthroposophen Rudolf Steiner, stand er in Briefkontakt.

Hamerling lebte Wien, Graz und Triest und starb 1889 in Graz, kam aber als Sommerfrischler häufig in seinen Geburtsort Kirch-

*Hamerling-Büste vor dem
Stiftungshaus in Kirchberg*

berg, aber auch in die nahe gelegenen Orte Groß-Schönau und Schweiggers. Er schwärmte sehr von seiner Heimat. Schon im Sommer 1848 meinte er, daß die Welt in Kirchberg so schön sei, daß es daran „nichts zu verbessern" gebe. Für dieses Lob sind ihm die Kirchberger noch heute in Dankbarkeit verbunden. Und weil eine Stätte der Erinnerung – eben das Stiftungshaus – für einen so großen Dichter offenbar zu wenig ist, gibt es im kleinen Kirchberg auch noch ein richtiges *Hamerling-Museum.* Die Schauräume befinden sich derzeit am *Hauptplatz* im *Raiffeisenkassa-Haus.* Zu sehen sind aufgekaufte und renovierte Exemplare der Hamerling-Bibliothek, seltene und alte Hamerling-Ausgaben und andere Hamerling-Kuriosa. Am Ende des 19. Jahrhunderts gab es nämlich so etwas wie eine Hamerling-Manie: Hamerling-Devotionalien wie Hamerling-Aschenbecher oder Hamerling-Häferl aus jener Zeit sind zu sehen, ebenso wie ein altes Schulheft Hamerlings, und zwar ausgerechnet das, in dem er verschiedenste Möglichkeiten der Namensänderung probierte. Hier übte er gerade, mit „Robin Hamerling" zu unterschreiben.

i ☛ *Schlüssel für die Hamerling-Gedenkstätte Mo–Fr während der Amtsstunden am Gemeindeamt im Stiftungshaus, Tel. 02854/284; ansonsten Voranmeldung bei Elmar Peter, Hauptplatz 14, Tel. 02854/249*

Robert Hamerling in Groß-Schönau
Die zweite Station im Leben des Dichters war Groß-Schönau. An seine Kinderjahre in diesem Ort erinnert eine Gedenktafel am

Gasthaus Wandl. Hier ging Hamerling zur Schule und lernte „gut lesen, mittelmäßig schreiben und schlecht rechnen". Mit Spielkameraden erforschte er die Gegend. Besonders beliebt war bei den Kindern ein wildromatisches Felsengebilde mit dem schönen Namen *Rabenloch* sowie die nahe gelegene, heute verfallene Föhrenmühle. Im ersten Gesang des „König von Sion" beschreibt er das Torfmoor seiner Heimat und eben jenes Rabenloch, das man heute, ausgehend vom Gasthaus Wandl, auf einem beschilderten Weg in rund 45 Minuten erreichen kann. Auf dem stimmungsvollen Plätzchen unter einer Felswand neben einem plätschernden Bach feiern die Bewohner der umliegenden Dörfer ab und zu kleine und größere Feste.

Robert Hamerling in Schweiggers

Auf halber Strecke zwischen Kirchberg und Groß-Schönau liegt der Ort Schweiggers. Hier verbrachte Hamerling während seiner späteren Waldviertelaufenthalte viel Zeit bei seinen Verwandten, der Familie Koppensteiner. Eine Tafel am *Haus Nr. 71* erinnert an seine Aufenthalte und auch daran, daß Hamerling hier 1867 die Arbeit an seinem Epos „Der König von Sion" begann.

Von Schweiggers führt auch der rund 60 Kilometer lange *Hamerling-Wanderweg* ab. Alle Plätze, die Hamerling je aufgesucht hat, werden passiert. In Schweiggers geht es an einem kleinen Föhrenwald an der Thayaquelle vorbei, wo angeblich „Meine Föhren" entstanden ist. In Jagenbach, so erzählt die Legende, beeindruckte ihn die Wirtin tief. In Groß-Schönau trieb er sich als Bub in den „Panzermauern" und im „Rabenloch" herum. Über Großwolfgers und Waldenstein erreicht der Hamering-Nachfahre Kirchberg, den Geburtsort des Dichters.

Für Interessierte gibt es am Gemeindeamt eine Wanderkarte, mit deren Hilfe die Stätten der Kindheit und Jugend Robert Hamerlings aufgesucht werden können.

 ☛ *Gemeindeamt Schweiggers,*
  Tel. 02829/234

Hamerling überall

In vielen weiteren Waldviertler Orten gibt es Hamerling-Erinnerungsstätten. Fast jeder Waldviertler hat den Namen Hamerling schon gehört, aber kaum jemand weiß etwas über den Menschen,

Gedenkstein in Litschau: Hamerling omnipräsent

geschweige denn über seine Werke. Er und seine Denkmäler stehen je nach Geschmack für Patriotismus und Heimatliebe, für die Sehnsucht nach dem großen Deutschland, nach den alten Zeiten, nach der unverdorbenen Natur.

Das offizielle, „richtige" *Waldviertler Hamerlingdenkmal* steht im *Stadtpark von Waidhofen an der Thaya*. Durch Losentscheid wurde die Gnade, dieses Denkmal beherbergen zu dürfen, der alten Waldviertler Textilstadt zugesprochen. In Waidhofen gibt es im alten Museum auch einen Hamerling-Gedenkraum. Auch in der nördlichsten Stadt Österreichs, in *Litschau*, direkt am Ufer des Herrensees, wurde ein *Hamerlingdenkmal* errichtet.

Rudolf Weinwurm in Scheideldorf

Scheideldorf liegt an der Prager Straße, wenige Kilometer westlich von Göpfritz. Ein kleines Straßendorf, unscheinbar und harmlos, die Schule längst geschlossen. Aber: Im Ort gibt es – im ehemaligen Schulgebäude – eine ansprechend eingerichtete Gedenkstätte. Zwar für einen weitgehend unbekannten Musiker, aber das sollte niemanden daran hindern, sich das kleine Museum, das für den Dirigenten, Komponisten und Gründer des Akademischen Gesangvereins Wien RUDOLF WEINWURM (1835–1911) hier eingerichtet wurde, auch anzusehen.

In den sechs Vitrinen des *Weinwurm-Museums* werden seine Lebensstationen und Werke präsentiert. Eine Tonbandstimme begleitet den Besucher; der Verschönerungsvereinsobmann ist geschäftstüchtig und vertreibt ein Weinwurm-Buch sowie – fast schon eine kleine Rarität – eine Langspielplatte mit einigen Werken Weinwurms. Leider ist die technische Umsetzung nicht optimal gelungen. Doch der Wille steht fürs Werk. Schließlich sind die ausführenden Musiker keine Profis, sondern waschechte Scheideldorfer.

Überhaupt ist Weinwurm Scheideldorfs touristischer Renner: Eine zwölf Kilometer lange Spazierrunde wurde *Weinwurm-Wanderweg* getauft; die Absolventen des Parcours werden – wen wundert's – mit einer Weinwurm-Rundwanderwegnadel belohnt.

i ☛ *Rudolf-Weinwurm-Museum, Scheideldorf 36 (ehem. Volksschule), Besichtigung ganzjährig nach Voranmeldung, Tel. 02825/434 od. 535*

Kaspar Schrammel in Litschau

Die erste Stätte der Erinnerung, zu der sich ein Schrammelmusik-„Pilger" zu begeben hat, liegt im Litschauer Ortsteil *Kainraths Nr. 44*. Die Anfahrt zum *Schrammel-Geburtshaus* ist hinreichend beschildert und liegt – welch glücklicher Zufall – am *Kaspar-Schrammel-Weg*. Das adrett herausgeputzte alleinstehende Haus läßt nichts mehr vom ehemaligen ärmlichen Weberhaus der Schrammels erahnen, nichts mehr von den ärmlichen Verhältnissen, in denen die Kleinhäuslerfamilie lebte. Nur eine Gedenktafel am Haus erinnert daran, daß hier in der Dreikönigsnacht des Jahres 1811 KASPAR SCHRAMMEL (1811–1895) das Licht der Welt erblickte.

Schon in der Volksschule blies der tüchtige Waldviertler Lauser die Klarinette; schon als elfjähriger Bub wurde er von der Dorfmusikkapelle aufgenommen, weil er als sehr musikalisch galt. Er spielte auf verschiedensten Festen und hatte bald den Ruf eines guten Musikers erworben. Seine Klarinette – und das war etwas Besonderes – war auf G und nicht wie üblich auf C oder B gestimmt. Bekannt wurde dieses speziell gestimmte Instrument später als „picksüßes Hölzl". Kleine Klarinetten baute Kaspar Schrammel später auch selbst. Als Schrammels Frau im Jahr 1846 sehr früh starb, zog der Witwer nach Neulerchenfeld bei Wien.

Dort widmete er sich ganz dem Musizieren, trat in vielen Vorstadtlokalen auf und heiratete die bekannte Volkssängerin Magdalena Forgatsch. Die gemeinsamen Söhne Johann und Josef wurden Musikanten; beide spielten die Violine.

Zum 50. Geburtstag von Kaspar Schrammel traten Johann und Josef, 11 und 9 Jahre alt, zum ersten Mal öffentlich im Gasthaus Zum Goldenen Stuck auf; der Vater spielte Klarinette, die Söhne Violine. Der Erfolg war groß; zahllose Auftritte in Wirtshäusern und Heurigenlokalen folgten, und irgendwann begannen sich die beiden Buben vom Papa zu emanzipieren. Sie gründeten mit den Kontragitarristen Anton Strohmayer zunächst ein Trio, und um 1880 entstand dann endlich das berühmte Schrammel-Quartett. Der vierte Musikant hieß Georg Dänzer und spielte das „picksüße Hölzl".

Ihre Konzertreisen durch Österreich, Ungarn und Deutschland waren vielumjubelt. 1892 erhielten die Original-Schrammeln sogar eine Einladung zur Weltausstellung nach Chicago.

Kaspar Schrammel überlebte seine beiden Söhne und starb 1895 in *Langenzersdorf* bei Wien, wohin er mit seiner dritten

Schrammel-Denkmal in Litschau: der Streit um das „picksüße Hölzl"

Frau wenige Jahre vor seinem Tod gezogen war. Und auch dort gedenkt man seiner: Anläßlich des 90. Todestages im Februar 1985 schuf der Österreichische Alpenverein in Langenzersdorf, am Fuß des Bisamberges, einen zehn Kilometer langen *Kaspar Schrammel-Wanderweg*. Als Auszeichnung für die Absolvierung der Strecke gibt es eine Kaspar-Schrammel-Medaille.

Wir jedoch kehren rasch ins nördliche Waldviertel zurück. Von *Kainraths*, der Geburtsstätte des Musikanten, fährt oder spaziert man zurück zum abschüssigen Hauptplatz von *Litschau*. Am Haus *Stadtplatz 28*, heute Kaufhaus Kösser, weist eine Tafel darauf hin, daß hier einst die *Volksschule* untergebracht war, jene Stätte elementarer Bildung, in der Kaspar Schrammel nicht nur rechnen und schreiben lernte, sondern auch, und das ist für Verehrer durchaus wichtig, seine ersten Violinseiten abriß. Auf dem Litschauer Hauptplatz stößt man auf weitere „Schrammel-Spuren", allerdings keine ganz „tritt-echten": Vor dem *Schrammelbrunnen* befindet sich eine anläß-lich des 175. Geburtstages aufgestellte *Büste des Komponisten*. Nicht weit davon sind die beiden *Schrammel-Söhne* als spielen-de, um das „picksüße Hölzl" streitende Lustknaben in Sandstein verewigt.

Eine für Schrammel-Forscher wichtige Adresse ist schließlich noch das im Postgebäude, *Stadtplatz 21*, untergebrachte Muse-um, in dem sich neben zwei historisch eingerichteten Waldviert-ler Wohnräumen auch ein Schrammel-Gedenkraum befindet

☞ *Heimatmuseum Litschau, Stadtplatz 17, Juni bis September Sa, So, Fei 10–12, Mi 15–17 Uhr, Voranmeldungen beim Gästeservice Litschau, Tel. 02865/53 85, Frau Gertrude Plach, Tel. 02865/54 80*

Ignaz Franz Castelli und Wilhelm Szabo in Weitra

Weitra ist eine der schönsten Städte des Waldviertels, vor allem der große Hauptplatz ist berühmt. Bevor in der Kirche ruhige Ein-kehr gehalten wird, muß sich der Besucher für wenige Minuten dem schönen Haus auf dem *Kirchenplatz Nummer 117*, das di-rekt an der Stadtmauer gelegen ist, zuwenden. Ende des 18. Jahr-hunderts an der Stelle des alten Karners und unter Verwendung spätgotischer Bauteile errichtet (die Torumrandungen stammen noch sichtbar aus der Gotik), sind heute Gemeindewohnungen darin untergebracht.

In den Jahren 1945 bis 1966 lebte in diesem schmucken Haus der Dichter WILHELM SZABO (1901–1986) (➤ Szabo in Lichtenau, S. 81 ff.).

Vor ihm wohnte noch ein anderer für Niederösterreich wichtiger Dichter viele schöne Monate hier: „Die Schulferien brachte ich alljährlich zu Weitra bei meinen Eltern zu. Das war immer ein wahres Seelengaudium. Nichts lernen, bei den Pfarrern der Umgegend schmausen, im Freien herumspektakeln. So lange meine gute Mutter noch lebte, kochte sie mir auch immer meine Lieblingsspeisen. Man kann auch denken, daß es mir auch immer Tränen kostete, wenn die Ferien zu Ende waren und ich wieder in mein Schuljoch nach Wien herab mußte."

Der Herr, der da so sehr von Weitra, der kleinen Stadt an der böhmischen Grenze, schwärmt, ist IGNAZ CASTELLI (1781–1862). Geboren in Wien, ging er auch dort zur Schule, studierte Jus, diente als Sekretär bei den Landständen, von 1811 bis 1814 war er als Hoftheaterdichter des Kärntnertortheaters engagiert, danach lebte er als freier Schriftsteller. Castelli gründete die literarische Gesellschaft „Die Ludlamshöhle", schrieb über 200 Theaterstücke, Lustspiele, Possen und Libretti, war einer der vielseitigsten Lustspieldichter des Biedermeier – und ein früher

Weitra, Kirchenplatz 117: Wohnhaus von Ignaz Castelli und Wilhelm Szabo

Dialektdichter, der heute mit der Sammlung „Gedichte in niederösterreichischer Mundart" als der Wegbereiter niederösterreichischer Mundartdichtung gilt. Er verfaßte sogar ein „Wörterbuch
der Mundart in Österreich unter der Enns". (➤ Castelli in Lilienfeld, S. 277)

 ☛ *Gästeinformation Weitra,*
Rathausplatz 1, Tel. 02856/2998

Franz Traunfellner in Pöggstall

In Pöggstall, das seines milden Klimas wegen auch „Meran des
Waldviertels" genannt wird, steht ein mächtiges *Schloß*. Hauptat-
traktion des im Kern aus dem 14. Jahrhundert stammenden, in
der Renaissance aber völlig veränderten Gebäudes mit seinen
schönen Arkaden ist eine im Originalzustand erhaltene Folter-
kammer. Nur wenige Besucher finden dagegen den Weg in jenen
Teil des Schlosses, in dem sich die ansprechenden Gedenkräume
 für den Maler FRANZ TRAUNFELLNER (1913–
1986) befinden. In zwei Räumen werden Arbeits-
materialien, Werkzeuge, Geräte und Druckpressen
des auf Holzschnitte spezialisierten Künstlers gezeigt und die von ihm verwendeten Techniken wie
Lithographie, Radierung und Kupferstich in einfa-
cher Form erklärt. In den restlichen drei Zimmern
wird ein Überblick über das vielfältige Schaffen des Künstlers gegeben: Ölmalereien, Farbholzschnitte, Bilder in Tempera- und
Mischtechnik hängen ebenso an der Wand wie Lithographien, Ra-
dierungen und Holzschnitte.

„Traunfellner liebt bei seinen Holzschnitten (…) eine Beschränkung der Mittel auf klare, einfache Formen und Kontu-
ren, auf Farbflächen. Es ist keine Abstraktion, obwohl ein solcher Vorgang sehr modern klingen würde, kein Abheben von
der Wirklichkeit, sondern ein Vertiefen, Verdichten der Realität,
zu jenem eigentlichen Ausdruck, der innerlich berührt",
schreibt der Traunfellner-Biograph Rupert Feuchtmüller tref-
fend.

Geboren wurde der Künstler in *Gerersdorf*, einem kleinen,
hoch oben am Hang des Weitenbachtales gelegen Bauernort. „Da
meine Eltern ein Studium nicht bezahlen konnten, wurde in jeder
freien Minute gelesen und gelernt, wohl wissend, daß dies für

„Straßenbäume", Holzschnitt von Franz Traunfellner

meine Weiterentwicklung notwendig war. Es waren für mich diese Jahre eine Zeit der inneren Unruhe und des Suchens in einer oft verständnislosen Umgebung. Ich fühlte, daß die rein manuelle Arbeit nicht meine Lebensaufgabe sein konnte. Zum Zeichnen und Malen blieben aber oft nur die Sonntagnachmittage. Da wanderte ich mit Stift und Zeichenblock durch die Landschaft", schrieb der Künstler viele Jahre später nieder. Dennoch lebte und arbeitete Traunfellner bis 1965 so wie seine Eltern als Bauer in Gerersdorf.

Nach dem Tod der Mutter gab er den landwirtschaftlichen Betrieb endgültig auf – eine intensive Schaffensperiode begann. Seine Werke wurden bald von namhaften Museen erworben und im In- und Ausland gezeigt. Der Soziologe Roland Girtler faßt das Leben des mittlerweile schon fast wieder vergessenen Künstlers wie folgt zusammen: „Franz Traunfellner wurde groß in einer kleinen Welt, in der bereits der junge bäuerliche Mensch an seiner Arbeitsleistung im Feld und auf dem Hof gemessen wurde. Es sind tiefe archaische Erlebnisse der Landschaft, die den Menschen zu formen vermögen. Aber nur wenige sind dazu berufen, diese Erlebnisse zu fassen und vermitteln zu können. Zu diesen wenigen gehört Franz Traunfellner."

Schloß Pöggstall: Traunfellner-Gedenkstätte

Das Bauernhaus, in dem Traunfellner gelebt und gearbeitet hat und auch gestorben ist, befindet sich am Ortsende von Gerersdorf, trägt die *Hausnummer 10* und ist durch eine an der Fassade angebrachte Gedenktafel leicht zu erkennen.

Einer der Lieblingsspaziergänge Traunfellners führte ihn zur weithin sichtbaren, frei am Feld stehenden *Kirche St. Anna*, die unten im Tal außerhalb von Pöggstall liegt. Hierher spazierte der Künstler auch mit einem seiner berühmten Besucher, mit Peter Handke. – Traunfellner ist auf dem Friedhof der spätgotischen Kirche begraben.

☞ *Dokumentation „Franz Traunfellner" im Schloß Rogendorf, Pöggstall; April bis Oktober täglich außer Mo 9 –17 Uhr*

☞ *Zimmervermittlung und Touristeninformation im Gemeindeamt Pöggstall, Tel. 02758/23 83 od. 33 10*

Spuren durchs Kamptal

*Josef Munggenast und Paul Troger in Altenburg – Franz
Grillparzer in Greillenstein – Josef Höbarth in Horn – Franz von
Suppé in Gars – Friderike Marie von Winternitz in Gars*

„Kamptal" meint einen Annäherungswert. Stift Altenburg,
Greillenstein und Horn liegen zwar nicht direkt am Ufer des
größten Waldviertler Flusses – aber nahe daran.

Erst in Gars am Kamp stehen wir direkt am Ufer. Eine alte, nette, kleine Sommerfrische, die den Anschluß ans 20. Jahrhundert
geschafft hat – was man nicht von allen Kamptalgemeinden so
taxfrei behaupten kann.

Einer der Gars-Pioniere war der Operettenkomponist Franz
von Suppé. Er verliebte sich so unsterblich in diesen Ort, daß er
sich ein Haus baute und da blieb.

Josef Munggenast in Altenburg

Von allen möglichen und unmöglichen Stellen des Waldviertels ist
der Turm des Benediktinerstifts Altenburg zu sehen. Ausflügler
und Kunstinteressierte kommen scharenweise in dieses Mitte des
12. Jahrhunderts begründete, 1715 bis 1765 völlig neu gestaltete
Kloster. Den Umbau der mächtigen und wunderschönen Anlage
organisierte der Abt Placidus Much, ein Weinbauernsohn aus
dem kleinen Weinviertler Dorf Straning. Er holte sich begnadete
Künstler – allen voran den Baumeister JOSEF MUNGGENAST
(1680–1741). Munggenast ließ im Prälatenhof, dem ersten Hof,
den man nach Durchschreiten der Pforte erreicht, alte Bauteile
neu überblenden. Er plante und baute die riesige, 208 Meter lange Ostfassade mit dem nördlich gelegenen Marmortrakt und dem
südlichen Bibliothekstrakt. Außerdem errichtete er den repräsentativen Kaisertrakt, in dem sich heute die Räumlichkeiten der Al-
tenburger Sängerknaben befinden.

Munggenast gestaltete von 1730 bis 1733 auch die Kirche radikal um. Die Klosterpforte mit dem wunderbaren, direkt über
der Einfahrt gelegenen Marmorsaal entstand 1734. Insgesamt gilt
Altenburg als Meisterwerk Munggenasts, wobei uns der Künstler
gleich an zwei Stellen des heutigen Klosters auch plastisch entge-
gentritt: Der Sandsteinkopf über dem Westportal des Prälatenhofs
(des ersten Hofs nach der Pforte) ist ein Porträt Munggenasts. Und

Stift Altenburg: Munggenasts Meisterwerk

im großen Stiftshof, der auch als Parkplatz benutzt wird, steht in der Mitte eines Brunnens der sogenannte „Tiroller Hias". Ein fröhlicher, einen Krug schwenkender Mann ist da zu sehen. Angeblich stand Munggenast hier selbst Modell – und zwar für den Eggenburger Steinmetzmeister Fahrmacher, der auch zahlreiche andere Skulpturen für Altenburg schuf. (➤ Fahrmacher in Eggenburg, S. 116 f.; Munggenast in St. Pölten, S. 62 f.; Munggenast in Melk, S. 288)

Paul Troger in Altenburg

Neben Munggenast und Fahrmacher ist es vor allem PAUL TROGER (1698–1762), der in Altenburg Kunstwerke von unvergleichlichem Wert schuf. Betritt man die *Stiftskirche*, so zieht einen unweigerlich das von ihm im Jahr 1733 gemalte Fresko in der Hauptkuppel in seinen Bann. Troger gestaltete darin die geheime Offenbarung des Johannes, Kapitel 4 und 12, zu einem über alle Maßen beeindruckenden Gemälde. Die Stiftschronik gibt uns exakt darüber Auskunft, was der „Meister des Kuppelfreskos" als Lohn für diese Arbeit erhielt: „1900 Gulden, 10 Eimer besten Nußbergers, Wohnung und Kost für sich, seinen Vetter und einen Gehilfen." Die Aufregung in Altenburg war groß, als das Fresko

101

Anfang der neunziger Jahre von einem geheimnisvollen Pilz befallen wurde und sich sichtlich aufzulösen begann. 1992 wurde die Kuppel eingerüstet, um das Kunstwerk zu restaurieren.

Auch die übrigen Malereien der Kirche stammen zum großen Teil von Troger. Das Fresko in der Altarkuppel zeigt eine Verherrlichung der Kirche sowie die menschliche Seele in Gestalt einer Pilgerin; über der Orgelempore ist die Überführung der Bundeslade durch den harfespielenden König David dargestellt. Auch das Bild des Hochaltars – „Die Himmelfahrt Marias" – stammt von Troger.

Im Pustatal geboren, hatte er wie Gran und Altomonte in Rom, Venedig und Neapel studiert. 1727 schuf er in der Kuppel der Salzburger Kajetanerkirche sein erstes Hauptwerk, übersiedelte ein Jahr später nach Wien, war aber vor allem in Niederösterreich tätig. 1751 bis 1759 war er Professor für Malerei an der Akademie der bildenden Künste; von 1754 bis 1757 deren Rektor. Neben Altenburg arbeitete Troger in Melk, Geras, Göttweig, Maria Dreieichen sowie in vielen anderen Kirchen und Klöstern. (➤ Troger in Melk, S. 288 f.)

Das Prachtstück des Stifts ist die vorwiegend blau marmorierte, wunderbare Bibliothek. Munggenast und Troger arbeiteten hier in genialer Weise zusammen.

 ☛ *Stift Altenburg, Stiftsführungen vom 16. April bis 6. Oktober tägl. 13 und 15 Uhr, Tel. 02982/34 51*

Franz Grillparzer in Greillenstein

Schloß Greillenstein liegt nur rund sieben Kilometer von Altenburg entfernt und ist mit ihm durch eine Straße, aber auch einen Wander- und Radfahrweg verbunden. Begrüßt wird man von  grimmigen steinernen Löwen sowie Obelisken.

Das Schloß, eine sehr hübsche, 1570 bis 1590 erbaute vierflügelige Anlage, ist seit dem 16. Jahrhundert im Besitz der gleichen Familie, der Kuefsteins. Der zweigeschoßige, von einem Graben umgebene Bau umschließt seinerseits hermetisch einen quadratischen, wiederum zweigeschoßigen Hof; dominiert wird das Schloß von einem mächtigen Turm. Gerne werden Führungen in diesem Haus angeboten – links liegengelassen wird dabei allerdings eine kleine permanent eingerichtete

Schau im Tiefparterre des Hofs, die dem österreichischen Nationaldichter FRANZ GRILLPARZER (1791–1872) gewidmet ist.

> *Beste Mutter!*
> *Sonnabends bin ich glücklich in Greillenstein*
> *angekommen, der HE. Verwalter samt seiner Frau*
> *empfiengen mich aufs beste, so wie sie mir auch*
> *noch immer aufs freundschaftlichste begegnen.*
> *Beyde sind sehr gute und liebe Leute und thun alles*
> *was sie nur denken, dass es mir Freude machen*
> *könnte. Ich bin sehr vergnügt, denn die Gegend hier*
> *herum ist herrlich, und ich habe alles, was ich nur*
> *wünschen kann.*

Damit ist also erwiesen, daß der 16jährige Grillparzer-Franzl,
Sohn eines Hof- und Gerichtsadvokaten, hier zugegen war.

Der genannte Verwalter des Schlosses namens Cessner war
mit einer Cousine Grillparzers verheiratet; die Beziehung Grillparzers zum Waldviertel ist dadurch erklärt. Die Gastgeber wohnten allerdings nicht im Schloß selbst, sondern in einer unmittelbar danebenliegenden *Taverne*, heute zum *Landeskindergarten*

Schloß Greillenstein: Der junge Grillparzer war da

103

umgestaltet. Grillparzer wohnte bei seinen mehrmaligen Greillen-stein-Besuchen also ebenfalls nicht im Schloß; der Dichter von „König Ottokars Glück und Ende" ging hier aber mit Sicherheit ein und aus.

Ein oder sogar zwei sehr frühe Gedichte Grillparzers sind in Greillenstein entstanden, nämlich „Das Mädchen im Frühling" und „Hekabe's Klage".

Es wird gerne erzählt, daß der Dichter zu seinem Erstlings-werk „Die Ahnfrau" durch die dunklen, tiefen Keller und Stiegen des Schlosses inspiriert worden sei. Gesichert ist dies freilich nicht; geschrieben hat der Autor sein Werk jedenfalls 1817 auf dem mährischen Schloß Ullersdorf. Ganz will man sich in Greil-lenstein freilich von dem Gedanken der Inspiration nicht trennen. Jedenfalls wird dieses Werks in besonderer Art und Weise ge-dacht: Gleich neben der kleinen *Grillparzer-Gedächtnisausstel-lung* im Schloß kann sich der staunende Besucher durch einen dunklen Gang, über finstre Stufen und nochmals einen kurzen, kalten Gang auf die Spuren der Ahnfrau begeben. Trübe und rosarot illuminiert, wird am Ende jenes Ganges hinter einem Fen-ster tatsächlich eine Frauengestalt sichtbar; eine Art Ahnfrau-Geisterbahnfeeling stellt sich ein.

In den zwei genannten Grillparzer-Räumen sind Erinnerungs-stücke an Grillparzers Waldviertel-Zeit sowie Büsten und Porträt-Kopien zu sehen. Ein Vierzeiler Grillparzers auf einem Kuvert ist im Original vorhanden. (➤ Grillparzer in Baden, S. 203 f.)

 ☛ *Schloß Greillenstein, täglich von April bis Ende Oktober, sonst nur Gruppen gegen Voranmeldung, Tel. 02989/82 00, 83 21, 82 16*

Josef Höbarth in Horn

Horn ist eine kleine, nur 8000 Einwohner zählende Stadt. Aber immerhin Bezirkshauptstadt. Und: Museumshauptstadt des Waldviertels. Denn nur hier gibt es so etwas wie ein kleines Mu-seumsquartier. Das Herzstück dieser im ehemaligen Bürgerspital untergebrachten Sammlungen ist das *Höbarth-Museum*.

Warum Höbarth-Museum? Wer war Höbarth? Etwas salopp könnte man antworten: der Krahuletz von Horn, so wie sein Vor-bild ein Autodidakt, manischer Jäger und Sammler urgeschichtli-cher Fundstücke (➤ Krahuletz in Eggenburg, S. 116 ff.).

 JOSEF HÖBARTH (1891–1952) wurde in der Ortschaft Reinprechtspölla am Manhartsberg als Sohn des Dorfschmieds geboren. Schon früh bewunderte er die Sammlungen von Krahuletz; von seinem Lehrer wurde er zum Forschen und Sammeln angeregt. Als Postbeamter widmete er seine gesamte Freizeit der Heimatforschung, wobei sein besonderes Interesse der Früh- und Kunstgeschichte und der Volkskunst galt. Ab 1930 – nachdem er zum Kustos des nach ihm benannten Museums ernannt wurde – konnte er sich zur Gänze seiner Forschungs- und Grabungsarbeit widmen.

Höbarth war ein Freund der Heimat, ein konservativer Zivilisationskritiker. Seine Museumspläne waren von den Nationalsozialisten stark gefördert worden, weil seine Ur- und Frühgeschichtsforschung sich mit deren Blut-und-Boden-Politik gut vertrug und seine „Volkskunde" die Idee der „Volksgemeinschaft" ausgezeichnet illustrierte. Dessen ungeachtet hat Höbarth, dem schließlich sogar der Professorentitel verliehen wurde, einen wichtigen Beitrag zur Heimatforschung geleistet, Erhaltenswertes vor der Vernichtung gerettet. Er hat zum Beispiel, so geht jedenfalls die Legende, einem Bauern die „Theraser Madonna", eine hölzerne Figur aus dem 14. Jahrhundert, abluchsen können, die von dem einfachen Mann bereits zum Zerhacken bereitgelegt worden war. Als Preis für das wertvolle Stück mußte er dem unkundigen Bauern lediglich einen Beutel Tabak geben. Selbstverständlich ist diese Holzstatue im Museum zu bewundern.

Höbarth fand und bestimmte aber auch – ganz nebenbei – vorzeitliche Meerestiere. Eine bislang unbekannte Seeigelart, die er auf dem Stockener Eichberg fand, erhielt den Namen „Scutella Höbarthi".

Gewohnt hat Höbarth in einem Haus in der Horner *Prager Straße Nr. 3*, in dem bis zur Umsiedlung in das Bürgerspitalsareal auch das Höbarth-Museum untergebracht war. Als Höbarths Nachfahren nach dessen Tod 1952 im Jahr 1954 mit den Übersiedlungsarbeiten begannen, wurde eine mittlere Katastrophe sichtbar: Mäuse und Silberfischchen hatten die Beschriftungszettel der im feuchten Erdgeschoß, in der Waschküche und am Dachboden gelagerten Objekte zernagt oder gleich vertilgt. Nicht eben sachgemäß gelagerte Kartons mit Fundschätzen waren vermodert und, wie der Höbart-Biograph Friedrich Berg anschaulich schreibt, „zu einem nicht mehr sortierbaren Brei vermengt".

Das Höbarth-Museum im Bürgerspital befindet sich trotz solcher Pannen heute in vorbildlichem Zustand; erd-, ur- und frühgeschichtliche Exponate sind in großer Zahl ausgestellt.

Neben der umfangreichen Höbarth-Sammlung ist das Museumsquartier auch für Freunde der Geschichte der Landwirtschaft von besonderem Interesse, denn angeschlossen ist das sogenannte *Mader-Museum*. Vater der Sammlung von landwirtschaftlichen Geräten, Traktoren, Dreschmaschinen und Mohnprackern ist der aus dem kleinen Ort Breiteneich stammende Zeitgenosse Höbarths ERNST MADER (1892–1979).

☛ *Höbarth- und Mader-Museum, ehem. Bürgerspital, Wiener Straße 4, Horn, Tel. 02982/23 72; Öffnungszeiten: Palmsonntag bis Allerheiligen Di–So 9–12 und 14–17 Uhr*

Franz von Suppé in Gars

Der erste Kontakt, den Gars-Besucher mit Franz von Suppé schließen, ist aller Wahrscheinlichkeit nach ein Spaziergang auf der *Suppé-Promenade*. Dieser geschotterte Weg durchmißt den kleinen Park am Ufer des Kamp, der nach Jahren der Verwilderung von der Gartenarchitektin Maria Auböck wieder in seinen ursprünglichen Zustand versetzt wurde.

Die zweite Kontaktaufnahme mit dem Komponisten wird möglicherweise eine kulinarische sein: In der Konditorei Schalko wird nicht nur eine Suppé-Rolle, sondern auch ein Suppé-Eisbecher serviert.

Wenn der Besucher oder die Besucherin Glück hat, dann kommt es schließlich zu einer Begegnung der musikalischen Art: Ab und  zu finden im sommerlichen Gars, Schauplatz alljährlich stattfindender Opern-Festspiele, auch Suppé-Gedenkkonzerte statt. Der Garser Zweitwohnsitzer FRANZ VON SUPPÉ (1819– 1895) ist also in der Kamptalgemeinde in vielerlei Gestalt präsent – wenngleich er schon hundert Jahre tot ist. Geboren wurde der auch heute noch viel gespielte Operettenkomponist in der Adriastadt Split. Der Sohn eines k.u.k. Verwaltungsbeamten sollte Beamter werden, doch lernte er lieber heimlich Flöte und begann schon im zarten Alter von zehn zu komponieren. Erst nach dem Tod seines Vaters durfte er „offiziell" Musik studieren, übersiedelte mit seiner Mutter nach Wien und wurde bereits mit 21 Jahren – eine steile Karriere! – musikalischer Leiter am Theater in der Josefstadt. Danach wechselte er als Kapellmeister ans Theater an der Wien und zuletzt ans Theater in der Leopoldstadt; insgesamt war er 42 Jahre als Kapellmeister tätig.

Während all dieser Jahre komponierte er nebenbei 36 Opern und Operetten. Suppé zählt neben Strauß und Millöcker zu den

Sophienheim in Gars am Kamp:
Wohnsitz Franz von Suppés

Klassikern der Wiener Operette, wobei er es meisterlich verstand, italienische, leicht ins Ohr gehende Melodien mit Wiener Lokalkolorit abzumischen. „Pique Dame", „Leichte Kavallerie" „Boccaccio" oder „Die schöne Galathee" stammen ebenso aus seiner Feder wie „O du mein Österreich", das fast eine heimliche Hymne Österreichs wurde.

Als Suppé auf Empfehlung des Chormeisters des Wiener Männergesangsvereins 1876 erstmals nach Gars kam, war er bereits ein gefeierter Mann. Mit Frau und Dienern reiste er per Bahn bis Eggenburg, von dort per Pferdekutsche nach Gars. Im Sommerhaus in der *Haangasse 27*, am Teichwiesenbach gelegen, wurde – wie auch die beiden nachfolgenden Sommer – Quartier bezogen. In diesem heute noch erhaltenen Haus komponierte Suppé sein Hauptwerk, den „Boccaccio". Die Operette wurde bis 1926 über zweitausend Mal aufgeführt.

Der dadurch reich gewordene Komponist kaufte in Gars zwei alte Bauernhäuser, die allmählich zu einer schmucken Villa ausgebaut und nach seiner Frau „Sophienheim" genannt wurden.

Das von einem weitläufigen Park umgebene, im dalmatinischen Stil erbaute *Suppé-Landhaus,* heute *Kremser Straße 40–41*, war ein stolzes Anwesen. Im großen Arbeitssaal saß der Frühaufsteher am Schreibtisch oder Klavier und arbeitete von 7 bis 13 Uhr, anschließend an das Mittagessen folgte bis 17 Uhr die Siesta, vom Maestro „un piccolo riposo" genannt.

Das Sophienheim ist auch heute noch zu sehen – freilich nur von außen und einigermaßen verändert. Über dem Tor befindet sich ein Fries mit den Noten der ersten Takte von „O du mein Österreich". Im darüberliegenden Giebelfeld befindet sich die Reliefdarstellung einer Lyra, flankiert von zwei Musen aus Terrakotta. Das links neben dem Doppelhaus befindliche, etwas nach hinten versetzte Gebäude wurde für Sophie Suppé als Gästehaus erbaut. Es vermittelt einen Eindruck vom Reichtum der Familie. Im Gitter des Gartenzauns ist das bekrönte „S" zu sehen – es steht für „Sophie" und für „Suppé".

Als Ersatz für die abhanden gekommene Gedenkstätte im Suppé-Haus hat die Gemeinde im *Rathaus* einen kleinen *Gedenkraum* eingerichtet, in dem sein Klavier, seine Schnupftabakdose, ein Tisch mit Sesseln, Notenblätter, Baupläne für das Sophienheim, ein Spazierstock und andere Nettigkeiten zu sehen sind. Größere Einrichtungsgegenstände landeten aus Platzmangel im Depot.

Das Ehepaaar Suppé verbrachte zwanzig Sommer in Gars. Als die beiden am 18. Juli 1891 hier die silberne Hochzeit feierten, war das ein Fest für den ganzen Markt; dem Komponisten wurde das Ehrenbürgerrecht von Gars verliehen.

Am 3. Mai 1895 fuhr Suppé von Gars nach Wien; dort starb er 18 Tage später.

In einem Brief hatte der Komponist einst vom „verträumten Gars, meinem liebsten Ort auf der Welt!" geschrieben – kein Wunder, daß die Garser ihm heute und für alle Ewigkeit freundlich gesinnt sind.

☛ Marktgemeinde Gars, Tel. 02985/22 25 ☛ Franz-von-Suppé-Gedenkraum am Hauptplatz, im Rathaus; Öffnungszeiten: wochentags 7–15; Sa, So 10–12 Uhr; ansonsten Voranmeldung bei der Gemeinde ☛ Fremdenverkehrsinformation, Tel. 02985/26 80

Friderike Marie von Winternitz in Gars

Die Schriftstellerin und Übersetzerin FRIDERIKE MARIE VON WINTERNITZ (1882–1971) fuhr im Sommer immer wieder gerne in ihr Haus nach Gars am Kamp, in die von ihr so genannte „Mannigfallmühle". Von dort schrieb sie an Stefan Zweig folgenden Brief:

Gars am Kamp, 25. Juli 1912
Lieber Herr Stefan Zweig,
vielleicht bedürfte es nicht der Erklärung, weshalb
es mir leicht fällt, das zu tun, was die Leute „un-
schicklich" nennen. Weshalb es mir sonst nicht
ungeheuerlich erscheint, das gehört nicht hierher: Ich
war gestern für einen halben Tag und eine Nacht in
Wien, kam aus meiner sanften Landschaft, aus meiner
Mühle, wo Wald und Wasser um mich sind und keine
Stadtkultur. – Und da geschah solch ein lieber Zufall.
(…) Gestern saßen Sie im Riedhof neben mir, und ein
Bekannter brachte mir die Hymnen an das Leben. Ich
las sie heute zum Räderrollen, als ich frühmorgens
wieder in meine Sommerheimat fuhr. Draußen lagen
die Felder in der freudigsten Sonne. Und da schien es
mir nicht unnatürlich, Ihnen einen Gruß zu senden.
Die Hymnen sind so schön! Einige kannte ich. (…)
Warum sind Sie in der Stadt? Man sollte fast nie in
der Stadt sein. Bei mir hier ist es so schön. Hätten Sie
es doch auch so wundervoll. (…) Und wenn Sie irgend
Lust hätten dazu – schreiben Sie an Maria von W.,
post. Rosenburg am Kamp.
Viele Grüße!

Zweig hatte Lust, und die Anbandelungsversuche mündeten vorerst in eine Freundschaft. Acht Jahre nach dem ersten Briefwechsel heirateten die beiden.

Von der „Mannigfallmühle" fehlt heute jede Spur. An der Stelle des älteren Bewohnern als „Listmühle" bekannten Gebäudes befindet sich heute dort die *Spiegelfabrik Lachmaier*. Es ist anzunehmen, daß die ehemalige „Listmühle" der frühere Sommerwohnsitz von Friderike Winternitz war.

Bunte Mischung am Manhartsberg
Ignaz Pleyel in Ruppersthal – Joseph Gottfried Pargfrieder in
Wetzdorf und am Heldenberg – Leopold Fahrmacher und Johann
Krahuletz in Eggenburg – Bertha von Suttner in Harmannsdorf –
Josef Misson in Mühlbach am Manhartsberg

Die Mischung könnte bunter nicht sein. In dem – bis auf die wunderschöne Stadt Eggenburg – touristisch kaum bekannten Gebiet findet man Spuren eines fast gänzlich vergessenen und wohl auch unterschätzten Komponisten. Ein etwas zwielichtiger Typ, jedenfalls einer, der gewußt hat, wie man sich selbst inszeniert, kreuzt am Heldenberg den Weg des Spurensuchers. In der Bürgerstadt Eggenburg, einst die Stadt der Steinmetze, hat sich einer der bedeutendsten dieser Kunsthandwerker für immer verewigt und wird im weiteren vorgestellt. Gleichzeitig stammt aus Eggenburg auch einer der bekanntesten Urgeschichtsforscher Österreichs.

Am Manhartsberg liegt Schloß Harmannsdorf – eine der prominentesten Österreicherinnen, die Friedensnobelpreisträgerin Bertha von Suttner, lebte hier lange Jahre.

Ignaz Pleyel, Komponist aus Ruppersthal
Die erste Station unserer Manhartsberger Spurensuche hat mit dem Manhartsberg nichts zu tun. Die Weinviertler Gemeinde Ruppersthal würde sich auch zu Recht verwehren, auf den Manhartsberg transferiert zu werden. Nein: Der Ort lebt vom Weinbau und liegt in einer kleinen Talmulde im Herzen des Weinviertels, nördlich von Kirchberg am Wagram. Bauernhaus reiht sich an Bauernhaus, die Fassaden sind, wie könnte es anders sein, längst modernisiert, und auf jedem zweiten Haus ist ein Stock aufgesetzt. Blickfang der archetypischen Weinviertler Agrargemeinde ist die Kirche, und diese sollte man auch ansteuern.

Am besten läßt man das Auto (oder das Fahrrad) auf der Hauptstraße in der Nähe des ehemaligen Schulgebäudes stehen. Neben dem Schulgebäude öffnet sich eine breite, leicht ansteigende Gasse – sie trägt den stolzen Namen *Ignaz-Pleyel-Platz*.

Über einen gedeckten Stiegenaufgang erreicht man die Kirche. Man tritt nicht ins Innere, sondern schaut nach rechts. An der Fassade des ebenerdigen Hauses ist eine Gedenktafel angebracht.

Altes Schulhaus in Ruppersthal: erster Musikunterricht für Ignaz Pleyel

Sie erinnert daran, daß im Juni 1757 ein gewisser Ignaz Pleyel, Sohn des Schulmeisters und Organisten, hier geboren wurde.

„Dann sind dermalen Quartetten heraus, von einem gewissen Pleyel; dieser ist ein Scolar von Joseph Haydn. Wenn Sie selbige noch nicht kennen, dann suchen Sie sie zu bekommen; es ist der Mühe werth. Sie sind sehr gut geschrieben und sehr angenehm; sie werden auch gleich seinen Meister herauskennen. Gut und glücklich für die Musik, wenn Pleyel seinerseits im Stande ist, uns Haydn zu replazieren."

Dermaßen lobend rezensiert ein Kollege, dem durchaus Ge-schmackssicherheit zugestanden werden kann, die Werke des  Komponisten: Wolfgang Amadeus Mozart höchst-persönlich war es, der anno 1784 dem Ruppers-thaler Schulmeistersohn in einem Brief an seinen Vater Hochachtung aussprach.

Doch noch ist es nicht so weit. IGNAZ PLEYEL (1757–1831) durchlebte eine schwere Kindheit – er war das achte Kind der Familie, und seine Mutter starb bereits zwei Jahre nach seiner Geburt. Sein Vater heiratete nach dem Tod der Mutter noch einmal und zeugte neun weitere Kinder – alle neun verstarben bei der Geburt oder innerhalb der ersten zwei Lebensjahre. Trotz dieser bedrückenden Ereignisse und dem vielen Sterben zum Trotz wurde in der Familie fleißig musiziert. Der Vater unterrichtete Ignaz auf Orgel und Violine.

Vierzehnjährig verfaßte Ignaz Pleyel seine ersten Kompositionen; sein Talent wurde kräftig gefördert – nicht nur vom Vater, sondern auch von einflußreichen Mäzenen. In diesem Alter verließ er Ruppersthal für immer. Schon seine frühesten Werke fanden Anerkennung bei den Kollegen Gluck, Haydn und Mozart. Vor allem seine Kammermusik und Streichquartette wurden viel gehört. Seine erste wichtige Anstellung fand er in Straßburg. In den Revolutionswirren von 1789 verlor der liberal denkende Komponist allerdings diese Stellung wieder. Gemeinsam mit seiner Familie zog er nach London, wo er Leiter der „Professional Concerts" wurde. Zu ebendieser Zeit befand sich auch Haydn in London, der in sein Tagebuch notierte :

„5. Dezember 1791 ist Mozart gestorben, am 23. Dezember 1791 kam Ignaz Pleyel in London an, am 24. Dezember speiste ich bei ihm; hernach feierten der greise Meister und sein 34-jähriger Schüler in echt himmlischer Weise Weihnacht."

Vier Jahre blieb Pleyel in England, dann übersiedelte er nochmals und ließ sich 1795 in Paris nieder, gründete einen Musikverlag und 1808 eine noch heute bestehende Klavierfabrik. Der Komponist einer großen Anzahl von Symphonien, Serenaden, Streichquartetten, Violin- und Klavierkonzerten sowie zweier Opern konzentrierte sich nun gänzlich aufs Verlegen. Er brachte eine Gesamtausgabe der Streichquartette Haydns heraus, mit der der Meister dem Vernehmen nach sehr zufrieden war. Pleyel gilt seitdem als Erfinder der „Quartett-Taschenpartituren".

Um die Werbung für die von ihm fabrizierten Klaviere mußte sich Pleyel keine Gedanken machen, seine Kollegen schwärmten – auch noch nach seinem Tode – von den Tasteninstrumenten. So war etwa Frederic Chopin ein begeisterter Benützer von Pleyel-Flügeln. Das Zitat „Um mein Ich zu finden, brauche ich einen Pleyel-Flügel" spricht für sich. Und Edvard Grieg bekannte – ebenfalls werbewirksam – „Die einzige Schwierigkeit, die ich mit dem Pleyel-Flügel hatte, war, mich davon zu trennen."

Pleyel starb 1831 auf seinem Landgut in der Nähe von Paris. Zu Lebzeiten ein vielgespielter Musiker, gerieten die Kompositionen des Ruppersthaler Schulmeistersohns im Laufe der Jahrzehnte mehr oder weniger in Vergessenheit – mit einer Ausnahme: Angeblich ist er der Komponist der Marseillaise. – Die Franzosen haben dem Weinviertler ein anständiges Denkmal gesetzt: Eine der wichtigsten Konzerthallen in Paris ist nach ihm benannt; die „Salle Pleyel" befindet sich unweit des Triumphbogens.

Zurück ins Weinviertel, zurück zum Kirchenvorplatz von Ruppersthal. Es könnte ein malerisches Plätzchen sein hier oben, doch: Die links ans Wohnhaus anschließende *Schulstube*, in der Pleyels Vater unterrichtet und der spätere Komponist selbst seinen ersten Unterricht in Schreiben, Rechnen, aber auch Musik erhalten hat, befindet sich im Zustand äußerster Verwahrlosung. Pleyel-Verehrer würden hier gerne eine richtige Gedenkstätte einrichten, denn schließlich gab es in Ruppersthal im Schulhaus schon einmal eine Ignaz-Pleyel-Ausstellung. Im Rahmen von „Ignaz-Pleyel-Festspielen" wurden auch Werke des Komponisten aufgeführt. Selbst ein Theaterstück, das das Leben Pleyels nacherzählt, wurde vor einigen Jahren von rührigen Laienschauspielern zum besten gegeben.

☞ *Gemeinde Ruppersthal, Tel. 02955/702 04* ☞ *Adolf Ehrentraud, Obmann des Theatervereins Ruppersthal, Tel. 02955/706 45*

Joseph Gottfried Pargfrieder:
verewigt in Schloß Wetzdorf und am Heldenberg

JOSEPH GOTTFRIED PARGFRIEDER (1782–1863) hatte Glück: 1832 konnte er in Wetzdorf an der *Prager Straße* zu besonders günstigen Konditionen das heruntergekommene *Schloß* erwer-

ben. Der frischgebackene Schloßherr, von dem bis heute weder Geburtsort, Geburtstag noch Abstammung bekannt sind, begann sofort mit großzügigen Modernisierungs-, Umbau- und Sanierungsarbeiten. Der Park wird großzügig ausgestaltet. Im Garten werden Glashäuser errichtet. Ein nobles Haus braucht ein nobles Portal: Herr Pargfrieder läßt sich das – heute noch teilweise erhaltene – „Löwentor" bauen, das dem Pariser Arc de Triomphe nachempfunden ist. Der Schloßherr ist nämlich ein ganz besonderer Verehrer des berühmten Napoleon Bonaparte, der, aber das ist sicher nur ein Zufall, ebenso kleingewachsen wie Pargfrieder war. So groß ist die Zuneigung des kleinen Pargfrieder für den großen Franzosen,

113

daß er ihm sogar ein eigenes Zimmer im ersten Trakt des Schlosses widmet, jenem Teil des mächtigen Anwesens, der damals ausschließlich Repräsentationszwecken diente und der heute als Museum eingerichtet ist. Jedenfalls entstand innerhalb kürzester
Zeit aus dem verfallenen Schloß Wetzdorf eines der prunkvollsten
Schlösser Österreichs – wohl ein Hinweis darauf, daß Pargfrieder
ein schwerreicher Mann war.

Gewaltig waren die Ausgaben für das Interieur. Riesige, möglichst bunte Gemälde, eigens für ihn angefertigtes Augartenpor-
zellan mit seinen Initialen, eine für ihn hergestellte Biedermeier-
uhr, beste Möbel aus den besten Werkstätten – nichts war teuer
genug für den Herrn, der es zeitlebens verstand, sich großspurig
in Szene zu setzen.

Pargfrieder war ein neureicher Bürger, so etwas wie ein
Kriegsgewinnler, ein Armeelieferant, der die k.u.k. Truppen mit
Schnürstiefeln versorgte. Und ein Schlitzohr dazu: Die Qualität
der dem Heer gelieferten Schuhe und des Leinens soll oft minder-
wertig gewesen sein, die Anzahl der gelieferten nicht mit der der
bestellten Schuhe übereingestimmt haben. Auch soll Pargfrieder
mit allen möglichen Waren gehandelt und geschachert haben.
Böse Zungen sprechen von Drogenhandel und Waffenschieberei-
en – aber wer will das heute noch so genau wissen?

Wahr ist, daß Pargfrieder einen großen Teil des damaligen
Wiener Hofes in der Hand hatte. In kleinen Taschenkalendern notierte er die Namen seiner Schuldner und schmierte die oft gewaltig hohen Summen des ausständigen Geldes dazu. Diese
„wertvollen" Notizbücher sind im Schloß zu besichtigen.

Pargfrieder hatte eine riesige Geldtruhe in einem der
Schloßräume aufgestellt – ihr innen bemalter Deckel stand im-
mer offen –, um den Gästen seinen Reichtum eindrücklich vor
Augen zu führen.

Abgesehen von den Nettigkeiten aus Pargfrieders persönli-
chem Besitz sind das Schloß und die Säle und Räume sehr schön,
hell und „leicht", und ein geführter Rundgang in Wetzdorf ist ein
abwechslungsreiches Vergnügen – nicht zuletzt deshalb, weil es
überall so angenehm „menschelt".

Doch das Schloß ist nur der halbe Pargfrieder. Dem staunen-
den Besucher öffnet sich am nahe gelegenen *Heldenberg* ein weit-
läufiges, parkartiges Gelände; darin verstreut stehen eine große

Schloß Wetzdorf: Johann Gottfried Pargfrieders Palast

Säulenhalle, ein Grabmal, ein Obelisk sowie 19 Statuen, 142 Büsten, 4 Statuetten, 28 Kanonen und 34 Mörser.

Höchstes Ziel Pargfrieders war es, sein Vorbild und seinen Freund, den Feldmarschall Radetzky, der 1848 die revolutionären und nationalen Befreiungsbewegungen in Italien brutal niedergeschlagen hatte, am Heldenberg beizusetzen. Dies erreichte er deshalb, weil Radetzky hohe Schulden bei ihm hatte und somit erpreßbar war.

Auch die eigene Bestattung plante Pargfrieder bis ins Detail voraus. Nichts wurde dem Zufall überlassen, und seine treuesten Diener wurden mit dem von ihm bestimmten Zeremoniell befaßt. Ohne Beisein anderer wurde er 1863 im Mausoleum neben den Feldherren Wimpffen und Radetzky bestattet. Da es kein formelles Begräbnis gab, drangen bald Gerüchte über kultische Bestattungshandlungen nach außen. Die Gerüchteküche brodelte so heiß, daß das Grab schließlich geöffnet wurde. Was man fand, war seltsam genug: einen sitzenden, einbalsamierten, in einen Zeremonienmantel eingehüllten Leichnam. Am Gruftdeckel entdeckte man die typischen Zeichen der Bruderschaft der Rosenkreuzer, der Pargfrieder angehört hatte.

Das gemeine Volk machte sich seinen Reim auf den Dahinge-gangenen. Ein beliebter Spruch in der Umgebung des Helden-bergs charakterisiert die Anlage: „Hier ruhen drei Herren in ewi-ger Ruh', zwei lieferten Schlachten, der dritte die Schuh'.“

☞ *Schloß Wetzdorf, Kleinwetzdorf 1, Ausstellung „Schloß Wetzdorf, Radetzky, Wimpffen, Pargfrieder“, Tel. 02956/27 05 od. 27 51; Besichtigungen nur mit Führungen, Sa, So und Fei um 11, 14, 15 und 16 Uhr, nach Anmeldung auch wochentags (März bis Oktober) ☞ Burgen- und Schlösserverein, Zweigstelle Großwetzdorf, Marianne Wiessner, Tel. 02956/26 19 ☞ Heldenberg-Gedenkstätte für Feldmar-schall Radetzky, Kleinwetzdorf, Tel. 02956/23 72; April bis September, wochentags 9–17, So und Fei 8–18 Uhr, Oktober bis März tägl. 9–16 Uhr. Jeden ersten Samstag im September um 10 Uhr Radetzky-Gedenkfeier.*

Leopold Fahrmacher und Johann Krahuletz in Eggenburg

Hier werden zwei Eggenburger Bürger vorgestellt, die auf den er-sten Blick absolut nichts miteinander zu tun haben. Der eine starb 1760, der andere wurde erst 88 Jahre später, also 1848, ge-boren. Und doch kreuzen sich ihre Spuren – in der fernsten aller denkbaren Vergangenheiten und irgendwie auch heute.

Das Verbindende zwischen ihnen ist die Urgeschichte, genauer gesagt die Tatsache, daß Eggenburg einst am Meer lag. In jener

Fahrmacher-Haus in Eggenburg: heute als Rathaus genutzt

fernen Zeit, dem Tertiär, lagerten sich die Schalen von Algen, Schnecken und Muscheln gemeinsam mit Sand und Schlick am Meeresgrund des flachen Manhartsberg-Ufers ab. Das Meer verschwand, geblieben ist ein fester Bodensatz, ein Sediment namens Kalksandstein. Dieser Kalksandstein war schon früh sehr beliebt – als Rohmaterial für Bauwerke und als ideal zu behauender Stein für Skulpturen. Der berühmteste aller Eggenburger Steinmetze war LEOPOLD FAHRMACHER (1698–1760). In der *Rathausstraße Nr. 3*, ganz nahe beim Hauptplatz, befindet sich das barocke Stadtschlößchen, das dem Künstler von 1723 bis 1760 als Wohnhaus diente. Oberhalb des mittleren Fensters ist im Wappenschild Fahrmachers Steinmetzzeichen zu sehen. Der schön renovierte Bau dient heute der Stadt Eggenburg als Rathaus.

Von Meister Fahrmacher stammen unter anderem Skulpturen und plastischer Schmuck in der Stiftskirche von Altenburg, auch in der Kirche von Maria Dreieichen hat Fahrmacher Hand angelegt.

Der gelernte Büchsenmacher JOHANN KRAHU-LETZ (1848–1928) wurde durch sein Hobby, die Urgeschichtsforschung, bekannt. Das dazugehörige Wissen hatte er sich eigenständig erarbeitet. Er untersuchte jenes Gestein, das Fahrmacher ein knappes Jahrhundert vor ihm so meisterlich behauen hatte, und kam der Entstehungsgeschichte des Gesteinsuntergrunds auf die Spur. 1885 machte der 37jährige einen sensationellen Fund: Im Eggenburger Schindergraben grub er einen Krokodilschädel aus. Der „Gavialosuchus eggenburgensis" ist heute im Krahuletz-Museum ausgestellt.

Durch die freundliche Anerkennung von „gelernten" Urgeschichtlern noch ermutigt, grub und forschte Krahuletz unermüdlich. Er hob Krokodil-, Hyänen- und Mastodonschädel ebenso wie unzählige Haifischzähne. Anfangs hortete er all seine Schätze bei sich zu Hause, im Haus *Rathausstraße Nr. 2*. Fotos zeigen den Forscher inmitten von Bergen von Fundstücken. Das Haus – schräg vis-à-vis dem Fahrmacher Haus – trägt eine Gedenktafel, im Erdgeschoß befindet sich ein Frisiersalon. Die Sammlung und all das, was an den großen Heimat- und Urgeschichtsforscher erinnert, ist längst ins nahe *Krahuletz-Museum* übersiedelt. Krahuletz selbst betrieb noch die Errichtung des Museumsgebäudes, das im historischen Stil erbaut wurde und heute, nach neue-

Johann Krahuletz in seinem Arbeitszimmer (historische Aufnahme)

sten museumspädagogischen Methoden gestaltet, die umfangreichen Sammlungen beherbergt.

Wer sich, infiziert vom soganannten Krahuletz-Bazillus, besonders intensiv und aktiv mit Erdgeschichte beschäftigen will, dem
sei eine Spurensuche auf der etwa 15 Kilometer langen *Wande-
rung „Erdgeschichte erleben"* empfohlen. Einen genauen Plan
und Informationen erhält man im Krahuletz-Museum. Dieser
Wanderweg führt zu erdgeschichtlichen Fundstellen, an denen
auch Johann Krahuletz selbst gegraben hat.

Eine etwas weniger aufwendige Variante, sich auf die Spuren
des Johann Krahuletz zu begeben, ist der Spaziergang zur sogenannten *Brunnstube*, der ersten Station des erdgeschichtlichen
Wanderwegs. Diese von etlichen Bäumen umstandene kleine
Mulde befindet sich in der Nähe des Lagerhauses direkt neben
der Hauptstraße Richtung Maissau, unmittelbar nach der Eisen-
bahnunterführung. Wer Glück hat, findet hier zwanzig Millionen
Jahre alte versteinerte Pilgermuscheln, Austern, Turmschnecken,
Venus- oder Tellermuscheln.

 ☛ *Krahuletz-Museum, Krahuletzplatz 1, tägl. 9–11 und 14–16 Uhr,
Tel. 02984/34 00; Touristeninformation, Zimmervermittlung*
☛ *Stadtgemeinde Eggenburg, Tel. 02984/35 01-0.*

Bertha von Suttner: schöne Tage in Harmannsdorf
1760 wurde das von einem – heute wasserlosen – Wassergraben
umgebene Schloß Harmannsdorf barockisiert und ein französi-
scher Park angelegt. Der Haupteingang zum Schloß, das sich in
Privatbesitz befindet und dessen Inneres nicht zu besichtigen ist,
liegt an der gut sichtbaren, weil an einem öffentlichen Weg gelegenen Westfront; die als Schauseite gestaltete Ostfront ist dagegen
zum Garten hin orientiert und schwer einsehbar. In den Bau inte-
griert ist der „Höllenturm", ein romanischer Bergfried aus dem
13. Jahrhundert.

Österreichs einzige Friedensnobelpreisträgerin
BERTHA VON SUTTNER (1843–1914) hat hier
lange Jahre gelebt und gearbeitet. Ihre Biographie
liest sich wie ein Dreigroschenroman: Geboren
1843 in Prag, nahm sie 1873 eine Stelle als Gou-
vernante im Haus des Barons Suttner an. Die Herr-
schaften lebten den Winter über in Wien, im Sommer zog die Familie regelmäßig in das Schloß Harmannsdorf. Sogleich verliebte sich Bertha in den Sohn des Hauses, den um sieben Jahre jüngeren Arthur von Suttner. Drei Jahre konnte das
Verhältnis geheim bleiben. Nach dem „Outing" gab die Baronin
Bertha zu verstehen, daß an eine Heirat nicht zu denken sei. Bertha floh nach Paris und trat eine Stelle beim Physiker Alfred Nobel
an. Arthur holte sie zurück nach Wien; die beiden heirateten und
flohen Hals über Kopf in den Kaukasus, nach Kutai. Hier begann
Bertha zu schreiben. Nach neun Jahren Auslandsaufenthalt kehrte das Ehepaar nach Österreich zurück, und zwar an den Ort ihrer ersten Liebe, nach Harmannsdorf.

Mit der Familie ausgesöhnt, schrieb Bertha von Suttner hier
ihren großen Roman „Die Waffen nieder", der 1889 erschien. Sie
verarbeitete darin Ereignisse und Erfahrungen aus ihrer unmit-
telbaren Harmannsdorfer Umgebung.

Sie arbeitete nicht frei von Sorge: „In Harmannsdorf war auch
nicht alles auf Rosen gebettet. Die Wirtschaft wollte durchaus
nicht gehen und der Steinbruch schon gar nicht. Man wechselte
Verwalter, wechselte Direktoren, man verhandelte mit Agenten
über Unternehmungen – aber es ward nicht besser. Im Gegenteil,
die geplanten Geschäfte, die immer in Hoffnung wiegten, veran-
laßten zu Wagnissen, und wenn sie nachher ins Wasser fielen, so

Getreidespeicher von Schloß Harmannsdorf:
Bertha von Suttner spielte hier Theater

war man wieder um ein Stück übler dran, fiel aber auf die nächste Hoffnung desto glaubensseliger her. Und – eine Dosis Leicht-
sinn war dem ganzen Hause Suttner eigen – man schüttelte die
Sorge ab und nahm vom Tage, was der Tag Gutes brachte."

Acht Jahre lang gab sie die Revue „Die Waffen nieder" heraus,
außerdem gründete sie eine österreichische Friedensgesellschaft.
Auf ihr Betreiben fand in Rom eine erste Friedenskonferenz statt.
1899 wurde die Haager Friedenskonferenz gegründet. Die flam-
mende Pazifistin reiste viel, hielt Vorträge in den wichtigsten
Städten Europas und Amerikas und gründete auch eine „Vereini-
gung zur Abwehr des Antisemitismus".

Die Harmannsdorfer Zeit ging jäh zu Ende. 1902 verstarb der
Ehemann, 1904 wurde das Schloß zwangsversteigert. Allein zog
sie nach Wien – enttäuscht, nicht unter den ersten Friedensno-
belpreisträgern gewesen zu sein. 1905 erhielt sie die hohe Auszeichnung doch noch – 16 Jahre nachdem „Die Waffen nieder" erschienen war.

Das weitläufige Areal des Harmannsdorfer Schlosses läßt sich
zu Fuß gut umrunden. Vom Ostende des Gartens sieht man durch
drei große schmiedeeiserne Tore die Anlage in ihrer ganzen

Pracht vor sich liegen. Rechter Hand befindet sich das von den Suttners gebaute renovierte Palmenhaus. Blickfang des Schlosses ist die riesige Freitreppe. Da sie mit den übrigen Proportionen der Ostfront nicht harmoniert, nimmt man an, daß sie als Theaterbühne gedacht war.

Imposant ist der wunderbare alte Schüttkasten anzusehen. Im Inneren sind an den Wänden, teilweise hinter Heuhaufen versteckt, noch Kulissenmalereien auszunehmen.

 ☞ *Schloßbesitzer ist Dr. Glawischnig, ein freundlicher Mann, der für interessierte Besucher ein Herz hat (Tel. 02984/82 35).*

 Bertha von Suttner:
Die Waffen nieder! Bd. 1 und 2, Dresden 1904.

Josef Misson in Mühlbach am Manhartsberg

In der kleinen Ortschaft Mühlbach am Manhartsberg wurde der Piarist, Lehrer und Heimatdichter JOSEF MISSON (1803–1875) geboren. Das an der Dorfstraße gelegene, in Schönbrunner Gelb gestrichene Geburtshaus wurde zur Gedenkstätte ausgebaut und ist nicht zu übersehen; der Weg zur *Misson-Gedenkstätte* hinreichend markiert.

Missons Großtat: Er verfaßte ein Mundartepos namens „Da Naz, ein niederösterreichischer Bauernbui, geht in d' Fremd." Geschrieben ist das Werk nicht nur in Hexametern, sondern auch in der heute nahezu verschwundenen Weinviertler „Ui"-Mundart.

Für all jene, die nicht nur das Misson-Haus, sondern auch eine Spazier- oder Wandermöglichkeit suchen, bietet sich der *Misson-Weg* an. Der gut markierte und beschilderte Wanderweg geht direkt beim Misson-Haus ab und führt durch abwechslungsreiche Wald-, Wiesen- und Ackerlandschaft über den Manhartsbergrücken ins Straßertal zur Ruine Falkenstein und von dort, nochmals über den Manhartsberg, zum südlichsten Eckpfeiler des Berges, der „Kamptalwarte" am Heiligenstein. Insgesamt müssen fünf Stunden Gehzeit für eine Richtung einkalkuliert werden.

 ☞ *Misson-Geburtshaus, Mühlbach am Manhartsberg Nr. 23,*
Tel. 02957/344; Voranmeldung bei Walther Sohm, Tel. 02957/271

Die Weinviertler Lyrik- und Romantiktour

*Nikolaus Lenau in Stockerau – Thomas Ebendorfer in Haselbach
– Theodor Kramer in Niederhollabrunn – Konrad Bayer in
Hagenberg – Joseph Freiherr von Eichendorff in Ernstbrunn
und Seebarn – Nico Dostal in Korneuburg*

Wir dringen hinaus über die Wiener Pforte, lassen Korneuburg – vorerst – hinter uns, wie auch die Romantikburg
Kreuzenstein. Erst gegen Ende der Runde gelangt sie wieder in
unser Blickfeld. Wir machen, selbst für geeichte Ausflügler unüb-
lich, einen ersten Halt in Stockerau und finden hier Spuren eines
großen Lyrikers. Von hier schlagen wir uns durch nach Norden,
zum weithin unbekannten Michelberg. Der 409 Meter hoch aufragende Berg interessiert uns nicht nur (aber sehr wohl auch) der
schönen Aussicht wegen. Ein besonders kluger Mann des 15.
Jahrhunderts, der Geograph, Historiker und Universalgelehrte
Thomas Ebendorfer, wurde an seinem Fuße geboren. Weit jenseits der Leiser Berge liegt Schloß Hagenberg – letztes Refugium
des österreichischen Literaten Konrad Bayer.

Nikolaus Lenau in Stockerau

In der Stadtmitte, gegenüber vom Rathaus, befindet sich das Restaurant „Lenaustub'n", ein sozialer Wohnbau aus der Zwischenkriegszeit (1925/26) trägt den Namen „Lenauhof", im Westen von Stockerau gibt es eine „Lenaustraße". 1964 wurde die
„Internationale Lenaugesellschaft" und 1968 das „Internationale
Lenauarchiv" gegründet. Der „Lenautaler" ist zwar kein spezifi-
sches Stockerauer Zahlungsmittel, wohl aber eine süße Komposition der *Konditorei Mathes*, bestehend aus Marzipan, Pistazien,

Kirschbrand und Nougat. In manchen Wirtshäu-
sern der Stadt sollen auch schon „Lenau-Schnit-
zel" gebacken worden sein. Niemand kann darüber hinwegsehen: Man befindet sich in der Stadt
NIKOLAUS LENAUS (1802–1850), des großen
und vielseitigen Lyrikers der Romantik.
Aber: War Stockerau wirklich die Stadt Lenaus?
Kann – durch oftmaliges Nennen seines Namens – ein Besitzan-
spruch auf den Dichter erhoben werden? Lenau, und das ist das
Problem, war ein Europäer im frühen Sinne, ein rastloser Geselle,

der viel unterwegs und nirgends so ganz zu Hause war. Der deutsche Schriftsteller und Verlagsleiter Peter Härtling nannte ihn einst den „einzigen Europäer unter den großen romantischen Dichtern, in seiner grenzüberwindenden Geistigkeit verwandt mit Franz Liszt", und vermutete, daß Lenau vielleicht deshalb so wenig Beachtung finde, „weil keine Provinz ihn ganz für sich beanspruchen" könne. Zweifelsfrei aber hatte Lenau zu Stockerau eine wichtige Beziehung.

Niembsch-Hof mit Lenau-Denkmal in Stockerau

„Liebe gute Mutter", so beginnt er einen mit dem 8. September 1818 datierten Brief, „Dienstag sind wir hier in Stockerau angelangt und sind von unseren lieben GroßÄltern bestens aufgenommen worden, und Sie freuten sich sehr, daß Sie gute mutter sich endlich entschlossen mich zu übergeben, auch schienen die guten Aeltern mit meinen Kenntnissen vollkommen zufrieden zu seyn."

Der Grund der Übersiedlung: Die Großeltern wollten den 16jährigen, in Rumänien lebenden Enkel fördern und holten ihn gemeinsam mit seiner Schwester zum Studium nach Wien. In Stockerau verbrachte Lenau die Ferien und ging hier gern dem Hobby des „Vogelstellens" nach. Kolportiert wird, daß dies letztendlich auch zum Bruch des frechen jungen Mannes mit der strengen Großmutter führte: Lenau soll eines schönen Tages mit reichem Vogelfang, aber kotigen Stiefeln in den Salon der Großmutter gestapft sein. Auf deren Vorwurf „Du benimmst dich wie ein Bauer!" gab Lenau mit „Lieber verhungern als ewiger Sklave in Ihrem goldenen Käfig sein!" deutliche Antwort. Er flüchtete nach Wien.

Wer waren die gefürchteten Großeltern? Wo befand sich dieser geschmähte „goldene Käfig"? Gibt es heute noch etwas davon zu sehen?

Die Fragen sind leicht beantwortet. Der riesige *Niembsch-Hof* in der *Eduard-Rösch-Straße* 1, von Wien kommend rechts von der Hauptstraße gelegen, beherbergte dereinst die sogenannte k.k. Militär-Monturs-Ökonomie-Hauptkommission. Zur Zeit Lenaus waren darin Hunderte von Militär- und Zivilhandwerkern tätig, die den Bedarf dies Wiener Armeekorps an Bekleidung, Leinen- und Lederwaren deckten. Der für Stockerau so wichtigen Institution stand Oberst Josef Niembsch (1746–1822) vor, der Großvater Nikolaus Lenaus. Kraft seines Amtes war er eine der bedeutendsten Persönlichkeiten Stockeraus; gewohnt hat er mit seiner Frau – und wenigstens zeitweise mit dem jungen Lenau – über dem Haupttor. Im ersten Innenhof befindet sich ein *Lenau-Denkmal*.

Lenau schrieb von hier – wie bereits eingangs zitiert – einige Briefe an seine Mutter. In einem lobt er die Stadt: „In Stockerau ist in jeder Hinsicht gut zu leben. In der Nähe meiner würdigen Aeltern, in einer reitzenden Gegend, gute Gesellschaft vollauf. (…) Genug ein Leben voller Freuden." Durch Spaziergänge und Streifzüge in den Auen bei Stockerau sei er, so erzählt man hier gerne, zu seinen berühmten „Schilfliedern" angeregt worden. Dies behaupten aber auch Sparbach im südlichen Wienerwald und Schrattental, beides offenbar Orte mit hinreichend Schilfrohr. Der Leser möge – anhand der dritten Strophe – selbst entscheiden:

Auf geheimem Waldespfade
Schleich ich gern im Abendschein
An das öde Schilfgestade,
Mädchen, und gedenke dein!

Wenn sich dann der Busch verdüstert,
Rauscht das Rohr geheimnisvoll,
Und es klaget und es flüstert,
Daß ich weinen, weinen soll.

Und ich mein', ich höre wehen
Leise deiner Stimme Klang,
Und im Weiher untergehen
Deinen lieblichen Gesang.

Angeblich sind diese Gedichte seiner fernen Geliebten Charlotte Gmelin gewidmet. Für Stockerau ist die Sachlage klar: Im *Birkenwäldchen der Au*, auf dem Weg nach Greifenstein, wurde 1974 ein unbearbeiteter Naturstein aus dem Waldviertel aufgestellt; das Areal trägt den Namen „Lenauhain".

Wer sich intensiver mit Lenau beschäftigen will, dem ist ein Besuch des *Lenau-Archivs* in der Musikschule direkt neben der Pfarrkirche anzuraten.

 ☞ *Lenau-Archiv, Voranmeldung beim Kulturamt der Stadt Stockerau, Tel. 02266/695-12 , Dir. Kienböck bzw. Fr. Platz, Tel. 0222/505 34 33*

Dritte Station auf unserer Lenau-Wanderung ist das Kulturzentrum *Belvedereschlößl, Belvederegasse 3*. Hier ist eine kleine Lenau-Ecke eingerichtet; einige wenige Erinnerungsstücke an den Dichter, so etwa seine Brieftasche, sind ausgestellt.

☞ *Bezirksmuseum Stockerau, Sa 15–17, So, Fei 9–11 Uhr bzw. Voranmeldung, Tel. 02266/651 88, vormittags, Fr. Schiebel*

Unweit des Belvedereschlößls, bei der Hauptschule der Stadt, befindet sich das *älteste Lenaudenkmal* der Stadt, gestaltet vom Bildhauer Wilhelm Seib.

Lenau, deer Verfasser lyrischer Landschaftsbilder, episch-dramatischer Dichtungen und weltanschaulich begründeter Versepen, erlebte das Revolutionsjahr 1848 zwar nicht mehr geistig gesund, gilt aber trotzdem als Revolutionslyriker. (➢ Lenau in Klosterneuburg/Weidling und Klosterneuburg/Kierling, S. 294 f.)

Zur gleichen Zeit wie Lenau war auch die Schriftstellerin KAROLINE PICHLER (1769–1843) in Stockerau zu Gast. In ihren „Denkwürdigkeiten" beschreibt sie die Spaziergänge in der „angenehmen Au" im Winter 1821. (➢ Pichler in Baden, S. 202)

▮ *Nikolaus Lenau: Schilflieder.*
In: Lenau, Gedichte, Stuttgart 1993.

Thomas Ebendorfer in Haselbach am Michelberg

„Mein Geburtsort Haselbach liegt am Fuß des Michelsberges. Der Ort besitzt gesunde Quellen, ist von Weinbergen und Obstgärten

Kapelle am Michelberg bei Haselbach: Heimat Thomas Ebendorfers

umgeben und seit achthundert Jahren, schon vor der Bedrohung durch den Hunnenkönig Attila, bekannt. In der Ebene und auf den Hügeln dehnt sich fruchtbares Ackerland, und auf dem höchsten Punkt des Bergrückens liegt eine Kapelle mit zwei Altären. (...) Diese Kapelle ist jetzt arg vernachlässigt. Das Feld zwischen den Hügeln unter dieser Kapelle gehörte einst meinem Großvater. Den Erzählungen nach lag dort ein Friedhof, was menschliche Knochen, die dort ausgegraben worden sind, beweisen. Dort entspringt auch eine Quelle mit klarem Wasser, das von der Höhe herabeilt und langsam talwärts fließt, bis es sich schließlich mit fünf anderen Bächen vereinigt.

Der Verfasser dieser Geographie des Michelbergs heißt THOMAS EBENDORFER (1388–1464) und war Doktor der Theologie, Priester, Dekan von St. Stephan, dreimal Rektor und fünfzehnmal Dekan der Wiener Universität. Er schrieb wichtige historische Werke („Kaiserchronik", „Österreichische Chronik", „Papstchronik") und war durch seine diplomatische Tätigkeit als Gesandter des Kaisers wichtiger „Ohrenzeuge" der Geschichte.

Ebendorfer war Sekretär von Friedrich III. und einer der produktivsten Schreiber des ausgehenden Mittelalters bzw. der frühen Neuzeit. Mit 40 Bänden zu je 500 Seiten übertrifft sein Werk im Umfang sogar jenes von Thomas von Aquin. Er war sehr vielseitig, erkannte z. B. die Bedeutung des verfallenen Carnuntum und nannte es ein „zweites Troja".

Zuletzt war Ebendorfer Pfarrer in Perchtoldsdorf, wo er nach seinem Tode im Jahre 1464 auch begraben wurde (➤ Ebendorfer in Perchtoldsdorf, S. 167 f.).

Mit dem eingangs zitierten Bericht über seinen Geburtsort Haselbach begründete Ebendorfer quasi die niederösterreichische Heimatforschung. Und wir begeben uns auf seinen Spuren auf den *Gipfel des Michelbergs*, entweder per pedes oder, für eiligere Ausflügler, per Pkw. Man sollte sich einen klaren Tag aussuchen für diesen Gipfelsturm, denn die Rundsicht ist hervorragend. Direkt zu Füßen des Bergs liegt Ebendorfers Geburtsort Haselbach, etwas weiter im Norden Niederhollabrunn und nordöstlich, durch eine dominante Kirche leicht zu erkennen, der Wallfahrtsort Karnabrunn.

Der Michelberg war schon in prähistorischer Zeit bewohnt bzw. eine Weihe- und Kultstätte. Die Gipfelkapelle ist allerdings nicht mehr dieselbe, die von Ebendorfer als „verfallen" beschrieben wurde, sondern ein Neubau aus dem Jahr 1893.

Einige markierte Wanderwege laden zur weiteren Erkundung der Thomas-Ebendorfer-Heimat; zur Rast lädt der schattige Gastgarten des Berggasthauses ein. Geöffnet samstags, sonntags und an Feiertagen.

In Haselbach, mitten am *Dorfanger*, befindet sich ein *Gedenkstein*, der an Thomas Ebendorfer erinnert.

Theodor Kramer in Niederhollabrunn

Wann die dornigen Scheuchen gepflanzt sind im Korn
und gehäufelt der Steckrüben fleischige Streifen,
ziehn sich Harke und Karren zurück aus dem Grund,
und es bleiben die Halme und Ähren im Rund
überlassen sich selbst, mit der Sonne zu reifen.

Niederhollabrunn am Fuße des Michelbergs ist der Heimatort des österreichischen Lyrikers THEODOR KRAMER (1897–1958).

Sein *Geburtshaus* liegt am *Kirchenberg*, im ehemaligen Klostergut. Das rosafarbene, durch eine Gedenktafel kenntlich gemachte Gebäude beherbergt heute unter anderem den Landeskindergarten.

Der Sohn eines jüdischen Gemeindearztes wuchs in einem Haus am Rande des Dorfes und der dörflichen Gemeinschaft auf. Mit zehn verließ er

Gedenktafel für Theodor Kramer, Verfasser von 12.000 Gedichten

den Ort, mit vierzehn begann er zu schreiben, mit 17 Jahren mußte er in den Weltkrieg ziehen – und kehrte schwer verwundet zurück. Er inskribierte zunächst Germanistik und Geschichte und wechselte dann zu den staatswissenschaftlichen Disziplinen. Um zu Geld zu kommen, arbeitete er in Buchhandlungen und als Verlagsvertreter. 1927 erschien sein Erstling, das dünne Bändchen „Gaunerzinke." Nun wurden seine Gedichte in vielen Zeitungen des deutschsprachigen Sprachraumes gedruckt.

Für Bruno Kreisky gehörte die Lyrik Theodor Kramers „zu den großen literarischen Erlebnissen" seiner Jugend, Thomas Mann nannte ihn „einen der größten Dichter der jüngeren Generation", und Franz Werfel stellte fest, daß er „ein wirklicher, echter Dichter von ganz außerordentlichen Gnaden und Gaben" sei.

Nach der Okkupation Österreichs erhielt der Dichter Arbeits- und Berufsverbot, er lebte bis zu seiner Emigration 1938 im Untergrund.

Im englischen Exil erhielt er nach einer Internierung auf der Insel Man eine Stellung als Bibliothekar in Guildford. Hier schrieb er weiter wie ein Besessener, lebte zurückgezogen, ja isoliert. Insgesamt ca. 12.000 Gedichte stammen aus seiner Feder; sie füllen drei dicke Bände. Er schrieb nicht nur über das Landleben (z.B. „Im Lößland"), über Arme und Benachteiligte, sondern nahm auch gegen Krieg, Faschismus und Unterdrückung Stellung. Drei Bücher dokumentieren die Zeit des Hitlerfaschismus bzw. des Exils: „Wien 1938", „Verbannt aus Österreich" und „Die grünen Kader".

Erst 1957 kehrte er, alt und krank, nach Wien zurück; im neuen Österreich konnte er sich allerdings nicht mehr zurechtfinden. Er starb 1958 und wurde posthum mit dem Literaturpreis der Stadt Wien geehrt.

Konrad Bayer in Hagenberg

Hagenberg ist von Mistelbach aus über Asparn/Zaya und Zwentendorf zu erreichen. Wenn man nach dem Herz dieser Landschaft sucht – hier könnte es sein. Oder vielmehr die Seele. Hier ist das Weinviertel so, wie man es sich vorstellt, eine leicht geschwungene, lyrische Landschaft. Ein Anflug von Traurigkeit liegt über den Dörfern, ein Zug von Schwermut über dem *Schloß Hagenberg*, das man schon von weitem in einer kleinen Mulde außerhalb des Ortes liegen sieht. Das Haus hat eindeutig schon bessere Zeiten gesehen. Die reichen Sinzendorfer hatten das Anwesen nach 1650 zu einem Palazzo nach italienischem Vorbild umgebaut. Und weil sie Italien und Venedig so gern hatten, ließen sie sich auch gleich eine Lagune zum Wasserschloß einfallen; der Ortsbach wurde aufgestaut, und da ein See ohne Boote gar kein richtiger See ist, holten sich die Sinzendorfer auch Gondeln und Gondolieri aus Italien, um sich mitten im Weinviertel wie in Venedig fühlen zu können.

Heute ist Herr Horst von Wächter der Besitzer des Schlosses der Sinzendorfer. Man sollte sich nicht scheuen, um Einlaß zu bitten. Denn Schloß Hagenberg, so verkündet der Schloßherr in Publikationen stolz, heiße „jeden Wanderer willkommen".

 Im Jahr 1964 hielt sich der Literat und Mitbegründer der Wiener Gruppe KONRAD BAYER (1932–1964) hier einige Wochen lang auf, um seinen Roman „der sechste sinn" fertigzustellen. Es sollte seine letzte literarische Arbeit bleiben, denn einige Wochen später schied er durch Selbstmord aus dem Leben.

Bayer war einer der wichtigsten Vertreter der „Wiener Gruppe". Montage und Sprachexperiment zeichnen seine Literatur aus.

„1955 schreibe ich meine erste halbwegs brauchbare geschichte (der capitän). ich spiele in einem experimentalfilm (mosaik im vertrauen; regie: peter kubelka, kamera: ferry radax), der in paris einen preis erhält. mit ende 1957 kündige ich meine stel-

Schloß Hagenberg:
letzter Arbeitsplatz von Konrad Bayer

lung bei der bank. im winter 1958 und frühjahr 1959 literarisches cabaret mit oswald wiener, gerhard rühm und friedrich achleitner."

1958 durch Aktienspekulationen und Spielgewinne für einige Zeit finanziell unabhängig geworden, spielte Bayer in den experimentellen Filmen „am rand" und „sonne halt" des Avantgardisten Ferry Radax die Hauptrollen. Im selben Jahr entstand auch der Text „seit ich weiss".

1963 schaffte Bayer, bis dahin als Mitglied der Wiener Gruppe als „Exote" verkannt, – fast – den Durchbruch. In Berlin konnte er im Radio seinen „Vitus Bering" lesen (im damaligen ORF ein Ding der Unmöglichkeit), wurde zur Tagung der Gruppe 47 eingeladen und lernte Ernst Ledig-Rowohlt kennen – der mit ihm prompt einen Vertrag über einen noch zu schreibenden Roman, „der sechste sinn", schloß. Gerhard Rühm schreibt darüber: „das eis schien gebrochen zu sein. doch konrad bayer strahlte eine steigende unruhe aus, man hatte das Gefühl, es ginge ihm alles noch nicht schnell genug dabei litt er immer häufiger unter der vorstellung der sinnlosigkeit von allem."

Rühm traf Bayer zum letzen Mal bei der Frankfurter Buchmesse Mitte September 1964. „er hatte sich in den letzten wochen nach hagenberg in niederösterreich zurückgezogen, wo einige freunde ein halbverfallenes schloss gemietet hatten, um dort seinen roman fertigzustellen. sonntag, den 11. oktober bekam ich aus wien einen anruf: konrad ist tot. gestern hatte er in wien sein leben durch gas selbst beendet."

Konrad Bayers Roman „der sechste sinn" erschien 1966 posthum; Georg Rühm, der den Nachlaß betreut, gab 1977 auch das Gesamtwerk heraus.

Auf Schloß Hagenberg finden jährlich Symposien zu Konrad Bayer statt.

 ☞ *Schloß Hagenberg,*
Horst von Wächter, Tel. 02524/85 06

Joseph Freiherr von Eichendorff
in Ernstbrunn und Seebarn

 JOSEPH FREIHERR VON EICHENDORFF (1788– 1857) kam 1810 gemeinsam mit seinem Bruder Wilhelm als Gast der Adelsfamilie Wilczek nach Wien und blieb für einige Jahre in österreichischen Landen. In dieser Zeit kam Eichendorff auch nach *Schloß Ernstbrunn* auf Besuch. Der stattliche Bau, dessen Ursprung schon auf das 11. Jahrhundert zurückgeht, liegt außerhalb von Ernstbrunn, nahe der kleinen Ortschaft Dörfles. Der verwinkelte, verschachtelte Bau liegt beeindruckend an einem Geländesprung und soll der Schauplatz von Eichendorffs „Ahnung und Gegenwart" sein; der Autor schrieb das Werk jedenfalls unmittelbar nach einem längeren Ernstbrunn-Aufenthalt.

Schloß Seebarn – wir befinden uns auf der Rückfahrt nach Wien – liegt rund sieben Kilometer nördlich von Korneuburg, in der Nähe von Harmannsdorf. Das Schloß ist – wie schon zu Eichendorffs Zeit – im Besitz der Wilczeks. Eichendorff und sein Bruder lebten hier als Gäste des Hauses und pendelten zwischen Seebarn und dem Wilczekschen Stadtpalais in Wien hin und her. Die Brüder wollten studieren und in den österreichischen Staatsdienst treten, das gelang in weiterer Folge aber nur dem Bruder Wilhelm. Joseph von Eichendorff kam statt dessen in Wien mit dem österreichischen Romantikerkreis um Friedrich Schlegel zusammen.

An Eichendorff erinnert in Seebarn wenig. Das Schloß ist in einer Parkanlage inmitten eines Gutshofes versteckt. Betreten ist strengstens verboten. Gut vorbereitete Seebarn-Fahrer haben – als Surrogat – Eichendorffs Novelle „Aus dem Leben eines Taugenichts" in der Tasche.

„Als ich die Augen aufschlug, stand der Wagen still unter hohen Lindenbäumen, hinter denen eine breite Treppe zwischen den Säulen in ein prächtiges Schloß führte. Seitwärts durch die Bäume sah ich die Türme von Wien." – Von Seebarn ist die Sicht auf die Türme von Wien durch den Rücken des Bisambergs verstellt. Immerhin spazierte Eichendorff aber gerne auf diesen Bisamberg und sah von dort auf die Wienerstadt hinunter.

Ein von ihm im „Taugenichts" beschriebenes „Zolleinnehmerhäuschen" gibt es nicht und hat es angeblich, so der jetzige Schloßbesitzer, auch nie gegeben. Immerhin aber gab es den beschriebenen Gemüsegarten und einen Weiher.

„Da war es so wunderschön draußen im Garten. Die Blumen, die Springbrunnen, die Rosenbüsche und der ganze Garten funkelten von der Morgensonne wie lauter Gold und Edelstein. Und in den hohen Buchenalleen, da war es noch so still, kühl und andächtig wie in einer Kirche, nur die Vögel flatterten und pickten auf dem Sande." – Wie gesagt ist das Areal heute von einem – teilweise verwilderten – Park umgeben.

„Dicht am herrschaftlichen Garten ging die Landstraße vorüber, nur durch eine hohe Mauer von derselben geschieden."

Dieser Satz stimmt auffallend. Das Wilczeksche Gut dominiert ganz Seebarn, weniger durch seinen Anblick als durch eine hohe Gartenmauer, die sich entlang der Hauptstraße durch den ganzen Ort zieht.

An einer Stelle im „Taugenichts" wird auch eine Allee erwähnt. Zwar führten zu den meisten Schlössern Alleen, aber die, die nach Seebarn führt, ist sehr markant. Um sie zu sehen, muß man von der Dorfstraße am Südende der Schloßmauer in einen kleinen Fahrweg abbiegen. Nach wenigen Metern gelangt man zum ehemaligen schmiedeeisernen Hauptportal; heute fährt oder reitet hier niemand mehr ein und aus. Vom Schloß weg führt eine total verwilderte Pappelallee ins Nirgendwo.

Möchte man einen Blick auf das „Eichendorff-Schloß" werfen, muß man zur Nordmauer der Schloßumfriedung gehen. Hinter den Bäumen wird das alte, nicht renovierte Schloß sichtbar. Die übrigen Wirtschafts- und Wohngebäude wurden renoviert und teilweise auch verändert.

Von Seebarn aus ist die *Burg Kreuzenstein* steht gut zu sehen. Zur Zeit Eichendorffs war die Anlage, seit 1702 im Besitz der

Wilczeks, eine simple Ruine. Die mittelalterlich anmutende Burg wurde von Graf JOHANN NEPOMUK WILCZEK (1837–1922) an der Stelle der Ruine als Schauburg aufgebaut. Dieser Graf, ein begeisterter Läufer, Bergsteiger und Abenteurer, bereiste Afrika und unterstützte 1872 die erste österreichische Nordpolexpedition.

Zurück zu Eichendorff. Mit seinem Bruder Wilhelm ging er von Seebarn oft auf den *Bisamberg*; er liebte die schöne Aussicht. Er hat dort oben angeblich das Gedicht „Vivat Oesterreich" geschrieben. Ein *Gedenkstein* wurde an Eichendorffs Lieblingsplatzerl errichtet; eine Strophe des besagten Gedichtes ist darauf wiedergegeben:

> *Die Donau blitzt aus tiefem Grund*
> *Der Stephansturm auch noch von fern*
> *Guckt über'n Berg und säh' mich gern,*
> *Und ist er's nicht, so kommt er doch gleich –*
> *Vivat Österreich!*

Zu erreichen ist das Eichendorff-Denkmal von Langenzersdorf (Hanak-Museum) auf dem Stadtwanderweg 5. Vor dem Magdalenenhof schwenkt man bergwärts und geht auf einem gepflasterten Weg bis zum Denkmal.

 Joseph Freiherr von Eichendorff:
Aus dem Leben eines Taugenichts.

Nico Dostal in Korneuburg

Der berühmte Operettenkomponist NICO DOSTAL (1895–1981) wurde in Korneuburg geboren. Das Wohnhaus wurde im Zweiten Weltkrieg von einer Bombe zerstört; an dessen Stelle in der *Stockerauer Straße 80* befindet sich heute ein Jugendheim.

Dostal war Theaterkapellmeister in St. Pölten, Innsbruck, Salzburg und Berlin; 1933 feierte er in Berlin seinen ersten großen Erfolg mit der Operette „Clivia". In der Folge komponierte er eine große Zahl bekanntgewordener Operetten, so „Die ungarische Hochzeit", „Monika", „Die Vielgeliebte", „Prinzessin Nofretete", „Doktor Eisenbart", „Rhapsodie der Liebe" oder etwa die Journalistenposse „Extrablätter". Er war gleichzeitig ein vielbeschäftiger Komponist für Filmmusik. „Der Kurier der Königin" oder „Kaiserwalzer" wurden von ihm vertont. In „Das Kind der Donau" (1950) sangen Marika Rökk und Bruce Low samt Frauenchor den in seiner Art schon wieder originellen Walzer „Ja mein Schatz muß beim Waschen stark eingegangen sein". Seine Geburtsstadt Korneuburg würdigt ihn mit einem *Gedenkstein auf dem Hauptplatz.*

Im *Museum von Korneuburg* werden Fotos von Filmen, für die Dostal die Musik geschrieben hat, gezeigt.

 ☛ *Städtisches Museum Korneuburg: Max-Burckhard-Ring 11, So 9–12 Uhr, Tel. 02262/25 53 (725 53)*

An den Hängen des Bisambergs
Anton Hanak, Siegfried Charoux und Max Brand
in Langenzersdorf

Langenzersdorf ist nicht Reichenau an der Rax und der Bisamberg nicht zu vergleichen mit dem Semmering, und selbstverständlich findet man hier nicht die vielbesungene Waldeinsamkeit, sondern das genaue Gegenteil davon: Am Sonntag nachmittag wurlt es hier nur so vor luftschnappenden Spaziergängern. Das muß man wissen – und akzeptieren. Dann, und nur dann, wird auch ein Ausflug zum Bisamberg ein Erlebnis.

Allerdings: Bevor wir den Gipfel erstürmen, besuchen wir ein wichtiges Museum am Fuße des Bergs – und erledigen hier „drei Künstler auf einen Schlag".

Anton Hanak in Langenzersdorf

Langenzersdorf fängt dort an, wo Wien aufhört. Nur außergewöhnlich aufmerksamen Menschen fiele hier, im Norden Wiens, auf, die Gemeindeterritorien gewechselt zu haben, stünde da nicht an der Grenze von der großen Stadt zur kleinen Vorstadt eine bemerkenswerte Skulptur. Auch eine Tafel „Willkommen in der Hanakgemeinde" macht auf Langenzersdorf aufmerksam.

ANTON HANAK (1875–1934) war einer der bedeutendsten Bildhauer Österreichs. Er lebte die meiste Zeit seines Lebens in Niederösterreich, in Langenzersdorf.

Der 14jährige Hanak fuhr trotz aller Warnungen von seiner Heimatstadt Brünn nach Wien, um hier Arbeit zu suchen. Kaum am Wiener Nordbahnhof angekommen, sah der Sohn eines Anstreichers zum ersten Mal ein Denkmal. „Wer es ist, was es bedeuten soll, warum es dasteht – keine Ahnung, auch der Wachmann, den ich frage, weiß es nicht. Wer macht solche Denkmäler? Nach langem Fragen erfahre ich den Namen dieser Handwerker – oder Künstler. ‚Bildhauer'." – Beeindruckt begann er eine Lehre als Holzschnitzer. Dann begab er sich auf die „Walz"; arbeitete in Salzburg, München, Augsburg, Prag und Budapest, studierte ab 1898 an der Akademie der bildenden Künste in Wien bei Prof. Hellmer Holzbildhauerei und wurde bald Mitglied der Secession.

135

Plastik von Anton Hanak,
Hanak-Museum in Langenzersdorf

1900 heiratete er und richtete sich mit seiner Frau eine Wohnung in Langenzersdorf ein: „Meine Wiener Wohnung tausche ich mit einer Wohnung in einem Vorort ein, an der Donau, in einem kleinen Haus, mit einem Garten. Knapp vor meinen Fenstern fließt die Donau, am anderen Ende ragt majestätisch das Stift Klosterneuburg in die Landschaft, dahinter der Leopoldsberg. Dort lebe ich nun fern vom Großstadtlärm und arbeite und raste, genieße den Strom und die Landschaft."

Zuerst wohnten die Hanaks „An den Mühlen", später in der Richtung Bisamberg gelegenen Kellergasse, in der Nähe des heutigen Hanak-Museums. Wer den Ort, an dem der große Bildhauer lebte, sehen will: Aus der zum Hanak-Museum führenden *Kirchengasse* führt, nicht weit vor dem Museum, die *Kellergasse* nach rechts ab. Das Haus *Nummer 7*, das ehemalige Wohnhaus des Künstlers, ist frisch renoviert.

Hanaks Karriere verlief nach Plan: Er gewann Förderer und Mäzene und bezog 1908 ein großes Atelier im Wiener Prater. Schon seit 1907 unterrichtete er an der Kunstgewerbeschule; 1913 wurde er Professor. Sein wichtigster Schüler war Fritz Wotruba.

Die Zwischenkriegszeit war Hanaks große Schaffenszeit. Vom „Roten Wien" bzw. den in der Stadt regierenden Sozialisten erhielt er immer wieder Aufträge für Statuen in Gemeindebauten und Parkanlagen. „Der Arbeiter" und „Die Arbeiterin" auf dem ehemaligen Vorwärts-Gebäude an der Wienzeile stammen ebenso von ihm wie das Denkmal des Parteigründers Viktor Adler auf dem Schmerlingplatz.

Die Materialien, die er mit Vorliebe bearbeitete, waren Holz, Stein und Bronze.

Immer wieder stellte er auch in monumentaler Größe den arbeitenden Menschen dar – schließlich betonte er auch selbst immer wieder seine proletarische Herkunft, legte großen Wert darauf, selbst als manuell Arbeitender gesehen zu werden.

Hanak wurde Zeit seines Schaffens von Zweifeln und Depressionen gequält. „In Qualen entstehen die Figuren, in Qualen sollen sie vollendet werden."

23 Jahre lang, von 1900 bis 1923, lebte der Bildhauer in Langenzersdorf. Über den Ort war Hanak auch zu seinem wichtigsten Mäzen gekommen: einer bekannten Bankiersfamilie, für die er viele Skulpturen und ein Grabmal schuf. Für die Gemeinde Langenzersdorf schuf Hanak ein Denkmal für die im Ersten Weltkrieg gefallenen Ortsbewohner.

Am Fuße des Bisambergs wurde in einem ehemaligen Champagnerkeller und einem daran anschließenden Gartengelände eine *Hanak-Gedenkstätte* eingerichtet, in der sich auch das Hanak-Archiv befindet. Die meisten vom Land Niederösterreich aus dem Nachlaß erworbenen Werke sind hier zu sehen. Den besonderen Reiz dieses „Plastik-Museums" macht die schöne Lage des Skulpturengartens am Fuß des Bisambergs aus. Bekannt sind vor allem „Der Gigant", der durch eine Fliegerbombe zerstört wurde und nur noch als Torso existiert, sowie „Der letzte Mensch".

Im übervollen Museum sind auch von Hanak selbst getischlerte und bemalte Möbel – darunter sein Sterbebett – ausgestellt.

☛ Anton-Hanak-Museum, Langenzersdorf, Obere Kirchengasse 23, Tel. 02244/294 73, 15. April bis 15. November Sa, So und Fei 9–12 und 13.30–18 Uhr, Di 9–12 Uhr, sonst nach Voranmeldung unter obiger Nr. oder Tel. 02244/23 08

Siegfried Charoux in Langenzersdorf

Wenn man so will, ist SIEGFRIED CHAROUX (1896–1967) ein Exilant im doppelten Sinn. 1935 emigrierte der Schüler Hanaks

aus politischen Gründen nach England. Und die Werke des Wieners, der bis zu seinem Tod in London blieb, fanden in Niederösterreich, eben im Langenzersdorfer Hanak-Museum, ihr Exil. Er selbst hat nie am Fuße des Bisambergs gewohnt.

Charoux war ein vielseitig begabter Mann – er war unter anderem bei der „Arbeiter-Zeitung" als

Plastik von Siegfried Charoux, Hanak-Museum Langenzersdorf

Karikaturist tätig, arbeitete als Maler und Graphiker und war zu seiner Zeit einer der bekanntesten Bildhauer Wiens. Berühmt wurde er durch seinen Entwurf für das Wiener Lessing-Denkmal von 1930. Im Londoner Exil arbeitete er ab 1940 engagiert an den Österreich-Sendungen der BBC mit.

Ab 1950 experimentierte er mit neuen Materialien, schuf Skulpturen aus Polyester und Glasfasern. Die Figur „Der Poet" hat er für sein Grab angefertigt; sie befindet sich im Freilichtteil des Museums. Dort sind auch seine programmatischen Plastiken „Der Leser" und „Der Zeitungsleser" zu sehen.

Neben persönlichen Gegenständen werden auch Entwürfe, Zeichnungen und Ölbilder des Künstlers gezeigt.

☛ Charoux-Museum, Langenzersdorf, Obere Kirchengasse 23a, Tel. 02244/37 18; 15. April bis 15. November Sa, So und Fei 9–12 und 13.30–18 Uhr, Di 9–12 Uhr, sonst nach Voranmeldung unter obiger Nummer

Max Brand in Langenzersdorf

Seit 1989 befindet sich im Hanak-Museum auch das „Max-Brand-Archiv".

Der in Lemberg geborene MAX BRAND (1896–1980), Komponist der weltweit bekannten Oper „Maschinist Hopkins", mußte

 1940 in die USA emigrieren, wo er einer der Pioniere der elektronischen Musik wurde: Er baute und bespielte einen der ersten Synthesizer. Als Huldigung für John Glenns Raumflug komponierte und spielte er darauf das Stück „The Astronauts"; Sphärenklänge sind gemischt mit dem Geräusch einer startenden Rakete und dem Originaldialog zwischen Glenn und der Bodenstation.

Im hohen Alter – 1975 – kehrte er nach Europa zurück, und zwar nach Langenzersdorf. Für fünf Jahre lebte er im Haus *Chimanigasse 10*. Das kleine, nicht weiter aufregende Häuschen, das Brand bis zu seinem Tode bewohnte, befindet sich im Ortsteil zwischen Hauptstraße und Donauufer-Autobahn, in der Nähe des Sportplatzes. Die wichtigste Adresse ist allerdings das *Hanak-Museum* in Langenzersdorf bzw. ein Nebenraum davon. Dort ist nämlich Brands allerbestes Stück ausgestellt: ein von ihm gemeinsam mit dem Techniker Robert Moog gebauter Riesen-Synthesizer. Dieses technische Unikat wird von eingefleischten Fans, die den „wunderbaren analogen Synthesizer-Klang" über alle Maßen loben, auch noch bespielt. Jeden Sonntag vormittag ist Synthesizer-Time: Das Gerät wird zur „Bearbeitung" für Freaks und solche, die es werden wollen, freigegeben.

Brand hatte übrigens Pech beim „Technologietransfer" aus den USA nach Österreich: Die Kisten mit dem wertvollen Gerät blieben wochenlang im Hamburger Hafen liegen und wurden vom Regen durchnäßt. Der Komponist verwendete die letzten vier Jahre seines Lebens dafür, das zerlegte elektronische Musikgerät wieder zusammenzubauen und in Gang zu setzen.

☞ Max-Brand-Archiv und Syntheziser im Hanak-Museum, Langenzersdorf, Obere Kirchengasse 23, So vormittags Besichtigung, Tel. 02244/294 73

Das Marchfeld und darüber hinaus
*Annie Rosar in Orth – Gerhard Fritsch in Niederweiden – Ernst
Mach in Untersiebenbrunn – Hans Knesl in Bad Pirawarth –
Ludwig Anzengruber in Wolkersdorf*

*Hinter den Apfelbäumen lag flach wie ein Brett die Ebene.
Außer Kartoffeln und Rüben war in diesem Herbst nichts
mehr zu ernten. Die verschleierte Sonne hing uralt über
den Stoppelfeldern. Der Septembernachmittag war voller
Spinnweben.*
*„Stinkfad dieses Marchfeld, eine Gegend, in der einem die
Füße einschlafen", meinte Mehlmann zu seinem Nachbarn
im schäbigen Fond der Kalesche. „Mir gefällt jede Ebene",
erwiderte Petrik. „Überhaupt wenn sie so still und leer ist
wie hier. Nur die Bohrtürme draußen stören ein bißchen."*

Der bekannte österreichische Nachkriegsautor Gerhard
Fritsch beschreibt in seinem 1956 erschienenen Roman
„Moos auf den Steinen" das Marchfeld als „stinkfade" Landschaft;
dieses Image haftet dem intensiv landwirtschaftlich genutzten Gebiet auch heute noch an. Als Ausflügler sollte man sich von Vor-
urteilen freilich nicht beeinflussen lassen – bei genauerem Hinse-
hen entdeckt man auch im flachen Osten verborgene Schätze.

Annie Rosar in Orth
„Der veruntreute Himmel" war ihr bekanntester Film. Aber mit-
gespielt hat sie in unzähligen großen und kleineren Produktionen,
mit leichten Abwandlungen meist die gleiche Figur darstellend:

die Köchin, die Bedienstete, die alt gewordene
Jungfer. Ein bißchen Monster, ein bißchen naiv, ein
bißchen harte Schale – aber immer mit einem her-
zensguten Kern. Mit ihrem Gesicht, ihrer Figur
war sie für „Charakterrollen" prädestiniert, denn
eine Schönheit konnte man sie bei Gott nicht nennen, dafür eine umso herzerfrischendere Schauspielerin. – Von wem ist in unserem kleinen Filmquiz die Rede?
Richtig, von ANNIE ROSAR (1888–1963).
Die Partnerin von O.W. Fischer, Hans Moser, Theo Lingen, Willi Birgel und unzähligen anderen Größen des deutschsprachigen

Films stammt aus dem dreißig Kilometer östlich von Wien gelegenen Orth an der Donau, genauer gesagt aus einem heute längst
umgebauten Bauernhaus, das an der *Hauptstraße* Richtung
Breitstetten liegt und die *Nummer 39* trägt. Noch immer wird es
von Nachkommen Annies namens Rosar bewohnt, zu sehen gibt
es aber weder vor noch im Haus irgend etwas Besonderes.

Also rasch nach Orth zurück, genauer gesagt ins *Schloß*, denn
dort ist eine Ecke des Prominentenzimmers im *Heimatmuseum*
„unserer Volksschauspielerin" gewidmet.

Zu sehen gibt es (bei schummrigen Beleuchtungsverhältnis-
sen): vergilbte Filmplakate, etwas bläßlich glänzende Medaillen
und ein „Bambi", Zeitschriftenfotos von der Bambiverleihung, auf
denen die Rosar neben Sophia Loren und Willi Birgel zu sehen ist,
eine Totenmaske und den Partezettel.

Das war's dann auch schon. Schade. Gern würde man auf einen Knopf drücken und einen Film, nein, eine Szene nur mit der
Rosar sehen ... Soll eben nicht sein.

 ☞ *Heimat- und Bienenzuchtmuseum sowie Fischerei- und Donau-
museum im Schloß Orth, 15. März bis 15. November Sa, So und
Fei 9–17 sowie Di–Fr 9–12 und 13–17 Uhr, Tel. 02212/25 55*

Gerhard Fritsch in Niederweiden

Am 22. März 1969, wenige Tage vor seinem 45. Geburtstag, beging GERHARD FRITSCH (1924–1969) Selbstmord. Er war einer

 der wenigen heimischen Nachkriegsautoren, die
nicht nur gedruckt, sondern auch eifrig gelesen
wurden.

In vielen seiner Gedichte sowie im 1956 erschienenen Roman „Moos auf den Steinen" spielt
das Marchfeld eine wichtige Rolle – als ein Stück
„unklassische" Heimat. Fritsch brach mit der idyl-
lischen Schilderung bizarrer und romantischer Alpenlandschaf-
ten, er beschrieb bewußt eine flache, unspektakuläre, unromanti-
sche Gegend. Seine neben „Moos auf den Steinen" wichtigsten
Werke sind die drei Versbände: „Lehm und Gestalt" (1954), „Der
Geisterkrug" (1955), und „Dieses Dunkel heißt Nacht" (1955).
1956 erhielt er den Förderungspreis des Österreichischen Staats-
preises für Lyrik; 1957 für „Moos auf den Steinen" den Österreichischen Staatspreis.

Schloß Niederweiden: Blick ins March-
feld – „… flach wie ein Brett die Ebene"

Ab 1959 konnte er seine Arbeit als wissenschaftlicher Referent der Wiener Städtischen Büchereien aufgeben und als freier Schriftsteller leben.

Dem Roman „Fasching" (1967) blieb die Anerkennung vorerst versagt. Er wurde in den frühen Siebzigern aber sogar ins Japanische und Französische übersetzt und 1995 in einer Taschenbuchausgabe neu aufgelegt.

Was hat Fritsch mit dem *Jagdschloß Niederweiden* zu tun, das neu und glatt renoviert allein auf weiter Flur mitten im Marchfeld steht? – Mit diesem Niederweiden sicher nichts mehr. Das von Johann Bernhard Fischer von Erlach um 1693 für Ernst Rüdiger von Starhemberg gebaute Anwesen ist – nach langen Jahren des zunehmenden Verfalls – zu einem properen Ausstellungslokal geworden, ein schnelles Wochenendziel bei regnerischem Frühlingswetter.

Nach dem Krieg sah es hier dagegen nicht nach Kunst, sondern eher nach morbidem Verfall aus. Was Fritsch offenbar gefallen hat – das „Schloß Schwarzwasser" in „Moos auf den Steinen" soll hier sein wahres Ebenbild haben.

Und dann kam auf einmal das Schloß in Sicht. Zwischen
den Stämmen und Ästen der Kastanien war es plötzlich
aufgetaucht. Der Damm mündete in die steinige Fläche des
Buschwerks, das etwas dichter zusammenrückte. Die Kale-
sche hatte das Ende der Kastanienallee erreicht. Die
Straße ging ein in weite Fläche, die durch ihr niedriges,
zähes, teppichartiges Gras einer ungarischen Dorfweide

142

glich. (…) Das also ist Schloß Schwarzwasser. Eine Ruine, einige Fensterhöhlen leer oder mit Brettern notdürftig vernagelt, viele Dachziegel zerbrochen und herabgefallen. (…) Langsam, melancholisch zerbröckelnde Vergangenheit in weltverlassener Gegend. Die Barockfassade hält alles noch ein wenig zusammen. Auch im Sterben ist Stil das letzte Gesetz.

Germanisten sind unterschiedlicher Meinung: Das Vorbild, so heißt es, könnte auch Hetzendorf, Schönbrunn oder die Kombination aus verschiedenen Schauplätzen gewesen sein, „Schwarzwasser" eine Metapher für das darniederliegende Österreich, an dessen Rettung und Auferstehung Fritsch, der große Patriot, glaubte und für die er arbeitete.

 Gerhard Fritsch:
Moos auf den Steinen, Salzburg 1956.

Ernst Mach in Untersiebenbrunn

Es dürfte ungefähr in meinem fünften Lebensjahr gewesen sein, als ich unter Begleitung meines Kindermädchens durch Zufall einen Blick in eine Windmühle erhielt. Wir hatten eine Post an den Müller zu bestellen. Die stehende Mühle kam bei unserem Eintritt in Gang. Der entsetzliche Lärm, der mich erschreckte, konnte mich nicht hindern, die Verzahnung der Welle zu sehen, welche in die Verzahnung des Mahlgangs eingriff und einen Zahn nach dem anderen fort schob. Dieser Anblick wirkte bis in mein reiferes Denken von dem Niveau des wundergläubigen Wilden zum kausalen Denken empor.

Vielleicht wäre ohne jene Untersiebenbrunner Windmühle aus ERNST MACH (1838–1916) nicht der weltberühmte Physiker  und Philosoph geworden, nach dem die „Machzahl" benannt ist – bekanntlich steht „Mach 1" für einfache, „Mach 2" für doppelte Schallgeschwindigkeit und so weiter.

Ernst Mach war im Alter von zwei Jahren mit seinen Eltern aus einem mährischen Nest namens Chirlitz nach Untersiebenbrunn gekommen. Er er-

Machgasse 1 in Untersiebenbrunn:
einzige Erinnerung an den Wissenschafter

innert sich, ein „schwaches elendes Kind" gewesen zu sein, „das sich sehr langsam entwickelte". Aus dem schwächlichen Kind wurde noch etwas, nämlich einer der letzten Universalgelehrten des Fin de siècle, eine Zentralfigur der Wiener Moderne, ein höchst anerkannter Philosoph, Naturwissenschafter, Wissenschaftstheoretiker und Volksbildner.

Im Schuljahr 1847/48 trat Mach in das Gymnasium des Benediktinerstiftes Seitenstetten ein, interessierte sich aber offenbar zu wenig für Latein. Die Lehrer rieten bald, den Knaben ein Handwerk lernen zu lassen. Also kehrte der Bub nach Untersiebenbrunn zurück, wo ihn sein hochbegabter Vater privat unterrichtete. Im liberalen Elternhaus wurde seine aufklärerische und soziale Gesinnung gefördert. Er schreibt über sich selbst: „Es soll nicht unerwähnt bleiben, daß die Jugend von E. Mach nach Niederwerfung der Revolution von 1848 in eine sehr reaktionär-klerikale Periode fällt. Deshalb bat der in einer liberalen Familie aufgewachsene Bursche den Vater, ihn das Schreinerhandwerk lernen zu lassen, um eventuell nach Amerika auswandern zu können. Dieser Wunsch wurde auch erfüllt." Er absolvierte also zwei Jahre eine Lehre bei einem Tischler im Ort; die Tischlerei existiert heute nicht mehr.

Mit 15 Jahren verließ er Untersiebenbrunn endgültig. Er trat in das Piaristengymnasium in Krems ein, studierte danach in Wien Mathematik und Physik und promovierte 1860. 1864 wurde er Ordinarius für Mathematik in Graz und erhielt 1867 eine Berufung auf den Lehrstuhl für Experimentalphysik in Prag, wo er später auch Dekan und Rektor wurde. 1895 erfolgte die Berufung auf den eigens für ihn geschaffenen Lehrstuhl für „Philosophie, insbesondere Geschichte und Theorie der induktiven Wissenschaften" nach Wien.

Vor allem in den Prager Jahren hatte sich der Wissenschafter internationale Reputation erworben. Zuerst verfaßte er eine Schrift „Über die Definition der Masse", die der Physiker und sozialdemokratische Politiker Friedrich Adler als Machs wichtigste Schrift ansah. Machs Hauptwerke „Die Mechanik in ihrer Entwicklung historisch-kritisch dargestellt" und „Die Prinzipien der Wärmelehre. Historisch-kritisch entwickelt" entstanden in den Jahren 1883 bzw. 1896. Zukunftsweisend bleibt Machs Eintreten für Gesellschafts- und Schulreform, Erwachsenenbildung, Frauenbewegung und Pazifismus. Er wird heute als einer der geistigen Väter der „Evolutionären Erkenntnistheorie", als Grundlagenphysiker, Vorläufer der Relativitäts- und Spieltheorie, als aktueller Wissenschaftstheoretiker und Universalgeist der Moderne angesehen.

Im Ort Untersiebenbrunn erinnert außer einer kurzen, am Friedhof vorbeiführenden nach ihm benannten Gasse nichts mehr an das Genie. Warum auch? Schließlich wurde Mach hier weder geboren, noch ist er hier verstorben. Gewohnt hat der junge Bursch zwar seinerzeit direkt unter der Kirche, im Haus *Hauptstraße 22*, aber das ist nicht so wichtig. Traktoren und Mähdrescher fahren eben noch lange nicht mit Überschallgeschwindigkeit.

 ☛ *Gemeinde Untersiebenbrunn,*
Tel. 02286/23 20

Hans Knesl in Bad Pirawarth

Der Bildhauer HANS KNESL (1905–1971) verbrachte seine Kinder- und Jugendjahre im Weinviertel, und zwar in Bad Pirawarth. In den Jahren von 1924 bis 1930 studierte er in Wien Bildhauerei und erhielt schon damals einige Preise und Auszeichnungen. Der Durchbruch gelang ihm nach dem Zweiten Weltkrieg: 1951 stell-

145

*Hans Knesl: Selbstbildnis,
Kurpark von Bad Pirawarth*

te er im Künstlerhaus in Wien aus, leitete ab diesem Jahr die Bildhauerklasse an der Akademie für angewandte Kunst und bekam den Österreichischen Staatspreis für Plastik verliehen.

In Antwerpen, Florenz, Paris und Rom wurden seine Werke gezeigt und erregten – in der prüden Nachkriegsära – Ärgernis. Heute kaum mehr verständlich, wurden Knesls Frauengestalten sowohl in Österreich als auch im Ausland heftig kritisiert; in Rom kamen zwei Figuren abhanden, andere wurden beschädigt. Gleichzeitig aber erhielt er auch Aufträge von öffentlichen Stellen.

Zahlreiche Plastiken Knesls sind im früheren *Kurpark von Bad Pirawarth* (das Heilbad wurde 1980 geschlossen) in ansprechender Umgebung zu sehen.

„Zwanzig Jahre einer persönlichen Entwicklung stehen einem plötzlich gegenüber. Die den verschiedenen Schaffensperioden zugehörigen Figuren formieren sich (...) zu lebendigen Gruppen, die miteinander und mit dem Betrachter im Dialog stehen. (...) Es wird der Blick sogleich auf die wuchtigen, breitgedrückten Weibsgestalten gelenkt, von denen eine bei der ersten Stadtparkausstellung (...) öffentliches Ärgernis erregt hat. (...) Hier ist dem Bildhauer wahrhaftig ein großer Wurf gelungen, und man kann gespannt sein, wie es nun weitergeht." – So schreibt die „Wiener Zeitung" im Dezember 1970 anläßlich der Eröffnung des *Knesl-Freilichtmuseums*. Weitergegangen ist es leider nicht. Hans Knesl starb im Sommer 1971 in Wien und wurde in einem Ehrengrab der Gemeinde Wien bestattet. Ein Rundgang durch den Park von

Pirawarth ist somit auch ein Spaziergang durch das Lebenswerk des Künstlers, eine zwanglose Annäherung an ein vielfältiges Schaffen. Besonders zwanglos nähern sich auch manche Jugendliche den mächtigen Steinfiguren, benützen sie abwechselnd als Kletterwand und Zielscheibe. Knesls Figuren ertragen ihr Schicksal mit Würde und stoischer Gelassenheit, gerade so, als ob sie denken würden: Besser solch eine Beschäftigung mit Kunst als gar keine.

☞ *Prof.-Knesl-Freilichtmuseum im ehemaligen Kurpark,*
Hauptplatz, Bad Pirawarth, jederzeit frei zugänglich
☞ *Gemeinde Bad Pirawarth, Tel. 02574/23 39*

Ludwig Anzengruber in Wolkersdorf

Im Ort an der Brünner Straße gab es immer schon guten Wein und gleichzeitig auch gute Einkehrgasthöfe. Einer davon ist der *Gasthof Anzengruberhof*, bewirtschaftet vom Ehepaar Franz und Johanna Bojanowsky. Das Gebäude ist in die Jahre gekommen – kein Wunder, in diesen 1783 erbauten Gemäuern, damals noch „Zum Goldenen Strauß", trafen einander schon 1814 Kaiser Alexander I. von Rußland und König Friedrich Wilhelm III. von Preußen, um von hier gemeinsam zum Wiener Kongreß zu reisen.

Benannt ist das Haus nach dem berühmten Gast LUDWIG ANZENGRUBER (1839–1889). Der Schriftsteller lebte hier von Mai bis Oktober 1874, wahrscheinlich war er auch schon 1873 da. Bereits mit den Stücken „Der Pfarrer von Kirchfeld", „Der Meineidbauer" und „Die Kreuzelschreiber" erfolgreich, war Anzengruber mit seiner kranken Mutter nach Wolkersdorf gekommen. Sie litt an Gicht und wurde hier von einem ebenfalls im Hause wohnenden Doktor namens Adalbert Hebetanz behandelt. Der Dichter, der intensiv an seinem Volksstück „Der G'wissenswurm" schrieb, war angeblich nicht sehr gesprächig und suchte auch keine Gesellschaft, hatte aber seine junge Frau mitgebracht.

Sein Wolkersdorf-Aufenthalt begann ihn bald zu langweilen. Mitte Juli 1874 flehte er seinen Verleger in einem Brief ziemlich drastisch an, ihm „bitte, um Gottswölln" etwas zum Lesen zu schicken, was der Verleger auch tat. Allerdings behagte Anzengruber die Auswahl nicht so ganz. Im nächsten Brief schrieb er:

„Alles mir übersandte habe ich akzeptiert, bis auf mitfolgende ,Bekannte und unbekannte Welten' von Jules Verne. Mit der bekannten schon hinreichend bekannt, gelüstet mich's gar nicht nach den unbekannten. Aufrichtig gesagt, das Buch ist recht spannend, nett, alles was man will, vielleicht sogar lehrreich, aber ich finde an solcher Verquickung von Phantasie, Wissenschaft, Roman und Naturhistorie keinen Geschmack."

Auch hoher Besuch kam zu ihm: Peter Rosegger bemühte sich in jenem Sommer nach Wolkersdorf – nur um Anzengruber zu sehen.

Seine Frau gebar in Wolkersdorf einen toten Knaben. Anzengruber korrespondierte häufig mit seinem Verleger und machte sich Sorgen um die Premiere vom „G'wissenswurm", die schließlich doch am 19. September stattfand. Und damit war auch die Wolkersdorfer Zeit schon wieder um.

In einer Art Kunst-Dialekt schreibend, vertrat Anzengruber soziale Anliegen, wetterte gegen Engherzigkeit und religiöse Intoleranz („Das vierte Gebot", 1877) und betrieb so auf seine Art Gesellschaftskritik. In seinen 19 Volksstücken, Romanen („Der Sternsteinhof", 1885) und Erzählungen beschrieb er vorwiegend die schweren Schicksale von Alpenbauern sowie Kleinbürgern im städtischen Milieu.

Zurück in den Anzengruberhof: Die Frau Wirtin und ihre Schwester sind Hüterinnen eines Miniatur-Museums. Es ruht in einer einfachen Pappschachtel, die nur für besondere Gäste geöffnet wird. Darin befinden sich alte Anzengruber-Ausgaben, Reclambändchen, verschiedene kopierte Blätter und zu guter Letzt auch noch ein abgegriffenes ledernes Geldbörsel: Diese Geldtasche, so schwören die Schwestern, habe einst Herrn Anzengruber höchstpersönlich gehört.

Die wahre Attraktion des Anzengruberhofes ist aber das „Stüberl". Ein Extrazimmer, voll mit Wandmalereien, deren Motive Anzengruber-Stücken entnommen sind. Angefertigt wurden die bemerkenswerten, in dunklen Farben gehaltenen Bilder 1931 von einem Wolkersdorfer Hobbymaler.

☞ Gemeinde Wolkersdorf, Tel. 02245/24 01-0
☞ Gasthof Anzengruberhof, Franz und Johanna Bojanowsky, Wolkersdorf, Wiener (= Brünner) Straße 15, Tel. 02245/23 69

Ein philosophierender Kaiser
und ein König der Musik

Marc Aurel in Carnuntum – Joseph und
Michael Haydn in Rohrau

Wir befinden uns im äußersten Osten Österreichs. Im flachen
Donauland. Rund fünfzig Kilometer entfernt von Wien besuchen wir zwei Männer, die völlig anderen Epochen angehören.
Es gibt keine Brücke, die man zwischen den beiden schlagen
könnte. Keine Idee, die sie verbindet. Außer, daß sie sich, hätten
sie zur gleichen Zeit gelebt, möglicherweise verstanden und angeregt über Kunst und deren Bedeutung für die Menschheit un-
terhalten hätten. Aber lassen wir solche Hilfskonstruktionen lieber weg. Der eine war Philosoph, im Nebenberuf römischer Kaiser. Der andere ein österreichischer Komponist, ein wichtiger
noch dazu. Der Österreicher wurde eintausendsechshundertelf
Jahre später als der Römer geboren. Und hatte nicht mehr das
Problem, gegen germanische Völker Krieg führen zu müssen.

Marc Aurel in Carnuntum

Carnuntum bestand zur Zeit, als das Heidentor gebaut wurde, bereits rund dreihundert Jahre. Es wurde bald nach Christi Geburt
als römisches Militärlager am Schnittpunkt der beiden wichtigen
Handelswege Bernsteinstraße und Donauweg gegründet; die Legio
XV Apollinaris wurde hierher verlegt. Die Stadt wurde sukzessive
erweitert und erstreckte sich ab 100 n. Chr. vom heutigen *Petro-
nell-Carnuntum* bis zur Ortsgrenze von *Bad Deutsch-Altenburg*.

Das Wahrzeichen Carnuntums ist das Heidentor, gleichzeitig
der einzige erhaltene markante Hochbau. Das Tor führte nie in einen Palast oder Tempel, es ist nicht das stehenge-
bliebene Portal einer römischen Burg, sondern ein
Triumphbogen, der an die hier abgehaltene Kai-
serkonferenz am 11. November des Jahres 308 erinnern sollte.

Der bekannteste Inwohner der längst unterge-
gangenen Stadt war der Kaiser und Philosoph
MARC AUREL (121–180).

Von seiner Lernbegierde, Wahrheitsliebe und Sportbegeiste-
rung schon in jungen Jahren wird berichtet. Kaum zwölf Jahre

Heidentor in Carnuntum:
erst nach Marc Aurel erbaut

alt, nahm er die Kleidung der Stoiker und ihre strenge Lebensart an. Kaiser Hadrian bestimmte ihn zum Nachfolger von Antonius Pius, der den siebzehnjährigen Marc Aurel im Jahr 138 aber gleich zu seinem Mitregenten ernannte. Diese Zeit war sowohl für Rom insgesamt als auch für Marc Aurel eine sehr harmonische, er widmete sich mit großer Hingabe dem öffentlichen Wohl; daneben beschäftigte er sich mit Philosophie.

Die ruhige Zeit war aber bald zu Ende. Es folgten Kriege, Katastrophen, Krankheiten und Erdbeben. Die Markomannen und Quaden drangen von Norden ins Reich ein. Beim Feldzug, der die beiden Kaiser über die Alpen führte, verstarb sein Mitregent Verus; nun herrschte Marc Aurel allein über das unruhig gewordene Römische Reich.

Im Jahre 172, vielleicht schon 171, kam Kaiser Marc Aurel nach Carnuntum, um persönlich einen Feldzug gegen die Markomannen und Quaden, die Carnuntum überrannt hatten, zu führen. Er und seine Soldaten drängten die Angreifer wieder über die Donau nach Norden zurück; auf dem Oberleiser Berg und in Stillfried an der March errichtete er nun römische Stützpunkte.

In die Zeit der Markomannenkriege fällt das angebliche „Blitz- und Regenwunder", das oft literarisch abgehandelt wurde. Im Jahr 172 soll ein Gewitter die römischen Soldaten, nachdem sie um Regen gebetet hatten, von ihren Qualen erlöst haben. Auch auf der Marc-Aurel-Säule in Rom ist dieses Wunder dargestellt.

Auf dem Heimweg von seinem letzten Feldzug gegen die Markomannen wurde der Kaiser von einer Krankheit heimgesucht und starb im März 180.

Trotz der schweren Feldzüge und Reisen fand Marc Aurel Zeit und Muße, um zu philosophieren und seine „Selbstbetrachtungen" zu verfassen. Den zweiten Teil seiner „Confessiones" schrieb er in seinem Hauptquartier in Carnuntum. Als Anhänger der Stoa beschäftigte sich Marc Aurel mit den Grundproblemen des Lebens: Freiheit, Vergänglichkeit, Glück, Unglück.

Die Dauer des menschlichen Lebens ist ein Augenblick, das Wesen ein beständiger Strom, die Empfindung eine dunkle Erscheinung, der Leib eine verwesliche Masse, die Seele ein Kreisel, das Schicksal ein Rätsel, der Ruf etwas Unentschiedenes. Kurz, was den Körper betrifft, ist ein schneller Fluß, was die Seele angeht, Träume und Dunst, das Leben ist ein Krieg, eine Haltestelle für Reisende, der Nachruhm ist Vergessenheit. Was kann uns da sicher leiten? Nur eins: die Philosophie. (…)
Geschrieben zu Carnuntum.

Marc-Aurel-Denkmal in Bad Deutsch-Altenburg:
Hier überschritt der Kaiser die Donau

151

Wo wohnte Marc Aurel in seiner Carnuntumer Zeit? Trotz der weitläufigen und gründlichen Ausgrabungen ist die Faktenlage dazu mehr als unsicher. Zumindest fünf verschiedene Hypothesen existieren, keine ist hieb- und stichfest:

– Die *Palastruine*. Dieses in den Fundamenten erhaltene Bauwerk unweit des Grabungszentrums war nachgewiesenermaßen kein Palast, sondern eine Therme.

– Der Bereich des *Schlosses Petronell*. Im Fundament des Abensperg-Traunschen Anwesens (mit schönem Innenhof!) wurden Steinblöcke gefunden, die auf römische Palastfundamente hindeuten könnten. Ernstzunehmende Archäologen sind aber davon überzeugt, daß sich an der Stelle, auf der heute das Schloß steht, einst das Forum befunden haben muß.

– Dritte These: Der spartanisch lebende Marc Aurel hat im *Lager* selbst gewohnt. Beweise dafür gibt es keine. Zur Besichtigung der Lagerreste fährt man auf der Ortsstraße von Petronell Richtung Bad Deutsch-Altenburg. Ein deutlicher Geländesprung rechter und linker Hand markiert die ehemals mächtigen Lagermauern. Vom Mauerwerk ist heute nur noch das Fundament des Südturms, der „Porta principalis dextra", zu sehen.

– Möglich ist auch die Variante, daß er fern der Stadt in einer Landvilla in Bruckneudorf oder Parndorf gelebt hat.

– Fünfte Möglichkeit: Er residierte im sogenannten *Statthalterpalast*, der direkt an der Donau lag und von dem heute große Teile in die Donau abgebrochen sind. Die Stelle, an der dieser Statthalterpalast stand, ist denkbar schwer zu finden und außerdem abgezäunt. Sie befindet sich an der von Bad Deutsch-Altenburg nach Petronell führenden Ortsstraße, und zwar rund 400 Meter westlich des „Lagertores", auf dem schmalen Saum zwischen Straße und Donauabbruch. Einige verwachsene Ruinenreste und Steinhaufen, einige im Zweifelsfall als Mauerwerk zu beschreibende Ziegelbrocken – das sind die kärglichen Reste des möglichen Quartiers vom Marc Aurel. Archäologen hatten vor einiger Zeit die Grundmauern zweier Säle von mehr als zwanzig Meter Länge und zweier kleinerer Gemächer freigelegt. Die Räume waren mit Unterflurheizung, Mosaikböden sowie prächtigen Wandmalereien ausgestattet. Statthalter waren hier sicher schon ab der Mitte des zweiten Jahrhunderts dauerhaft anwesend; Marc Aurel könnte also wirklich direkt am Donauufer abgestiegen sein.

Im Mittelpunkt jedes Carnuntum-Besuches steht aber die Besichtigung der Ausgrabungen der *Zivilstadt* und der rekonstruierten römischen Bauten. Diese Zivilstadt begann sich in der zweiten Hälfte des ersten Jahrhunderts zu entwickeln, rund ab dem Jahr 100 entstand eine Stadt. Achtung: Das, was man im Grabungsfeld noch an Fundamenten sieht, stammt aus der Zeit nach Marc Aurels Tod; die Stadt wurde im dritten Jahrhundert großzügig ausgebaut und erlebte erst danach ihre Hochblüte.

Ein beeindruckender Kunstbau ist die am Nordende des umzäunten Geländes zu sehende Pflasterstraße. Marc Aurel ist auf diesen Steinen nicht gegangen, denn in dieser Form wurde die „Via" erst zu Beginn des dritten Jahrhunderts angelegt.

Im Archäologischen Museum in *Bad Deutsch-Altenburg* finden sich einige Hinweise auf den Kaiser. Die Kopie einer Marc-Aurel-Statue, deren Original sich in Budapest befindet, eine Bronzebüste und natürlich Münzen mit dem Bildnis des Kaisers sind zu sehen.

Im Kurpark, direkt am Ufer der Donau, befindet sich ein *Denkmal* für Marc Aurel. Er soll genau hier im Jahre 171 die Donau überquert haben.

☛ Archäologischer Park Carnuntum, Hauptstraße 465, Tel. 02163/28 82, April bis Oktober täglich 9–17 Uhr ☛ Archäologisches Museum Carnuntum, Bad Deutsch-Altenburg, Badgasse 40–46 ganzjährig, täglich 10–17, Fr 10–19 Uhr, ausgenommen Karfreitag, 1. Mai, 1. November, 24. Dezember bis 6. Jänner, Tel. 02165/624 80

Joseph und Michael Haydn in Rohrau

Rohrau, rund vier Kilometer südlich von Petronell, neun Kilometer nördlich von Bruck an der Leitha und vier Kilometer von der

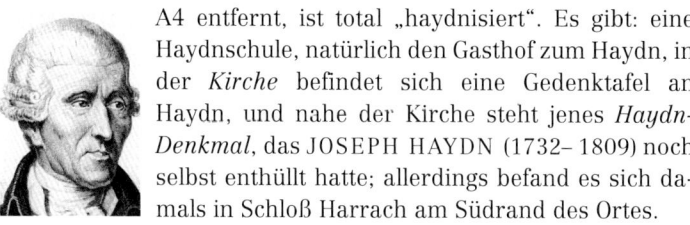

A4 entfernt, ist total „haydnisiert". Es gibt: eine Haydnschule, natürlich den Gasthof zum Haydn, in der *Kirche* befindet sich eine Gedenktafel an Haydn, und nahe der Kirche steht jenes *Haydn-Denkmal*, das JOSEPH HAYDN (1732–1809) noch selbst enthüllt hatte; allerdings befand es sich damals in Schloß Harrach am Südrand des Ortes.

Die – später ergänzte – Inschrift am Denkmal lautet: „Rohrau gab ihm das Leben im Jahr 1732 dem 1. April, Europa ungetheilten

Beifall, / Der Tod im Jahr 1809 den 31. May den Zutritt zu den ewigen Harmonien."

Der bedeutendste Komponist Niederösterreichs wurde am 1. April 1732 als Sohn eines Wagnermeisters geboren. Die Mutter war Angestellte des Schlosses Rohrau, das schon damals im Besitz der Grafen Harrach war; Haydn junior dürfte also – im 1776 barockisierten – Schloß ein- und ausgegangen sein. Bis zu seinem sechsten Lebensjahr wohnte der Knabe bei seinen Eltern in einem kleinen strohgedeckten Bauernhaus in der *Hauptstraße*, der heutigen *Haydn-Gedenkstätte*. Zu Haydns Zeiten bestand dieses Haus nur aus dem Geburtszimmer, der Küche und der Wohnstube. Diese Bereiche des Hauses wurden 1958/59 wieder in den ursprünglichen Zustand versetzt und 1982 völlig neu gestaltet.

Schon mit sechs Jahren kam Haydn zur musikalischen Ausbildung nach Hainburg, 1739 nach Wien.

„Er (Reutter) nahme mich also gleich zu sich in das Capell Hauß, allwo ich nebst dem Studiren die singkunst, das Clavier, und die Violin von sehr guten Meistern erlehrnete, ich sang allda sowohl bey St. Stephan als bey Hof mit grossen Beyfall bis in das 18te Jahr meines alters den Sopran", schreibt Haydn 1776. Er verdankt es der Intervention seines Vaters, daß sein schöner Sopran nicht für alle Zeit durch einen einzigen, entsetzlichen Schnitt „eingefroren" wurde. Komponieren brachte er sich selbst bei; seine ersten Streichquartette entstanden im Schloß Weinzierl bei Wieselburg.

1761 trat Haydn in die Dienste von Fürst Esterházy. Über 30 Jahre lang war er dessen Kapellmeister und schrieb Kirchenwerke, kleine Opern, Kammermusik. Haydn, der „Vater des Streichquartetts", wurde der erste Meister der sogenannten „Wiener Klassik" und galt vielen Zeitgenossen und Nachfahren als Vorbild. 1781 war er bereits europaweit ein „Star"; in diesem Jahr schloß er auch Freundschaft mit Mozart, der ihm ein wahrlich bewegendes Kompliment machte: „Keiner kann alles, schäkern und erschüttern, Lachen erregen und tiefe Rührung, und alles gleich gut als Haydn."

Als Esterházy 1790 starb, folgte der vielumworbene Haydn einer Einladung seiner englischen Verleger. Mozart riet ihm noch von der Reise ab, da er ja kein Englisch könne. Haydns berühmt gewordene Antwort lautete: „Meine Sprache versteht man auf der ganzen Welt."

Tatsächlich konnte sich der mittlerweile 59jährige Musiker bei seinen Englandaufenthalten gut verständlich machen. In seiner letzten Lebens- und Schaffensperiode entstanden die meisten bedeutenden Werke: die zwölf „Londoner Symphonien", „Die Schöpfung", „Die Jahreszeiten" sowie das „Gott erhalte", das „Kaiserlied".

Die wie zu Haydns Zeiten mit Schilf gedeckte *Gedenkstätte in Rohrau* ist perfekt ausgestattet. Begleitet von sanften Haydn-Klängen, schreitet man durch die Wohnstube, das Geburtszimmer und die alte Kuchl. Die Räume wurden mit Möbeln aus jener Zeit neu bestückt. In zwei weiteren Räumen wird das Musikerleben Haydns ausführllich dokumentiert. – Besonders bemüht ist man auch darum, den p.t. Besuchern die deutsche Abstammung der Familie Haydn zu erklären: „Auf alle Fälle stellt der Familienname Haydn in allen seinen Schreibungen ein uraltes deutsches Wort dar und ist weder vom Kroatischen noch vom Ungarischen abzuleiten."

MICHAEL HAYDN (1737–1806) hat das undankbare Los des jüngeren und unbekannteren Haydn gezogen. Bei so einem Bruder kann man nur in dessen Schatten stehen! Michael fiel vorerst (so wie der große Bruder) durch seine glänzende Sopranstimme auf, lernte Violine und Orgel, wurde bischöflicher Hofkapellmeister in Großwardein/Ungarn und komponierte in dieser Zeit seine ersten Stücke. 1762 ging er nach Salzburg, das er sehr liebte und wo er 1806 auch starb.

☛ Haydn-Geburtshaus in Rohrau Nr. 60, ganzjährig geöffnet, tägl. außer Mo 10–17 Uhr, Tel. 02164/22 68 ☛ Gemeindeamt 02164/22 04 ☛ Schloß Rohrau, Harrach, April bis Oktober, tägl. außer Mo 10–17 Uhr, Tel. 02164/22 52

An der Westbahn

*Josef Hoffmann in Purkersdorf – Wilhelm Kreß in
Purkersdorf und Tullnerbach – Ferdinand Ebner und Fritz
Grünbaum in Gablitz – Emil Jakob Schindler in Plankenberg –
Josef Weinheber und Wystan Hugh Auden in Kirchstetten*

Als Ausflugsziel ist die Gegend hier ist so alt wie die Bahn –
entlang der Westbahn enstanden Kolonien von Zweit- und
Wochenendwohnsitzen. Hans Weigel wies in einem ironischen
Text darauf hin, daß es zwei Kategorien von Wienern gebe: „Es
gibt immer noch Südbahnwiener und Westbahnwiener, Wiener
nämlich, die für Spaziergänge, Spazierfahrten, Ausflüge die Gegend jenseits von Hütteldorf – Weidlingau, Purkersdorf, Preß-
baum – der Gegend jenseits von Mauer vorziehen (…) und umge-
kehrt. (…) Immer wieder, mein Leben lang, und erst kürzlich wieder, hörte ich von Südbahnwienern: Die Westbahn ist so feucht.“
Zur Beruhigung: Es gibt auch an der Westbahn genügend trocke-
ne, „ausflugsfähige“ Tage.

Josef Hoffmanns Purkersdorfer Sanatorium

Eine Haltestelle der ÖBB-Westbahnstrecke heißt Purkersdorf-Sa-
natorium. Doch weder vom Zug aus noch vom Auto registriert
man des von Bäumen umfriedete *Sanatorium, Wiener Straße
60–70*, das im übrigen schon lange kein Sanatorium mehr ist,
sondern, Stand Anfang 1996, ein schön renovierter Baukörper,
der nur noch keinen geeigneten Nutzer hat. Gebaut hat das
berühmte Haus der ebenso berühmte Architekt
JOSEF HOFFMANN (1870–1956).

Der Wagner-Schüler Hoffmann war einer der
Mitbegründer der Secession. 1899 wurde er an die
Kunstgewerbeschule berufen; 1903 gründete er
gemeinsam mit Koloman Moser die Wiener Werkstätten. Er setzte einen Kontrapunkt zur wuchern-
den Phantasie des Jugendstils; vor allem die frühen Arbeiten der
heute noch hochgeschätzten Wiener Werkstätten waren von einfachen geometrischen Mustern, insbesondere Quadraten, bestimmt. Hoffmann betonte Schwarzweißkontraste.

Der „Universalkünstler“ entwarf Möbel, Schmuckstücke, Stoffe
und Kleider – und Bauwerke. Das Sanatorium Purkersdorf, das

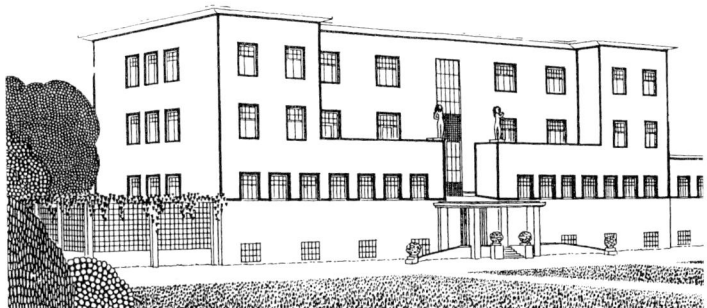

*Sanatorium Purkersdorf: Entwurfsperspektive von Josef Hoffmann,
Ansicht von Nordwesten*

1904 bis 1906 entstand, ist ein frühes Hauptwerk des Künstlers, Auftraggeber war der Industrielle Victor Zuckerkandl.

„Frei von jedem Dekor wurden die Baukörper in ihrer kubischen Schärfe zueinandergestellt, das flache Dach war eine weitere Konsequenz. Die Symmetrie wurde noch beibehalten, aber durch die Reduktion der Gestaltungsmittel wurde die Schönheit der schmuckfreien Proportion entdeckt, und so wurde dieses frühe Werk Hoffmanns den Arbeiten des genialen Zeitgenossen Adolf Loos verwandt", schreibt Günther Feuerstein in der biographischen Chronik „1000 Jahre Österreich".

Hoffmann entwarf gemeinsam mit Koloman Moser auch sämtliche Einrichtungsgegenstände selbst – dies beleuchtet sein Streben nach totaler ästhetischer Kontrolle. 1904 baute er den Stuhl „Purkersdorf". Sogar ein Bösendorfer-Flügel wurde von ihm umgebaut. Er befindet sich heute im *Festsaal der Gemeinde Purkersdorf*. Große Teile der Inneneinrichtung wurden nach der „Arisierung" im Jahr 1938 verkauft, nur wenige gerettete Fundstücke befinden sich im *Purkersdorfer Heimatmuseum*, das sich im ehemaligen Wasserschloß am Hauptplatz 6 befindet. Geschirr, Lampen und ein Tisch sind zu bewundern; auch einige Fotos aus der Zeit, als das Sanatorium noch komplett eingerichtet war.

☛ Stadtgemeinde Purkersdorf, Hauptplatz 1, Tel. 02231/36 01 ☛ Sanatorium Purkersdorf, Wiener Straße 60–70, Architekt Klaus KG, Tel. 02231/37 11 ☛ Heimatmuseum im Schloß Purkersdorf, Hauptplatz 6 (hinter der Kirche), Anmeldung bei Herrn Johann Wolmuth, Tel. 02231/33 74

Der Flugpionier Wilhelm Kreß in Purkersdorf

Weil wir gerade im *Heimatmuseum Purkersdorf* waren: Vier Fotos
stechen dort zwangsläufig ins Auge, Bilder, die irgendwie an den
Vorspann zum legendären Kinofilm „Die tollkühnen Männer in
ihren fliegenden Kisten" erinnern. Sie zeigen ein offensichtlich de-
moliertes Fluggerät am Ufer des nahegelegenen *Wienerwaldsees*
bei Tullnerbach. – Der Erbauer des Apparats war der in St. Pe-
tersburg geborene Klavierbauer und Klavierstimmer WILHELM
KRESS (1836–1913). Die Fotos stimmen traurig: Kreß' Karriere
ging mit diesem spektakulären „Bruch" für immer zu Ende.

Am 3. Oktober 1901 hatte Kreß das Unmögliche gewagt: Das
Flugzeug mit dem zu schwachen Motor glitt auf Schienen ins
Wasser, der Motor brüllte auf, die Maschine fegte übers Wasser,
und angeblich – angeblich! – hob das schwerfällige Fluggefährt
sogar einige Zentimeter von der Wasseroberfläche ab.

Wurde der See zu kurz? War es, wie es hieß, wirklich eine hef-
tige Windböe, die es verhinderte, daß Wilhelm Kreß in die Un-
sterblichkeit einging? Oder war doch der Motor zu schwer? Gott
sei Dank blieb Kreß unverletzt, was man vom Apparat nicht sagen kann. Die geborstenen Spanten, die verbogenen Drähte und
der abgesoffene Motor waren für nichts, für gar nichts mehr gut.
22 Jahre hatte Kreß gebraucht, um das nötige Geld für sein Was-
serflugzeug beisammen zu haben – nun hatte er es verbraucht
und gab auf.

Am Stauseeufer, unmittelbar neben der Straße, steht ein einsa-
mes Denkmal, das an den erfolglosen Flugpionier erinnert.

Ferdinand Ebner in Gablitz

Die *Ferdinand-Ebner-Schule* findet sich in der *Ferdinand-Ebner-
Gasse*, die in der Höhe des Gasthauses Stadlmaier von der Linzer
Straße Richtung Hauptstraße abführt. Ob es ein gutes Omen war,
den Philosophen und Lehrer FERDINAND EBNER (1882–
1931) als Namenspatron der Schule einzusetzen? „Wenig Freude
am Unterricht, todmüde und lebensmüde aus der Schule gekommen", vertraute er hier in Gablitz seinem Tagebuch an.

In Wiener Neustadt geboren (➤ Ebner in Wiener Neustadt, S.
223 f.), erhielt er nach dem Besuch der Lehrerbildungsanstalt im
Jahr 1902 seine erste Anstellung als Volksschullehrer in Waldegg
im Piestingtal (➤ Ebner in Waldegg, S. 235). 1912 wurde er dann

nach Gablitz versetzt. Er lebte hier sehr zurückgezogen und einsam in der *Hauptstraße 29*, einem langgestreckten Bau neben dem Hotel Austria. Eine Gedenktafel erinnert an ihn.

Im *Museum* der Gemeinde, das im Gebäude der Raiffeisenkassa in der *Linzer Straße 62* untergebracht ist, sind neben Fotos und biographischen Informationen auch Ebners Schreibtisch und sein Bücherkasten zu sehen.

Daß der Lehrer und Philosoph Ebner im Ort beliebt gewesen wäre, kann man wahrlich nicht sagen, er wurde eher als

Ferdinand-Ebner-Schule in Gablitz:
„todmüde und lebensmüde"

Sonderling betrachtet. Ein ehemaliger Schüler, befragt zur Person des philosophierenden Lehrers, antwortete etwa: „Herr Ebner ging immer mit gesenktem Kopf, die Hände am Rücken verschränkt. Wenn man ihn grüßte, hatte man das Gefühl, er sähe einen nicht, er schaute durch uns durch, wie jemand aus einer anderen Welt."

Im Winter 1913/14 entstand sein erstes größeres philosophisches Werk „Ethik und Leben – Fragmente einer Metaphysik der individuellen Existenz". Sein Hauptwerk „Das Wort und die geistigen Realitäten" erschien 1921.

Ebner gilt als ein Vertreter des katholischen Existentialismus, war Mitarbeiter im „Brenner"-Kreis und mit dem Philosophen Martin Buber Urheber der Philosophie des Ich-Du-Verhältnisses. „Es gibt zwei Tatsachen, nicht mehr, des geistigen Lebens, zwei Tatsachen nämlich, die sich zwischen dem Ich und Du zutragen; das Wort und die Liebe. In ihnen liegt die Erlösung des Menschen, die Befreiung seines Ichs aus seiner Sichselbstausschließung",

formulierte Ebner. Und wurde von seinem Freund, dem Zwölfton-
musiker Hauer, heftig als „Evangelienliterat" kritisiert.

Ferdinand Ebner starb 49jährig; er ist am Gablitzer Friedhof
begraben.

 ☞ *Heimatmuseum Gablitz, Berthold Weiß,*
Voranmeldung bei der Gemeinde, Tel. 02231/34 66

Fritz Grünbaum in Gablitz

Kennen Sie das? Oder besser gefragt: Wer kennt das nicht?

Ich hab' das Fräul'n Helen'
Baden 'seh'n,
Das war schön!
Da kann man Waden seh'n,
Rund und schön
Im Wasser steh'n!

Dieser unvergleichliche und unvergessene Gassenhauer stammt
vom Kabarettisten FRITZ GRÜNBAUM (1880–1941), der im sogenannten Artistenheim in Gablitz zwischen 1913 und 1919 mehrere Wochenenden und Urlaube verbrachte.

Fritz Grünbaum spielte gemeinsam mit Wiener Freunden und
Gablitzern im *Gasthaus Stadlmeier, Linzer Straße 80*, Theater
und Kabarett. Dieses Gasthaus stand gleich neben dem *Artistenheim* und lag damals wie heute direkt an der Linzer Straße. Das
Artistenheim selbst gibt es nicht mehr, es stand dort, wo sich heute der Gasthausparkplatz breitmacht. Eine Gedenktafel am Gasthaus erinnert an Grünbaums Auftritte.

Emil Jakob Schindler in Plankenberg

An der Hauptstraße zwischen Neulengbach und Tulln liegen
Schloß und Ort Plankenberg.

„Der Winter 1884 bringt die Erfüllung von Schindlers geheim-
sten, nie ausgesprochenen, kaum gedachten Wünschen: Jenseits
des Wiener Waldes, zwischen Neulengbach und Tulln, steht in einem alten Park (fast der Garten seiner Träume) ein altes Schloß,
zum Fürst Karl Liechtensteinschen Besitz Neulengbach als Ernte-
schloß gehörig. Ein zwei Stock hoher, von von steilem Dach ge-
krönter rechteckiger Bau aus dem 15. Jahrhundert. Ein Zwiebelturm mit Uhr in barocker Form bildet den einzigen Schmuck der

Front. Der zwei Joch große Park zeigt nur noch Spuren einer stilvollen Anlage, vor allem ein prächtiges barockes Kellerportal, von mehreren hundertjährigen Linden flankiert." Der Verfasser dieser Zeilen ist Carl Moll, Schüler des Landschaftsmalers EMIL JAKOB SCHINDLER (1842–1892). Schindlers Tochter, die später

ebenfalls berühmt gewordene Alma Mahler-Werfel, schreibt in ihrer Biographie über ihre Kindheit auf Schloß Plankenberg: „Aus diesen Aussprüchen kann man ersehen, daß ich wie eine Prinzessin in schönster Natur dahinlebte. Mein Vater wurde der Künder gerade dieser Natur. Um Österreichs Natur zu kennen, braucht man nur die Bilder meines Vaters zu sehen (...), dann versteht man sie. Meine Kindheit verbrachte ich meist in diesem alten Schlosse. Es war für mich voll Grauen, Legenden und Schönheit. Man sagte, ein Gespenst ginge um, und wir Kinder fürchteten uns ganze Nächte davor."

Schindler war – als geistiger Erbe Ferdinand Waldmüllers – das Haupt der gemäßigten impressionistischen Wiener Landschaftsmaler. Seine Tochter huldigt ihrem Vater: „Ich bin die Tochter eines großen Monumentes, gewissermaßen. Mein Vater, Emil J. Schindler, das Vorbild meiner Kindheit, kam aus einem al

Emil Jakob Schindler (3. v. li.) gemeinsam mit Frau,
Kindern und Freunden im Garten von Plankenberg

ten Patrizierhaus. Er war der bedeutendste Landschaftsmaler der österreichischen Monarchie."

Schindler reiste viel, bekam den Auftrag, alle adriatischen Küstenstädte in Tusche zu zeichnen. Bekannt wurden vor allem seine Wachau-Bilder, aber auch in Plankenberg schuf er sehr viele Landschaften. Die „Parklandschaft in Plankenberg" befindet sich etwa in der Österreichischen Galerie im Wiener Schloß Belvedere; eines der bekanntesten Werke, „Die Landstraße bei Plankenberg", ist im Niederösterreichischen Landesmuseum zu sehen.

Das Schloß Plankenberg befindet sich in Privatbesitz und ist nicht zugänglich. Man kann aber auf einem netten kleinen Spaziergang das frühbarocke Schloß mit dem großen Zwiebelturm umrunden.

Josef Weinheber in Kirchstetten

Kirchstetten

(...)
Da die Kirche, der Friedhof, der Wirt:
Wie's dem Leben und Sterben gebührt,
alles nah bei der Hand und im Orte;
die paar Dorfgassen, Giebel und Haus,
und schon läufts in die Flurbreiten aus,
hanghinauf zieht der Wald seine Borte.

Der brave Heimatdichter: Das ist ein Gesicht des österreichischen Lyrikers Josef Weinheber. Das zweite Gesicht ist dasjenige, das er mit der Vorlage seines Lyrikbandes „Wien wörtlich" herzeigte:

Wir durften uns bestaunen
auf einer Filmleinwand,
wo uns, ein Volk von Clownen,
der Heurige verband.
Der Schubert und die Reben:
Wir fandens fesch und gut
und lebten unser Leben
gestellt von Hollywood.

Für diese und ähnliche Verse wurde er geliebt, gerühmt, und geehrt und mit Preisen bedacht – JOSEF WEINHEBER (1892–1945) kam nach einer unendlich harten Kindheit im Waisenhaus

(➤ Weinheber in Mödling, S. 184) und seinen ersten literarischen Gehversuchen ab 1920 im Jahr 1935 zu allergrößtem Ruhm. Von 1911 bis 1932 hatte er als Postbeamter gearbeitet, danach von einer kleinen Pension und – immer mehr – von seinen Einkünften als Autor gelebt. Zeit seines Lebens verherrlichte er die deutsche Sprache.

Damit sind wir auch schon beim dritten Gesicht des Josef Weinheber, nämlich seiner mehr als problematischen Haltung zum Dritten Reich. Er war ein „Illegaler", bereits ab 1931 Mitglied der NSDAP, 1933 Fachberater für Schrifttum des Rosenbergschen „Kampfbundes für deutsche Kultur" und zählte 1936 zu den Mitbegründern des „Bundes deutscher Schriftsteller Österreichs". Zwar trat er 1936 wieder aus der Partei aus, doch das hinderte ihn nicht, 1938 dem Führer Adolf Hitler im „Bekenntnisbuch österreichischer Dichter" den „Hymnus auf die Heimkehr" zu widmen. Es sollte nicht seine letzte Lobpreisung der Nazis werden; 1942 trat er auch wieder in die Partei ein – um den Nazis Gelegenheit zu geben, die Feier zu seinem Fünfziger einem Parteigenossen zu widmen.

Schauen wir zwischenzeitlich das vierte Gesicht Weinhebers an: das des simplen Menschen. Und schauen wir nach Kirchstetten, dem Ort, der ihm ab 1937 bis zu seinem Selbstmord im Jahr 1945 Heimat wurde.

Im März 1936 ersteigerte er eine alte Villa im *Kirchstettner Ortsteil Hinterholz*; das *Haus Nummer 28* hatte bis dahin als Pension und an Wochenenden als Waldschenke gedient. Weinheber ließ das Haus, das er später Aigenhof nannte, nach seinem Geschmack umbauen und einrichten und zog am 1. April 1937 mit seiner Frau Hedwig ein – vorerst nur in den Sommermonaten. Ab 1941 gingen die Weinhebers dann ganz aufs Land. Der Dichter hatte sich hier draußen gut, fast zu gut eingelebt: Er war dem Alkohol zugetan, lieferte in den Dorfwirtshäusern mit Zechkumpanen manches Gelage.

Es gilt hier nicht zu richten und zu urteilen: Weinheber hatte nach einer traumatischen Jugend endlich Erfolg und wollte ihn

163

Die Schreibmaschine Josef Weinhebers,
Gedenkstätte in Kirchstetten

mit allen Mitteln bewahren. Er verkehrte mit den lokalen Spitzen der NSDAP ebenso wie mit Baldur von Schirach und wurde von Parteiveranstaltung zu Parteiveranstaltung gereicht; wie Dorfbewohner erzählten, gingen die NS-Bonzen bei ihm ein und aus. Er war, so eine gängige Einschätzung, eher ein Verführter als ein Verführer, eher ein Opportunist als ein militanter Nazi, ein Mitläufer eben, der sich, wie eine Kirchstettnerin erzählt, „das Parteiabzeichen nur ang'steckt hat, wenn irgendeiner von den Bonzen gekommen ist." Der Literaturwissenschaftler Konstantin Kaiser widerspricht dieser Ansicht vehement: Weinheber habe schon bei der Vorbereitung der Auslöschung Österreichs durch Hitlerdeutschland eine aktive Rolle gespielt – „nicht als Bombenleger und antisemitischer Stänkerer, sondern auf seinem eigenen Arbeitsgebiet, dem der Literatur".

Vor diesem Hintergrund ist die Arbeit Weinhebers zu sehen, sein Werk nicht losgelöst von seiner tragisch-problematischen Biographie zu verstehen. Am 8. April 1945 – er war bis zuletzt als Angehöriger des Volkssturms im Haus verblieben – vergiftete er sich mit einer Überdosis Morphium. Er hat sich damit die Chance seiner eigenen Rehabilitierung genommen – seine Entschuldigungen in Gedichtform bleiben unbestimmt und vage.

Abgesehen von aller Problematik – oder gerade deshalb – ist es von großem Interesse, die *Weinheber-Gedenkstätte in Kirchstetten 21* an der Westbahn zu besuchen. Foyer, Gang, Arbeits- und Wohnzimmer sind fast unberührt, Weinhebers zum Teil selbstkonstruierte Einrichtungsgegenstände zur Gänze erhalten, auch die geliebte und gern gespielte Gitarre hängt noch an ihrem Platz. Dazu kommt ein umfassendes *Weinheber-Archiv.* Das Haus befindet sich weit außerhalb des kleinen Ortes, der Weg dorthin ist ausgeschildert. Hinter dem Haus befindet sich das *Grab des Dichters.*

 ☛ *Weinheber-Haus, Kirchstetten 28,*
Tel. 02743/89 89, nur nach Voranmeldung
 Christian Weinheber-Janota (Hg.):
Das große Josef Weinheber Hausbuch, Wien 1995.

Wystan Hugh Auden in Kirchstetten

Abgestempelte Feinde vor zwanzig Jahren,
jetzt Nachbarn Tür an Tür,
wären wir vielleicht Freunde geworden,
die eine gemeinsame Umwelt und die Liebe zum Wort teilen.

Diese Zeilen stammen vom englischen Schriftsteller WYSTAN HUGH AUDEN (1907–1973), der sich einige Jahre nach Weinhebers Tod in Kirchstetten ansiedelte, und zwar in einem pittoresken,  kleinen, nur wenige Minuten vom Weinheberschen Anwesen entfernt liegenden Haus. Der im englischen York geborene Dichter kam 1958; er verbrachte hier mit seinem Lebensgefährten Chester Kallman die Sommermonate.

Auden hatte 1937 auf Seiten der Republikaner am Spanischen Bürgerkrieg teilgenommen, war lange Jahre sozial und politisch engangiert und mußte 1939 in die USA emigrieren. Schon in den dreißiger Jahren erreichten seine Gedichtbände Riesenauflagen, in den folgenden Jahren schrieb er viele Libretti und auch „Langgedichte", darunter die preisgekrönte Eloge „Das Zeitalter der Angst" („The Age of Anxiety"). Er versäumte es auch nicht, über seine österreichische Wahlheimat zu schreiben:

Pfingstsonntag in Kirchstetten:
Komm, Schöpfer Geist, plärr ich, während Herr Beer
unseren Obulus einsammelt und Pfarrer Lustkandl
still mit dem Opfer fortfährt,
wie Rom es tut. Draußen vollziehen Auto-Anbeter
den rituellen Exodus aus Wien,
den ihr Erfolgskult verlangt, obwohl sie
wie ihre Fußgängerväter die Zeit nach der
jüdischen Woche und dem christlichen Jahr berechnen.

Das am Waldrand von *Hinterholz/Kirchstetten* in unmittelbarer Nachbarschaft des Weinheber-Hauses gelegene *Auden-Haus* steht unter Denkmalschutz und wurde sorgfältig renoviert. Im Dachgeschoß können zwei Gedenkräume besichtigt werden. Zu sehen ist das Arbeitszimmer und ein Dokumentationsraum; eine Widmung Theodor Csokors an Auden ist ebenso vorhanden wie zahlreiche Auden-Ausgaben und Fotografien aus der Kirchstettner Zeit. Um 90 Schilling sind Audens „Poems. Kirchstettner Gedichte 1958–1973" erhältlich. Das Haus, in dem sich die Gedenkstätte befindet, ist bewohnt. Wenn die Besitzer da sind, öffnen sie die Tür. Sicherer ist aber eine Voranmeldung bei der Gemeinde.

🛈 ☛ Gedenkstätte für W. H. Auden, Kirchstetten, Hinterholz 6, Anmeldung bei der Gemeinde, Tel. 02743/82 06

📕 Wystan Hugh Auden: Poems. Kirchstettner Gedichte 1958–1973, St. Pölten 1983.

Auden-Haus in Kirchstetten: englischer Schriftsteller in seiner Wahlheimat

Eine Reise durch die Vorstadt
*Thomas Ebendorfer, Josef Hyrtl, Christoph Willibald Gluck,
Hugo Wolf, Hans Fronius in Perchtoldsdorf – Mark Twain in
Kaltenleutgeben – Rudolf Steiner und Sepp Hubatsch in Brunn
am Gebirge – Hans Weigel in Maria Enzersdorf*

Perchtoldsdorf, Brunn am Gebirge, Maria Enzersdorf und auch Kaltenleutgeben gehören zum verstädterten Großraum Wien; Perchtoldsdorf geht überhaupt nahtlos in Liesing, den 23. Wiener Gemeindebezirk über. Das soll uns nicht davon abhalten, diese Orte zu besuchen, denn sind sie einerseits fast schon Großstadt, doch sie haben alle einen „Hinterausgang", und der führt direkt ins Grüne, in den Wienerwald.

 ☛ *Gemeindeamt Perchtoldsdorf, Kultur- und Fremdenverkehrs-referat, Marktplatz 11, Tel. 0222/866 83-34 od. -52*

Thomas Ebendorfer in Perchtoldsdorf
Perchtoldsdorf, dieser wunderschöne alte Ort, ist eines der No-belquartiere Österreichs; irgendwie schon am Land und doch noch in der Stadt.

Stadtturm von Perchtoldsdorf: erbaut von Thomas Ebendorfer

167

Das Ortsbild wird vom mächtigen *spätmittelalterlichen Wehrturm* dominiert. Dieser in den Jahren 1440 bis 1521 errichtete Turm ist die erste Station unseres Rundgangs. Man sollte ins Innere gehen und die schmale Wendeltreppe nach oben steigen. Abgesehen davon, daß in der ehemaligen Türmerstube ein Museum zur Ortsgeschichte eingerichtet ist, kann man sich von hier auch einen guten Überblick über den Markt und das umliegende Land verschaffen.

Im Erdgeschoß – und das ist der eigentliche Zweck des Besuchs – befindet sich die *Nikolauskapelle* mit einer Grabplatte für THOMAS EBENDORFER (1388–1464). Der in Haselbach bei Korneuburg geborene, zum großen Gelehrten des 15. Jahrhunderts avancierte Theologe und Priester war in der Neige seines Lebens Pfarrer in Perchtoldsdorf; hier wurde er auch begraben. (➤ Ebendorfer in Haselbach, S. 125 f.)

Ebendorfer war nicht nur als Wissenschafter aktiv. Während seiner Amtszeit in Perchtoldsdorf ließ er das Langhaus der Pfarrkirche bauen. Unter seiner „Regentschaft" wurde auch der Bau des Wehrturmes begonnen. Eine *Gedenktafel* an der *Außenmauer der Kirche* erinnert an ihn. Man sollte natürlich auch die von Ebendorfer maßgeblich mitgestaltete *Pfarrkirche St. Augustin* besuchen. Nahe dem Haupteingang befindet sich die Martinikapelle, ein in den Jahren 1512 bis 1520 erbauter gotischer Karner.

Museum im Wehrturm, Palmsonntag bis Anfang November an So und Fei 10–12 Uhr, außerhalb der Öffnungszeiten nach Voranmeldung, Tel. 0222/866 83-34

Josef Hyrtl in Perchtoldsdorf

Vom kleinen Park neben der Kirche führt leicht bergan die *Hyrtlgasse* weg. Man geht einige Schritte und erreicht sogleich das sogenannte *Hyrtlhaus, Hyrtlgasse 1*. Darin befindet sich eine ansprechend gestaltete *Gedenkstätte* für den berühmten Anatomen und Mediziner JOSEF HYRTL (1810–1894).

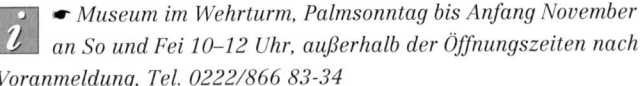

Mit 27 Jahren war er bereits Professor der Anatomie an der Medizinischen Fakultät der Pager Universität; 1845 wurde er zurück nach Wien geholt. Er sollte die „Wiener anatomische Schule" zu einem Höhepunkt führen. Besonders bekannt ist sein in viele Sprachen über-

setztes „Lehrbuch der Anatomie des Menschen". Hyrtl verbesserte die anatomische Technik durch neue Injektionsverfahren und war ein hervorragender Präparator. Er versorgte fast alle anatomischen Museen der Welt mit Präparaten. Mit dem Erlös aus dem Verkauf seiner histologischen und Skelettpräparate gründete er das Museum für vergleichende Anatomie.

1869 zog er sich nach Perchtoldsdorf, in eben jenes nette Haus in der Hyrtlgasse, zurück. Zuerst diente es ihm nur als Sommerwohnsitz, doch bald wohnte er ständig da. Heute können hier zwei Gedenkzimmer besichtigt werden. Das Haus selbst bot dem zurückgezogen lebenden Wissenschafter allerdings nicht genug Ruhe. So mietete er den dem Haus direkt gegenüberliegenden *Südturm der Burg* als Arbeitsplatz dazu. (➤ Hyrtl in Mödling, S. 183 f.)

 ☛ *Hyrtl-Museum in Perchtoldsdorf, Hyrtlgasse 1, Palmsonntag bis Anfang November, Sa, So, Fei, 10–17 Uhr, ansonsten Tel. 0222/866 83-34*

Christoph Willibald Gluck in Perchtoldsdorf

Die längste Zeit seines Lebens war der in der bayrischen Oberpfalz geborene CHRISTOPH WILLIBALD GLUCK (1714–1787) in Wien wohnhaft; erst im Alter kaufte er ein Haus am Lande – und zwar in  der *Wiener Gasse 22* in Perchtoldsdorf. Die stark befahrene Straße führt unterhalb der Kirche stadtauswärts. – Im großen Garten des Gluckschen Anwesens gab es Feste und Feuerwerke; erst knapp vor seinem Tode verkaufte er das Haus wieder.

Eine der Kompositionen aus der Perchtoldsdorfer Zeit ist der 130. Psalm „De profundis clamavi ad te domine" –„Aus der Tiefe rufe ich zu dir, o Herr". Ein preußischer Hofkapellmeister beschreibt einen Besuch in Perchtoldsdorf:

„Der greise höchst stattliche Mann empfing mich, von seinen Leuten umringt. (…) man setzte sich an eine Tafel, die sehr ansehnlich bestellt war (…). Nach dem Essen setzte sich der Komponist ans Klavier und trug seine Komposition vor."

Eine Gedenktafel am ehemaligen, mehrmals umgebauten Wohnhaus in der Wiener Gasse 22 erinnert an den Komponisten.

Rund 60 Jahre später verbrachte einige Häuser weiter, in der *Wiener Gasse 9*, Franz Grillparzer den Sommer des Jahres 1846.

Hugo Wolf in Perchtoldsdorf

*Das Klavier fand ich fast gar nicht verstimmt, das Kom-
pott von Marie noch immer in gutem Zustande. Küche und
Vorzimmer waren blank gescheuert und jedes Ding war an
seinem Platze. Dies alles zusammen genommen wirkte
schon äußerst beruhigend auf mich ein. Was aber will das
besagen im Vergleich zu dem tiefen Frieden, der mich hier
umgibt, der mich den so schmerzlich entbehrten Wonnen
der Einsamkeit wieder in die Arme führt, der mich mir selber wiedergibt? Dieses unbeschreibliche Gefühl der völligen
Abgeschlossenheit wirkt geradezu betäubend auf mich ein,
fast fange ich an, mich vor mir selber zu fürchten, denn es
will mir scheinen, als wäre ich in der kurzen Zeit meines
Hierseins ein anderer geworden. Es ist 8 Uhr abends und
ich benütze die einbrechende Dämmerung zu einem Spaziergang auf den nächstgelegenen Hochberg.*

Der Komponist HUGO WOLF (1860–1903) war wieder einmal
nach Perchtoldsdorf übersiedelt und ganz verzückt. Das Haus, in
dem er wohnte, befindet sich in der *Brunner Gasse 24–26.* Die
enge Brunner Gasse ist die Verlängerung des
Hauptplatzes Richtung Süden; man geht sie entlang, bis die Straße eine merkliche Biegung macht.
In ebendieser Kurve befindet sich das typische
stattliche Weinhauerhaus aus dem 16. Jahrhundert mit der Gedenkstätte.

Wolf, als Sohn eines Lederermeisters in Windisch-
graz, dem heutigen Slovenj Gradec in Slowenien geboren, entdeckte Perchtoldsdorf vorerst als Besucher der Familie Werner,
den Besitzern des Hauses in der Brunner Gasse.

Von 1888 bis 1897 kam er dann immer wieder, auch für längere Zeit, und schuf hier etliche seiner bedeutendsten Werke. In einem Brief schreibt Wolf, daß hier in Perchtoldsdorf eine wahre
„Liedersintflut" bei ihm ausgebrochen sei.

In diesen neun Jahren schuf er sein Lebenswerk; es war die
kreativste Phase seines Lebens. In der Brunner Gasse komponierte er, teilweise im schön gelegenen Gartenhäuschen, rund die
Hälfte seiner 350 Lieder und große Teile seiner Oper „Der Corregidor". Das „Spanische Liederbuch" und der größte Teil der

Hugo Wolfs Gartenlaube im Haus Brunner Gasse 24–26 in Perchtoldsdorf

„Mörike-Lieder" entstanden ebenfalls in Perchtoldsdorf. Den Text zu seiner Oper „Der Corregidor" stammt von Rosa Mayreder, die als häufige Besucherin in Perchtoldsdorf in ihren Erinnerungen viel über Wolfs Leben erzählt. Wolf, so weiß sie zu berichten, liebte besonders das hinter Geäst und Gebüsch versteckte biedermeierliche Gartenhäuschen, das er einem Lied von Mörike entsprechend „Windebang" nannte. – Es gehört zum Besuch des Hugo-Wolf-Hauses unbedingt dazu, den kurzen Weg zu jenem noch existierenden „Lusthaus" zu gehen und so den Lieblingsplatz des Musikers kennenzulernen.

Im Winter 1894 machte sich bei Wolf erstmals ein labiler Nervenzustand bemerkbar. Er begann Selbstgespräche zu führen und war häufig sehr erregt.

1896 vertonte er den zweiten Teil seines „Italienischen Liederbuchs". An seine Mutter schreibt er sehr selbstbewußt: „Liebe Mutter, ich habe jetzt in der kurzen Zeit von 25. März bis 26. April 22 neue Lieder geschrieben, die wohl zu dem besten gehören, was überhaupt auf dem Gebiet der Liederkomposition geleistet wurde."

Während der Arbeit an der Oper „Manuel Venegas" brach sein Wahnsinn voll aus. Nach einem Selbstmordversuch 1898 wurde

171

er auf eigenen Wunsch in die niederösterreichische Landesirren-
anstalt eingeliefert, wo er 1903 im Alter von 43 Jahren starb.

In den *Gedenkräumen* des unter Denkmalschutz stehenden
Hauses sind Möbel zu sehen, die sich schon zu Wolfs Zeiten hier
befanden. Die Schau ist dreigeteilt: Im ersten Raum wird Wolfs
Herkunft und Kindheit thematisiert, im zweiten werden die
„Wege der Entfaltung" gezeigt, und im dritten wird der „schöpfe-
rischen Entscheidung" Platz gegeben.

*☞ Museum Perchtoldsdorf, Hugo-Wolf-Haus, Brunner Gasse
24–26, April bis Oktober Sa, So, Fei 10–17 Uhr, Mo-Fr nach Voranmeldung unter Tel. 0222/866 83-34 ☞ Internationale Hugo-Wolf-
Gesellschaft, Latschkagasse 4/14, 1090 Wien*

Hans Fronius in Perchtoldsdorf

„Eine innere Beziehung zu Perchtoldsdorf habe ich durch meine
Familiengeschichte: Das alte, denkmalgeschützte Haus meiner
Urgroßeltern mütterlicherseits steht auf dem Marktplatz. Auf einem schönen Ölbild weist meine Urgroßmutter im Biedermeier-
kleid, hübsch wie eine junge Flora, mit einer liebenswürdig einla-
denden Geste auf Perchtoldsdorf. Ich will es als gutes Omen sehen."

Die letzte Station auf unserem Rundgang durch Perchtoldsdorf
ist wieder der Hauptplatz des Orts. Allerdings: Welches Haus die
Großeltern von HANS FRONIUS (1903–1988) tatsächlich bewohnten, ist nicht ganz sicher. Wahrscheinlich handelte es sich
um den sogenannten, dem Wehrturm direkt gegenüberliegenden
Strenningerhof am Marktplatz 3.

Hans Fronius selbst wurde am 12. September 1903 in Saraje-
vo geboren. Einige Jahre später – 1914 – war er Augenzeuge des
Attentats auf den Thronfolger Franz Ferdinand.

Er studierte in Graz, wurde 1923 Mitglied der Secession, unterrichtete von 1930 bis 1961 am Gymnasium in Fürstenfeld in
der Steiermark.

In diesem Jahr kaufte er sich ein Häuschen in der *Guggenber-
gergasse 18*, einer ruhigen Wohngegend von Perchtoldsdorf, das
er bis 1988 benutzte. Das Haus wird nach wie vor von der Familie Fronius bewohnt.

In Perchtoldsdorf arbeitete er vor allem an Grafiken. Besonders schätzte man den „gemäßigten Expressionisten" als Illustra-

tor von großen literarischen Werken. So lieferte er Zeichnungen für Texte von Kafka, E.A. Poe oder François Villon.

Über 200 Einzelausstellungen, unter anderem in Wien, Paris und New York, zeigten bereits die Werke von Fronius, dem 1968 der Große Staatspreis verliehen wurde.

Perchtoldsdorf weiß das Ansehen des Künstlers hochzuhalten. Im *Apothekerhaus am Hauptplatz* wurde ein kleines *Fronius-Museum* eingerichtet. Neben verschiedensten Ölbildern und Graphiken sind auch Kreidezeichnungen von Perchtoldsdorf, Lithographien und Kaltnadelradierungen zu sehen; auch einige biographische Informationen sind aufbereitet. Die Öffnungszeiten korrespondieren mit denen des Heimatmuseums, auch der Eingang ist derselbe.

☛ *Fronius-Museum, Marktplatz 12, Eingang Rathaus, Palmsonntag bis Anfang November Sa, So und Fei 10–17 Uhr bzw. Voranmeldung unter Tel. 0222/866 83-34*

Mark Twain in Kaltenleutgeben

Dies ist die Geschichte eines Amerikaners im Wienerwald, eines sehr prominenten noch dazu. Wie und wieso kam der große amerikanische Humorist und Schriftsteller MARK TWAIN (1835–  1910), dessen richtiger Name Samuel Langhorne Clemens lautete, nach Kaltenleutgeben? Hauptgrund war, daß die Twain-Töchter Clara und Jean in Wien vom weltberühmten Klavierpädagogen Theodor Leschetitzky unterrichtet werden sollten.

Der Erfinder von Tom Sawyer und Huckleberry Finn kam, damals bereits so etwas wie ein inoffizieller Botschafter seines Landes, am 28. September 1897 in Wien an. Insgesamt acht Monate wohnte die Familie in Wien im Hotel Metropole am Donaukanal, dem späteren Sitz der Gestapo am Morzinplatz; den Sommer 98 wollte man aber am Land verbringen. Kaltenleutgeben im Wienerwald war damals in den vornehmen Wiener Gesellschaftskreisen als Kurort beliebt, denn 1865 hatte der junge Arzt Wilhelm Winternitz hier eine Kaltwasseranstalt mit drei Kurhäusern errichtet. Heute ist von den Gebäuden der Kaltwasserheilanstalt nicht mehr viel zu sehen, sie wurden 1938 zu einer Kaserne umfunktioniert, die devastierten Reste schließlich 1971 abgerissen. Nur mehr eine kleine Villa in der *Hauptstraße 74* stammt aus jener Bausubstanz.

Die Familie Clemens zog am 20. Mai nach Kaltenleutgeben. Beim Bezug des Quartiers in der *Karlsgasse 3* kam es zu Unstimmigkeiten, weil sich Twain an der Auflage, die Miete für ein ganzes Jahr im voraus zu bezahlen, stieß. Am 4. Juni notierte Twain über das Personal, das aus Köchin, zwei Stubenmädchen und einer Bedienerin bestand: „Seit zwei Wochen führen wir nun unseren Haushalt, lang genug, um die Namen der Dienerschaft aussprechen zu können – buchstabieren können wir sie nicht und werden sie auch nie erlernen (…) auf Papier wirken sie, wie wenn ein Betrunkener das Alphabet wiedergibt."

Twain arbeitete sehr produktiv, er erlebte hier seine letzte große Schaffensperiode. Einige zeitgeschichtlich bedeutende Ereignisse wurden von ihm kommentiert und glossiert. So berichtete er für amerikanische Zeitungen über das 50jährige Regierungsjubiläum Franz Josephs. Weiters hielt er Eindrücke vom Begräbnis der ermordeten Kaiserin Elisabeth fest, das er am 17. September 1889 in Wien besucht hatte.

Mark Twain schrieb in Kaltenleutgeben nicht nur 58 Briefe, sondern auch mehrere Kurzgeschichten und Essays; weiters verfaßte er, angeregt durch einen Burgtheater-Besuch, den Essay „About Play-Acting" sowie „Concerning the Jews", in dem er sich Gedanken zu Judentum und Antisemitismus macht. Diese Schrift wurde später, entgegen den Intentionen Twains, von den Nazis für ihre Zwecke mißbraucht.

Am 15. Oktober kehrte die Familie Clemens von Kaltenleutgeben nach Wien zurück; der Winter wurde in der Stadt verbracht, am 26. Mai 1899 erfolgte die Abreise aus Österreich.

Anläßlich der 150. Wiederkehr des Geburtstages von Mark Twain wurde 1985 an der *Villa Sonnenhof*, früher *Villa Paulhof*, in dem die Familie den Sommer 1898 verbrachte, eine Gedenktafel enthüllt. „In diesem Haus Karlsgasse 3 wohnte der bedeutende und berühmte amerikanische Erzähler Mark Twain von Ende Mai bis Oktober 1898", steht darauf zu lesen; ein stilisierter Raddampfer schmückt die Tafel. Die Karlsgasse führt beim Kaufhaus bergauf von der Hauptstraße ab und Die Karlsgasse führt direkt in das Wandergebiet des Wienerwalds hinein. Von hier kann man nach Hochrotherd, zum Roten Kreuz oder hinüber nach Breitenfurt gehen.

 ☛ *Marktgemeinde Kaltenleutgeben, Hauptstraße 78,*
Tel. 02238/213

Rudolf Steiner in Brunn am Gebirge

Man fährt nun von Kaltenleutgeben über Rodaun zurück nach Brunn am Gebirge. Der berühmte Anthroposoph RUDOLF STEI-NER (1861–1925), aufgewachsen in Neudörfl an der Leitha (➢ Steiner in Neudörfl und Wiener Neustadt, S. 220 ff.), lebte von 1882 bis 1887 in diesem Ort, und zwar im *Gliedererhof*, einem aus dem 15. Jahrhundert stammenden Weinhauerhaus in der *Leopold-Gattringer-Straße 34*. Das in der Barockzeit umgestaltete gotische Bürgerhaus mit ornamentalem Fassadenschmuck wurde – nach Jahren des drohenden Verfalls – vorbildlich renoviert. Heute ist in diesem zentral gelegenen Gebäude nicht nur das Heimatmuseum untergebracht, sondern es wurden im Obergeschoß auch *Gedenkräume für Rudolf Steiner* eingerichtet.

Als Einundzwanzigjähriger war Steiner, nachdem der Vater Vorstand des Frachtenbahnhofs geworden war, mit seinen Eltern nach Brunn übersiedelt. Warum er die fünf Brunner Jahre in seinen ansonsten sehr genauen Lebenserinnerungen nicht erwähnt, ist bis heute unklar.

Im Hof des großen Anwesens führte rechts unter einem Vordach eine Tür zu einer steilen Stiege, auf der man in die denkbar kleine ehemalige Wohnung der Familie Steiner gelangte: Neben der Küche gab es nur noch das als Wohn- und Schlafraum genutzte Erkerzimmer und einen etwas höher, über der Toreinfahrt gelegenen Raum, der von Rudolf bewohnt wurde. Neben den Eltern lebten auf den paar Quadratmetern auch noch die Schwester und der taubstumme Bruder. Während seiner Brunner Jahre besuchte Steiner

Der Gliedererhof in Brunn am Gebirge: von 1882–1887 Domizil Rudolf Steiners

175

noch die Technische Hochschule in Wien, doch entstanden auch bereits seine ersten Texte, so die Einleitung zu einer historisch-kritischen Ausgabe von Goethes naturwissenschaftlichen Schriften, die in fünf Bänden in der Reihe „Kürschners Deutsche National-Literatur" erschienen. Weiters ist in der engen Stube die „Erkenntnistheorie der Goetheschen Weltanschauung" entstanden. Aufgrund dieser Publikationen wurde Steiner auch an das Goethe-Archiv in Weimar berufen, wo er einige Jahre wirkte.

Doch bleiben wir noch kurz in Brunn. In einer 1968 erschienenen Broschüre „Rudolf Steiner und Brunn am Gebirge" erzählt der Autor Ludwig Müller „Unbekanntes aus seinen Jugendjahren". Zu diesem Zwecke sprach er mit Personen, die Steiner noch persönlich kannten. Laut Anton Gliederer, dem Hausbesitzer, war Rudolf Steiner „ein so viel lieber Herr", der auch, als er schon längst nicht mehr hier wohnte, mindestens einmal pro Jahr zu seinen Eltern auf Besuch kam. Was er dann tat, war klar: „Er hat in einem fort geschrieben." Bei diesen Besuchen habe Steiner aber auch gerne mit ihm gesprochen, wohl deswegen, vermutete der alte Herr, „weil er wissen wollte, wie die Leute denken".

Die von Steiner begründete Anthroposophie beruft sich sehr stark auf Goethe, ist aber auch von christlichen, indischen, gnostischen und kabbalistischen Ideen beeinflußt; sie sieht die Welt in einer „stufenweisen Entwicklung" begriffen, die der Mensch einfühlend und erkennend nachzuvollziehen hat, um „höhere" seelische Fähigkeiten zu entwickeln und „übersinnliche" Erkenntnisse zu erlangen.

In Europa, Amerika, Afrika und Australien existieren heute – auch Waldorf-Schulen genannte – Rudolf-Steiner-Schulen.

In Dornach, unweit von Basel, errichtete Steiner nach seinen Ideen und Plänen das „Goetheanum", ein eigenwillig aussehendes Veranstaltungs- und Lehrzentrum. Auch heute noch ist das Goetheanum mit der „Freien Hochschule für Geisteswissenschaft" die weltweite Zentrale der anthroposophischen Lehre, die, und das sollte man nicht vergessen, einige ihrer Wurzeln im Gliedererhaus in Brunn am Gebirge hat.

☛ *Heimathaus der Gemeinde Brunn am Gebirge mit Rudolf-Steiner-Gedenkstätte, Leopold-Gattringer-Straße 34, Anmeldung zur Besichtigung bei der Marktgemeinde Brunn am Gebirge, Franz-Anderle-Platz 1, Tel. 02236/361 01 od. 330 24*

3

Vorhergehende Seite:
Marc Aurel, Büste im Museum
Bad Deutsch-Altenburg

Diese Seite:
Schloß Niederweiden,
Vorbild für Gerhard Fritschs
Schloß Schwarzwasser (oben)

Ortsrand von Niederhollabrunn,
Heimat Theodor Kramers
(Mitte)

Sepp Hubatsch: Wohnanlage in
Brunn am Gebirge (unten links)

Theophil Hansen: Badeanlage
in Bad Vöslau (unten rechts)

„Der Lesende", Charoux-
Museum in Langenzersdorf
(rechts)

Hyrtl-Denkmal in Perchtoldsdorf (links oben)

Der Wienerwaldsee, Experimentierfeld von Wilhelm Kreß (links unten)

Haydn-Geburtshaus in Rohrau (rechts oben)

Schloß Seebarn, Quartier von Joseph Freiherr von Eichendorff (rechts unten)

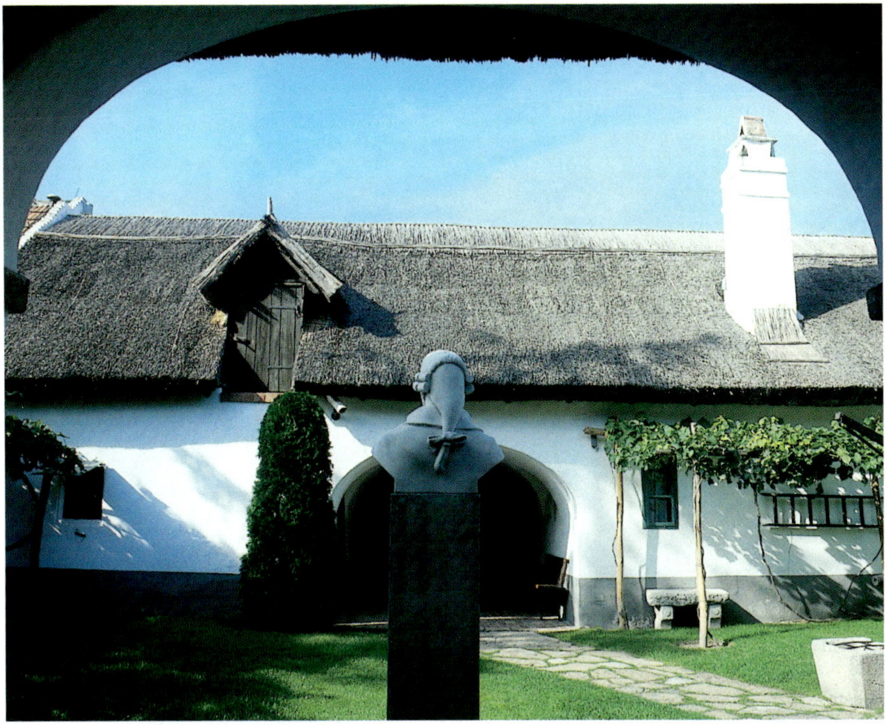

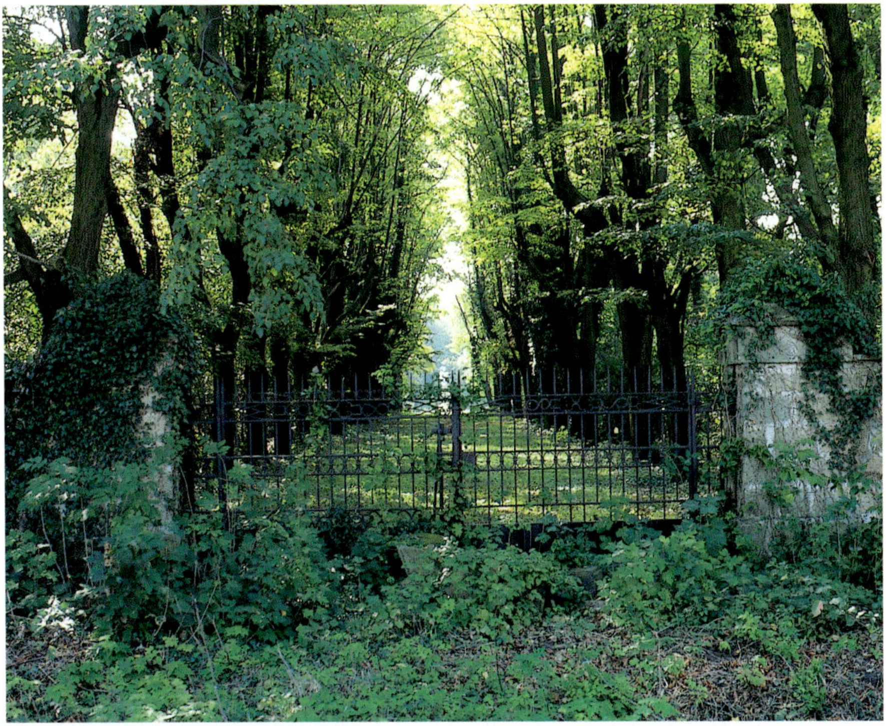

Einstiges Wohnhaus von Franz Nabl, Baden bei Wien (links)

Schreibtisch von Anton Wildgans, Mödling (rechts oben)

Schreibtisch von Albert Drach, Mödling (rechts unten)

Folgende Seite:
Nobelabsteige „Zur Schönen Aussicht", Bad Vöslau

Jugendstil-Wohnanlage in Brunn am Gebirge: 1912 von Hubatsch erbaut

Sepp Hubatsch in Brunn am Gebirge

Der Schüler und Freund Otto Wagners SEPP HUBATSCH (1873–1935) schuf in Brunn am Gebirge, direkt an der Grenze zu Maria Enzersdorf, eine aus zehn Häusern bestehende, wunderbar geschlossene secessionistische Reihenhausanlage. Diese *Wohnhäuser* in der *Franz-Keim-Gasse 4 bis 22* sind den Abstecher mehr als wert. Gebaut wurde die Anlage, die eine gelungene Kombination zwischen der Ästhetik der Jahrhundertwende und der Funktionalität der Moderne darstellt, in den Jahren 1902 bis 1912.

Der in Siebenbürgen geborene Architekt wohnte ab 1902 in Maria Enzersdorf; er partizipierte mit diesem Projekt am Bauboom im Süden Wiens.

Am Haus *Franz-Keim-Gasse 12* ist eine *Gedenktafel* für den gleichnamigen, 1918 hier verstorbenen Dichter angebracht.

Hans Weigel in Maria Enzersdorf

„Unmittelbar von der Kirche aus geht die Kirchengasse, die dann Franz-Keim-Gasse heißt. Rechts ist eine überwältigende Reihe von herrlichen Jugendstilhäusern – die rechte Seite gehört noch bis weit hinauf zu Brunn am Gebirge, links ist Maria Enzersdorf, offiziell ‚Maria Enzersdorf am Gebirge'" – so beginnt der Theater-

177

kritiker und Schriftsteller HANS WEIGEL (1908–1991) eine aus-
führliche Schilderung seines Wohnorts. Die Wohnhausanlage haben wir bereits kennengelernt. Weiter im Weigel-Text: „Brunn
und Maria Enzersdorf, obwohl an vielen Stellen unmittelbar in-
einander übergehend, leben eher distanziert nebeneinander. Sie
sind keine Gemeinschaft, sie sind auch politisch verschiedenfar-
big regiert. Der Bindestrich des gemeinsamen Bahnhofs ‚Brunn-
Maria Enzersdorf' trügt.

Am oberen Ende der Franz-Keim-Gasse beginnt die Straße, in
der wir wohnen. Es ist nicht eindeutig feststellbar, ob sie Bam-
hartstalstraße oder Barmhartstalstraße heißt, und wir konnten
nicht erfahren, woher der Name kommt.

Die Straße ist unansehnlich und führt mitten hinein in die
Weingärten. Hier ist dann endlich auch rechts nicht mehr Brunn,
sondern gleichfalls Maria Enzersdorf."

Das *Weigel-Haus* trägt die *Nummer 55*. Obwohl ursprünglich
nur als Sommerwohnsitz gedacht, verbrachte er den Großteil seiner letzten Jahre dort.

Weigel war von 1933 bis 1938 vor allem für Kleinkunstbühnen
tätig, von 1938 bis 1945 lebte er in der Schweizer Emigration.
Nach dem Krieg machte er sich einen Namen als Kritiker, aber
auch als Übersetzer von Molière-Komödien und Förderer junger
Autoren. Sein Satirenband „O du mein Österreich" erschien erstmals 1956; er stellt eine meist ironische, oft liebevolle, selten böse
Abrechnung mit Austriazismen und sonstigen Besonderheiten
der Alpenrepublik dar. Der von Paul Flora bebilderte Band wurde
wieder und wieder zitiert und trug sicherlich auf seine Weise zur
Entstehung eines spezifischen Österreich-Bewußtseins bei.

 ☛ *Marktgemeinde Maria Enzersdorf, Kulturabteilung, Frau Men-
drinos, Tel. 02236/445 01-38*

Die Künstlerkolonien in Mödling und in der Hinterbrühl

Arnold Schönberg – Ernst Krenek – Anton Webern – Josef Hyrtl –
Josef Weinheber – Anton Wildgans – Franz Theodor Csokor –
Albert Drach – Rudolf Hausner – Joseph Olbrich

Mödling. Der Name klingt irgendwie nach Südstadt, Satellitenstadt und Shopping-City. Tatsächlich liegt die 20.000-Einwohner-Gemeinde im verstädterten Bereich südlich von Wien. Einmal, im Dritten Reich, war Mödling sogar offizieller Teil der Hauptstadt – doch das ist lange vorbei. Und dringt man einmal ins historische Zentrum der Stadtrandgemeinde vor, so wird einem die Individualität von Mödling sehr rasch bewußt. Keine Spur von Peripherie und Tristesse.

Die schön am Abhang des Wienerwalds gelegene Stadt wurde bereits Anfang des 19. Jahrhunderts als Ausflugsziel entdeckt – nicht zuletzt wegen des romantischen Tals, das sich von Mödling nach Westen, hinein in den Wienerwald zieht. Die „göttliche Briehl" nannte Meister Beethoven die Hinterbrühl, ein frühes Zentrum von Naturschwärmern und Spaziergängern. Der größte aller Mödling-Sommerfrischler, der unsterbliche „Ludwig van", wird im weiteren Verlauf nicht erwähnt. Ihm ist ein eigenes, abgeschlossenes Kapitel gewidmet (➤ Beethoven, S. 20 ff.).

i ☞ *Fremdenverkehrs- und Informationsstelle Mödling,*
Kaiserin-Elisabeth-Straße 2 (direkt am Rathausplatz, im Gebäude des Altstadtpostamts), Tel. 02236/267 27

Arnold Schönberg in Mödling

Kamen die meisten Künstler gern und freiwillig nach Mödling, so war es bei dem Musiker und Komponisten ARNOLD SCHÖN-

BERG (1874–1951) gänzlich anders. Er kam ausschließlich aus ökonomischen Gründen hierher; Mödling wurde allerdings zu einer wichtigen Station in seinem bewegten Leben. Ein halbes Jahr vor Ende des Ersten Weltkrieges wurde ihm und seiner Familie nämlich die kleine Wiener Wohnung in der Gloriettegasse bei Schönbrunn gekündigt; das Geld für die geplante Übersiedlung in eine Pension im Stadtzentrum fehlte – so zogen die Schönbergs im April 1918 eben nach Möd-

Schönberg-Haus in Mödling: Sitz der Internationalen Schönberg-Gesellschaft

ling. Bis 1925 blieben sie hier und bewohnten das geräumige Hochparterre einer mächtigen Gründerzeitvilla mit Eckturm in der *Bernhardgasse 6.*

Schönberg, zweifelsfrei einer der einflußreichsten Komponisten unseres Jahrhunderts, begann sich im zarten Alter von acht Jahren selbst das Geigenspiel beizubringen und versuchte auch schon erste Kompositionen.

Nach dem Krieg absolvierte der spätere Begründer der Zwölftonmusik Konzerttourneen und leitete Kompositionskurse in den Niederlanden, doch um die finanzielle Situation der Familie stand es schlecht. Die wenigen Honorare und der Verdienst aus Privatstunden reichten kaum für das Notwendigste. So sammelten Schönbergs Schüler Geld für ihren darbenden Meister, der begonnen hatte, in seiner Mödlinger Wohnung Gruppen- und Einzelunterricht zu halten.

Unter den Schülern befanden sich Hanns Eisler, Erwin Ratz, Hans Erich Apostel, Erwin Stein und andere. In der Regel fuhren sie zweimal pro Woche zum Unterricht nach Mödling. Apostel berichtet vom Unterricht:

„Wir versammelten uns im Arbeitszimmer Schönbergs, es war ein Eckzimmer, in dem ein Klavier und ein Harmonium stand. Es wurde viel gesprochen, warum Reger das schlecht gemacht hat, warum Bach besser. Schönberg verstand es meisterhaft, einen Beethovenschen Sonatensatz zu erklären. Dabei hat er unentwegt geraucht, immer nur halbe Zigaretten."

In diesen Jahren entwickelte Schönberg hier die Idee der „Komposition mit 12 nur aufeinander bezogenen Tönen" und schrieb seine ersten Werke in dieser strengen „Zwölftontechnik", die Klavierstücke op. 23, die Serenade op. 24, die Klaviersuite op. 25 und das Bläserquintett op. 26.

Schon seit 1915 hatte sich Schönberg mit dieser Idee beschäftigt, in den zwischen 1921 und 1924 entstandenen Werken wurde das Verfahren schließlich konkret.

In dem Haus in der Berhardgasse waren neben Anton Webern und Albern Berg auch Adolf Loos, Alexander Zemlinsky und viele andere Künstler zu Gast; 1924 malte Oskar Kokoschka in Schönbergs Arbeitszimmer das bekannte Porträt des Musikers.

Schönberg dirigierte auch – sogar in Mödling. Am 23. Jänner 1923 stand er am Pult der heute vorbildlich renovierten *Mödlinger Bühne*; aufgeführt wurden Werke von Beethoven, Mahler und natürlich Schönberg selbst. Die *Ecke Babenbergergasse/Neusiedler Straße* gelegene Mödlinger Bühne ist das einzige Jugendstiltheater Niederösterreichs und präsentiert heute Filme, Theater und Konzerte; errichtet wurde es von dem Filmpionier KARL JUHASZ (1868–1940).

1926 übersiedelte Schönberg nach Berlin. 1933 emigrierte er über Paris nach Los Angeles, wo er einen Lehrstuhl an der University of California erhielt. Er kam nicht wieder nach Europa zurück und starb 1951 in Los Angeles.

Die *Internationale Schönberg-Gesellschaft* konnte schon vor längerer Zeit die *Mödlinger Schönberg-Villa* erwerben, renovierte sie und machte sie der Öffentlichkeit zugänglich. Unter Mithilfe der Erben konnte das Arbeitszimmer Schönbergs rekonstruiert werden. Zu sehen sind sein Klavier und diverse andere von ihm gespielte Instrumente, selbstverfertigte Notenpulte, eine Staffelei sowie eine Schreibmaschine, die er von Studenten 1924 geschenkt erhielt. Sein Schiffskoffer, mit dem er 1933 in die USA flüchtete, ist ebenso zu sehen wie die von Anna Mahler abgenommene Totenmaske; auch eine Kopie des berühmten von Oskar Kokoschka gemalten Porträts befindet sich hier.

In unregelmäßigen Intervallen finden Konzerte und Vorträge statt.

☛ Arnold-Schönberg-Haus, Bernhardgasse 6, Tel. 02236/422 23, Di, Do 9–16, unbedingt vorher anmelden ☛ Internationale Schönberg-Gesellschaft, Hegelgasse 13/22, 1010 Wien, Tel. 0222/512 68 69

Ernst Krenek in Mödling

Der in Wien geborene Musiker ERNST KRENEK (1900–1991) schloß sich Anfang der dreißiger Jahre dem Kreis um Arnold Schönberg an und begann sich intensiv mit der Zwölftonmusik zu beschäftigen. Offen für sämtliche musikalischen Strömungen, hatte er schon 1927 in Leipzig große Erfolge mit seiner Jazzoper „Jonny spielt auf" gefeiert.

1938 emigrierte er in die USA, wo er Lehrämter an mehreren Hochschulen innehatte. Neben Kammermusikwerken, Symphonien und Klavierwerken schuf er vielbeachtete Opern. „Orpheus und Eurydike" (Text: Oskar Kokoschka), „Leben des Orest" und „Der Diktator" sind nur einige seiner berühmten Musiktheaterwerke.

Obwohl er ab 1966 in Palm Springs lebte, riß die Verbindung zu seiner Heimat Österreich nie ab. So wurde sein herausragendes Cellokonzert 1983 bei den Salzburger Festspielen uraufgeführt. Die Sommermonate verbrachte er von diesem Jahr bis zu seinem Tode 1991 in einer Wohnung im Schönberg-Haus in Mödling (s.o.).

Anton Webern in Mödling

ANTON WEBERN (1883–1945) war deshalb nach Mödling umgezogen, um seinem Lehrer Arnold Schönberg näher zu sein. Er

zog in eine Wohnung im Haus Neusiedler Straße 58, nahe dem Stadtzentrum und der Wohnung Schönbergs.

Geboren in Wien, bekam Webern bereits mit 5 Jahren Klavierunterricht, mit 16 Jahren schuf er seine erste Komposition; ab seinem 21. Lebensjahr nahm er bei Schönberg Unterricht. Neben seiner Tätigkeit als Kapellmeister an verschiedensten Stadttheatern wurde er Vortragsmeister des von Schönberg gegründeten „Vereins für musikalische Privataufführungen", wo vor allem die Werke Schönbergs erstmals gespielt wurden. Er avancierte zum Chormeister des Mödlinger Männergesangsvereins und arbeitete gleichzeitig als freier Komponist. 1932 versuchte er aus beruflichen Gründen nach Wien zurückzukehren, doch nach einigen Monaten floh er wieder aufs Land. Er wohnte ab nun bis zu seinem Tod im Jahr 1945 in *Auholz Nr. 8*, einem schönen, bereits im

Gemeindegebiet von Brunn-Maria Enzersdorf gelegenen Haus mit wunderbarem Ausblick auf St. Gabriel.

Beide Adressen – Neusiedler Straße 58 und Auholz 8 – existieren noch, und beide Häuser sind mit einer Gedenktafel versehen.

Josef Hyrtl und Josef Weinheber in Mödling

Wenn man von Wien nach Mödling kommt, fährt man, bevor man über die Gleise der Südbahn ins Stadtzentrum eindringt, durch die von Josef Schöffel geplante und nach ihm benannte Schöffelvorstadt.

Ein großes Projekt, das er hier realisieren wollte, war die Errichtung eines Waisenhauses. Er suchte und fand auch einen passenden Financier, nämlich den berühmten Anatomen JOSEF HYRTL (1810–1894) (➢ Hyrtl in Perchtoldsdorf, S. 168 f.). Schöffel konnte den Arzt dazu veranlassen, einen Teil seines Vermögens für die Errichtung dieser sozialen Institution zu verwenden. Es entstand ein ganzer Komplex, bestehend aus Wohnstätten, Kirche, Schulen und Werkstätten.

Angeschlossen waren eigene Felder und Gärten, eine Spielwiese, eine Kegelbahn, ein Schwimmbad – sowie ein Exerzierplatz. Im Jahr 1903 waren in dem zum kleinen Stadtbezirk angewachsenen Areal 570 Waisen untergebracht.

Nach der Besatzungszeit wurden die leerstehenden Objekte verkauft, zum Teil abgerissen, zum Teil umgebaut. In den stehengebliebenen Teilen der Anlage befinden sich heute eine Sonderschule, eine Modeschule und ein pädagogisch-psychologisches Zentrum. Es lohnt

Mödling: das umgebaute Hyrtlsche Waisenhaus

sich ein kleiner Stopp bei der unübersehbar an der *Wiener Straße* gelegenen *Waisenhauskirche*, dem zentralen Objekt des ehemaligen *Hyrtlschen Waisenhauses*; auch die anderen, zum Teil sehr schön revitalisierten Gebäude vermitteln noch einen Eindruck der weitläufigen Anlage.

☞ *Museum Mödling: „Vergleichende Anatomie", Ausstellung zum 100. Todestag von Prof. J. Hyrtl (1810–1894), Josef-Deutsch-Platz 2, April bis Dezember Sa, So, Fei 10–12, 14–18 Uhr, Tel. 02236/241 59*

Einer der „Insassen" der Hyrtlschen Anstalt war der junge JOSEF WEINHEBER (1892–1945). Er hatte in späteren Jahren viel über seine Zeit in Mödling zu erzählen – und nicht nur Gutes.

Weinheber war nach dem Verlust beider Elternteile im Alter von neun Jahren gemeinsam mit seiner Schwester hierher gebracht worden; er verlebte hier sieben Jahre.

1923 erschien in der „Arbeiter-Zeitung" sein Fortsetzungsroman „Das Waisenhaus". In dem autobiographischen, zur Gänze in der Hyrtlschen Anlage spielenden Werk rechnet er mit der Anstalt kräftig ab; sowohl die geistlichen Schwestern als auch die Aufseher und die Mitzöglinge kommen denkbar schlecht weg. Weinheber spricht von „aufgedunsenen Nonnen", „böswilligen Kameraden", von diversen Demütigungen und „Dressur". (➤ Weinheber in Kirchstetten, S. 162 ff.)

■ *Josef Weinheber: Das Waisenhaus.*
(= Josef Weinheber, Sämtliche Werke, Bd. III, hg. v. Josef Nadler und Hedwig Weinheber, Salzburg 1953/1956)

Anton Wildgans in Mödling

Um den Dichter ANTON WILDGANS (1881–1932) raufen sich zwei Gemeinden – nämlich Mönichkirchen am Wechsel und Mödling. Dort hat er gerne geschrieben und mindestens zwanzig Som-

mer verbracht; hier, in Mödling, ein Haus besessen und den Rest des Jahres gelebt. Die Bewohner von Mönichkirchen hat er in seinem Versepos „Kirbisch" nicht gerade sehr vorteilhaft porträtiert; die Stadt Mödling dagegen in überschwenglichen Lobeshymnen besungen. (➤ Wildgans in Mönichkirchen, S. 238 ff.)

Gottfried Wildgans, Sohn von Anton Wildgans, Mödling

Sein Mödlinger Domizil ist leicht zu finden. Das mächtige Haus im Tiroler Stil liegt am *Anton-Wildgans-Weg Nr. 4*, ganz nahe bei der beherrschenden Othmarskirche. Von diesem Weg aus führt ein Tor in einen parkähnlichen Garten; vom Haus selbst sieht man nur die Rückseite.

„(...) es gelang Wildgans in Mödling, Andergasse 7, ein Anwesen zu finden, das so ziemlich den Idealfall seiner Wünsche darstellte: In unmittelbarer Nachbarschaft der Pfarrkirche St. Othmar gelegen, etwas erhöht am Berghang, mit dem Blick über Mödling und die Ebene hinaus bis zum Leithagebirge. Hier war der Ort, um alle Beglückung erfahren zu können, die ein Stück eigener Erde zu spenden vermag, und des Dichters Seele öffnete sich denn auch voll Dankbarkeit den Wundern des Sprießens, Blühens und Fruchtens innerhalb dieser seiner kleinen Welt", schrieb später seine Witwe Lilly Wildgans über den Ankauf des Hauses im Jahre 1918.

Wildgans war zur Zeit der endgültigen Übersiedlung nach Mödling bereits ein viel und gern gelesener Autor. Geboren 1881 in Wien, hatte er Jus studiert und war 1909, 28jährig, in den rich-

Wildgans-Haus in Mödling: „Der Ort, um alle Beglückung zu erfahren"

terlichen Vorbereitungsdienst eingetreten. Gleichzeitig veröffentlichte er in diesem Jahr seinen ersten Gedichtband „Herbstfrühling", der prompt zu einem großen Erfolg wurde. Der Brotberuf interessierte ihn immer weniger; 1911 ließ er sich für ein Jahr beurlauben und ging nach Mönichkirchen, um sich der Dichtkunst widmen zu könnnen.

Wildgans hatte den Beginn des Ersten Weltkriegs begrüßt, wandelte sich aber im Angesicht des Schreckens sehr rasch zum Kriegsgegner. In den Kriegsjahren entstanden etwa das Gerichtsstück „Dies irae" und das Trauerspiel „Armut".

Große Erfolge feierte er mit seiner Lyrik. Sein 1917 erschienenes Bändchen „Dreißig Gedichte" wurde 20.000 Mal gedruckt und verkauft.

In der Zwischenkriegszeit gehörten seine Gedichte zum Lernstoff fast jeden Schülers. Kein Wunder: Der Autor wurde als Patriot, quasi als Entwicklungshelfer des österreichischen Selbstbewußtseins gesehen. Nicht zuletzt deshalb erhielt er bereits 39jährig die Leitung des Burgtheaters übertragen. Wildgans war ein Kompromißkandidat, ein früher „kritischer Katholik", der

auch von der Sozialdemokratie akzeptiert wurde. Der Theater-
wissenschafter Wolfgang Greisenegger nennt Wildgans einen
„Dichter sozialen Mitleids aus alter bürgerlicher Familie, dessen
Liberalität niemand in Zweifel zog".

Seine Zeit als Burgtheaterdirektor 1921/22 wurde durch eine
Intrige beendet. Auch als er ein zweites Mal (1930/31) berufen
wurde, blieb er nur für 18 Monate an der Spitze des Hauses.

Nach 1945 wurde Wildgans gerne als patriotischer Dichter
hergezeigt, der sich immer gegen den „Anschluß" gewandt hatte,
und in offiziellen Publikationen gerne gedruckt.

Sein Werk, seine Lyrik im speziellen, ist allerdings nicht unumstritten. Karl Kraus etwa polemisierte besonders scharf gegen
den Dichter, der wie kaum ein anderer Schreiber seiner Zeit den
breiten Publikumsgeschmack traf. Sein Dichten, so Kraus, stehe
„im tiefsten Einklang mit dem, was das Publikum zu hören
wünscht", „was es aus Zeitmangel nicht selbst dichtet und was
ihm ins Ohr und sozusagen ins Herz geht".

Der „Prolog", den Wildgans zur Fünfzigjahrfeier der Mödlinger
Stadterhebung 1915 gedichtet hat, ist ein treffendes Beispiel für
die heimatdichterische Ader des Autors:

> *Du traute Stadt im heitern Wienerwalde,*
> *Gegrüßt und hochgelobt zu deinem Fest!*
> *Wie ruhst du schmuck an weißer Felsenhalde*
> *Und immer überrauscht von Schirmgeäst*
> *Der sturmgeduckten schwarzen Wetterföhren,*
> *Die zeichenhaft zu deinem Bild gehören.*

Sein Haus in Mödling war Treffpunkt großer Künstler: Schnitzler,
Ginzkey, Mell, Braun, Zweig und der Komponist Joseph Marx, mit
dem Wildgans gerne musizierte, waren hier oft zu Gast.

Heute wohnt an der Adresse Anton-Wildgans-Weg 4 Ing. Gottfried Wildgans mit seiner Familie – der Sohn des einstigen Nationaldichters und Hüter des Wildgans-Schatzes. Er erinnert sich
nur mehr vage an seinen Vater, der starb, als er selbst zehn Jahre alt war: „Er war weit weg von mir, er stand auf einem hohen
Podest (…) oft war er wochen-, ja monatelang weg (…) wenn er da
war, mußte es ruhig sein, damit er ungestört arbeiten konnte."

Im Haus ist eine wunderbare Gedenkstätte eingerichtet. Nach
vorheriger telefonischer Anmeldung sind die unverändert erhal-

ten gebliebenen Musik-, Arbeits- und Sterbezimmer zu besichtigen; Studenten können hier den gesamten – kopierten – Nachlaß
einsehen. (➤ Wildgans in Mönichkirchen, S. 138 ff.)

 ☛ *Anton-Wildgans-Haus, Anton-Wildgans-Weg 4, Fam. Ing.*
Wildgans, Besichtigung nach Voranmeldung, Tel. 02236/234 33
☛ *Anton-Wildgans-Gesellschaft, Ilse Wildgans, Anton-Wildgans-Weg 4,*
Tel. 02236/234 33

Anton Wildgans: Gedichte. Musik der Kindheit. Kirbisch.
Hrsg. v. Gottfried Wildgans, Wien 1981.

Franz Theodor Csokor in Mödling

FRANZ THEODOR CSOKOR (1885–1969) überlebte seinen
Freund Anton Wildgans um mehrere Jahrzehnte und teilt in gewisser Weise sein Schicksal: Obwohl Zeit seines Lebens hoch ge-
lobt, ist er heute ein wenig aus der Mode gekom-
men. Sein Schauspiel „3. November 1918“ wurde
zum österreichischen Nationaldrama erklärt; insgesamt schrieb er 27 Dramen, 5 Gedichtbände, einen Roman, Erzählungen und die Erinnerungen
an seine Flucht – Csokor war einer der vielen In-
tellektuellen, die 1938 aus Österreich emigrierten.
Unter dem Titel „Als Zivilist im Balkankrieg“, 1955 mit der Über-
schrift „Auf fremden Straßen“ neu aufgelegt, schildert er seine
Flucht, die ihn durch Polen, Rumänien, Jugoslawien und Italien
führte. Der „konservative Revolutionär“, der auch in der österreichischen Befreiungsbewegung tätig war, wurde 1947, nach
seiner Rückkehr, Präsident des österreichischen Pen-Clubs und
gilt als der bedeutendste heimische Vertreter des expressionisti-
schen Dramas.

Sein bekanntestes Werk, „3. November 1918“, thematisiert
den Ersten Weltkrieg und wurde 1937 am Burgtheater uraufgeführt. Die Anregung zu dem Stück bekam er durch einen Zei-
tungsbericht über ein österreichisches Kriegsgefangenenlager im
äußersten Sibirien, dessen Insassen noch 1928 keine Ahnung davon hatten, daß das Kaiserreich bereits seit einem Jahrzehnt
nicht mehr bestand. Das im Werk beschriebene Offiziersmilieu
kannte er deshalb so genau, weil die von seiner Mutter 1911 erworbene, an der Peripherie des Wienerwaldstädtchens Mödling
gelegene Villa gegen Kriegsende konfisziert und in ein Lazarett

Franz Theodor Csokor (4. v. r.): Gruppenbild mit Schulklasse

umgewandelt worden war. „Die Übereinstimmung zwischen realem Ur- und literarischem Abbild ist beträchtlich und reicht bis zu Zahl und Zusammensetzung der ‚Belegschaft‘: hier wie dort sieben Offiziere, hier wie dort Vertreter der verschiedenen Nationalitäten, hier wie dort ein zur medizinischen Betreuung der Insassen eingesetzter jüdischer Militärarzt“, schreibt der Literaturwissenschafter Dietmar Grieser.

Jenny und Sophie, die beiden Schwestern des Dichters, versahen im enteigneten Elternhaus freiwillig Pflegerinnendienst, und natürlich ging auch er selbst hier, in der *Spechtgasse*, ein und aus. Meistens kam der notorische Junggeselle am Sonntag zum gemeinsamen Mittagessen; bei Tisch und auch nachher wurde eifrig gestritten und debattiert, wobei sich Franz Theodors liberale Gesinnung von der Einstellung der restlichen Familie offenbar signifikant unterschied.

Heute lebt in dem schönen gründerzeitlichen Haus in der *Spechtgasse 38* die Nichte Csokors, Lilli Skarabela, die die „Literarische Gesellschaft Mödling“ leitet und auch selber publiziert. Für besonders Interessierte öffnet sie sogar ihre Wohnung.

Die Spechtgasse war jedoch nicht die einzige Adresse der Csokors. Bevor man hierher übersiedelte, hatte die Familie im Haus

189

Jasomirgottstraße 8 gewohnt. Eine Tafel an der Fassade dieses unspektakulären Baus erinnert an den einstigen Bewohner. So wie sein Freund Wildgans hat auch Csokor Mödling seine tiefe Reverenz erwiesen, und zwar mit der „Liebeserklärung an eine Stadt":

> *Meine Wahlheimat ist die Stadt Mödling.*
> *Wenn ich nun – über die Lebensmitte hinaus – zurückdenke an alles, was mir dort an Nahrung für Geist und Herz zuteil ward, so fühle ich inbrünstigen Dank vor dieser in tausend Jahren gewachsenen und dennoch tief naturverhafteten Stadt.*
> *Ihr danke ich den Drang zur ersten Gestaltung,*
> *ihr danke ich heute noch Bilder und Gedanken,*
> *die mir aus dem Antlitz ihrer Landschaft immer*
> *wieder ins Blut greifen.*

Nach dem Krieg wurde ihm, der schon 1933 entschieden gegen die Bücherverbrennungen in Deutschland protestiert hatte, unter vielen anderen Auszeichnungen auch der Große Österreichische Staatspreis verliehen.

 ☛ *Dr. Lilli Skarabela, Literarische Gesellschaft Mödling,*
Spechtgasse 38, Mödling, Tel. 02236/469 98

Albert Drach in Mödling

Schwierig. Schwierig ist ein Vokabel, das gerne verwendet wird, wenn die Sprache auf den Schriftsteller ALBERT DRACH (1902–1995) kommt. Ja, ein schwieriger Mensch. Lilli Skarabela,  die Präsidentin der Mödlinger Literarischen Gesellschaft, drückt es ein bißchen anders, nobler aus. „Er hat sich kaum gezeigt", heißt es dann und: „Er war im Ort nicht sehr verhaftet." Daß, im Gegensatz zu denen von Wildgans und Csokor, keines seiner Werke „lokale Bindung" hatte, wurde ihm nicht wirklich vorgeworfen, aber auf der anderen Seite hätte man doch gerne auch eine von Drach verfaßte Huldigung an die schöne Stadt Mödling gelesen. Trotzdem – und das spricht für Mödling – wurde am Nationalfeiertag des Jahres 1990 dem 88jährigen Schriftsteller der Ehrenring der Stadt Mödling überreicht. Der Bürgermeister ging auch bei der Festansprache auf die „Schwierigkeit" des Autors ein: „An Albert Drach", so der Text der Rede, „ist wegen mangelnder Konzilianz jahrelang die Berühmtheit vorbeigegangen. Er konnte und kann bis heute nicht durch Schlüssellöcher schleichen." Schön gesagt, nur eine kleine Frage bleibt: Wem mangelte es an Konzilianz?

Auch sein erster Verleger Joachim Schondorff erzählt von Schwierigkeiten mit dem „Schwierigen". Nach dem ersten durchschlagenden Erfolg Drachs, dem Roman „Das große Protokoll gegen Zwetschkenbaum", der sich auch sehr gut verkaufte, wurden, auf Drängen des bereits 62jährigen Autors, weitere Werke rasch gedruckt – sie blieben aber weitgehend unverkäuflich. Schondorff: „Er hat den Mißerfolg nicht glauben wollen, und so wurde er für den Verleger nicht nur zu einem Verlust-Autor, er wurde auch menschlich schwierig und schwieriger. So fiel er in Wiener Buchhandlungen durch häufige Nachfragen auf, ob seine Werke vorrätig seien. Dazu trat der Versuch, in der Druckerei die Auflage zu kontrollieren."

Schwierig heißt auch oft: kritisch. Drach war ein besonders zynisch und pointiert formulierender Mensch, einer, der bis zuletzt nach Gerechtigkeit suchte und sie kaum irgendwo fand, einer der es sich und seiner Umgebung nicht leicht machte.

Albert Drach war mit seinen Eltern nach dem Ersten Weltkrieg nach Mödling in den heute so genannten *Drachhof, Hauptstraße 44*, ein früheres Kloster, gezogen. Er lebte hier bis zu seinem Tode – unterbrochen freilich durch die Emigration. Während der Zeit des Nationalsozialismus lebte er zuerst in Split, dann in Paris und Nizza. Verarbeitet hat Drach diese Ereignisse in dem beeindruckend ehrlichen autobiographischen Bericht „Unsentimentale Reise".

Drach studierte, obwohl er bereits 1919 einen kleinen Gedichtband „Kinder der Träume" veröffentlichen konnte, gemäß dem dringenden Wunsch der Eltern Jus und eröffnete danach eine Anwaltspraxis in Mödling. Er stand in Kontakt mit Anton Wildgans, der ihn sehr schätzte. Drach schrieb auch in der Zwischenkriegszeit – doch vorerst nur für die Schublade.

Nach seiner Rückkehr aus dem Exil im Jahre 1947 eröffnete er neuerlich eine Kanzlei, kämpfte vor Gericht vorwiegend für sozial Schwächere und lernte so auch die himmelschreienden Ungerechtigkeiten der Welt kennen.

Gerti Drach, Witwe Albert Drachs, im Arbeitszimmer des Schriftstellers

1964, endlich, wird „Das große Protokoll gegen Zwetschkenbaum" gedruckt – Drach hatte es siebzehn Verlagen vorgeschlagen und war siebzehnmal abgelehnt worden. Das im „Protokollstil" gehaltene Buch war dann aber die literarische Sensation des Jahres.

Drach liebte die Ironie, das Groteske, die Karikatur, das Absurde; schuf neben Prosa auch Dramen und eine große Anzahl an Gedichten.

Der riesige, 300 Jahre alte Drachhof, schon an der Fassade als solcher kenntlich gemacht, wird von der Witwe des 1995 verstorbenen Dichters und ihren erwachsenen Kindern bewohnt. Sie arbeitete bis 1983 in der Anwaltskanzlei mit und tippte auch seine Manuskripte auf weißes Papier. Einer der Söhne, Wilhelm Drach, ist Maler und hat im Drachhof sein Atelier eingerichtet.

Kaum irgend etwas in den schönen Räumen der Wohnung wurde in den letzten Jahrzehnten verändert oder umgebaut; die Bücher füllen Wände. Am Schreibtisch im Arbeitszimmer steht ein klobiges Lesegerät – der zuletzt fast erblindete Schriftsteller las damit in mühevoller, langwieriger und anstrengender Arbeit, oft auch die halbe Nacht. An der Wand hängt unter anderem ein von Anton Wildgans gemaltes, den Eltern von Drach gewidmetes Bild des Drachhofs.

Das vom Schriftsteller geliebte Haus besitzt einen großen, langgestreckten Garten; ganz versteckt im dichten Grün befand sich der Lieblingsplatz Drachs, an dem er viel geschrieben hat.

Ob Räumlichkeiten des Hauses zu einer Gedenkstätte für den Dichter umgewandelt werden, ist Anfang 1996 noch nicht geklärt, Frau Drach würde dies begrüßen. Besonders Interessierte führt sie nach Voranmeldung auch so ins Haus.

 ☞ *Gerti Drach, Drachhof, Hauptstraße 44,*
Tel. 02236/261 45 od. 223 21

Rudolf Hausner in Mödling-Hinterbrühl

Adam nach dem Sündenfall. Adam maßstäblich. Dreiköpfiger, roter Adam. Adamorphose. Adam Baumeister. Adam Doppelgänger. Die Reihe der von RUDOLF HAUSNER (1914–1995) gemalten

 Adam-Bilder ist lang. Nicht alle, auf denen er Adam abbildet, tragen diesen Namen auch im Titel. Und nicht alle Bilder, auf denen sich Hausner, zum Teil entstellt, wie durch einen Zerrspiegel betrachtet, darstellt, sind Adam-Variationen.

„Es hat sich", schreibt der Maler und Akademie-Professor, „so ergeben: Um die Welt um mich herum zu malen, habe ich immer wieder in den Spiegel schauen müssen und dabei etwas gefunden, das über meine borniert-persönlichen Belange doch deutlich hinausgeht. Durch die Bequemlichkeit der Versuchsanordnung – die Versuchsperson, der Maler selbst, kann ohne zeitliche und örtliche Beschränkung unter Beobachtung gehalten werden, zugleich verfügt die beobachtende Instanz über einen ungenierten Zugang zum Subjekt – kann ein sehr verläßliches Resultat erzielt werden."

1946 gründete Hausner gemeinsam mit Ernst Fuchs, Wolfgang Hutter, Edgar Jené und Fritz Janasch im „Art-Club" eine surrealistische Grup-

Adam-Köpfe im Atelier Rudolf Hausners,
Mödling-Hinterbrühl

193

pe, der sich später auch Anton Lehmden und Arik Brauer anschlossen. 1959 war er bei der Gründung der Wiener Schule des Phantastischen Realismus mit dabei, entwickelte aber einen sehr eigenständigen, gar nicht versöhnlichen, sondern strengen und konsequenten Stil, der sich bis zuletzt einer Anbiederung an den Massengeschmack verweigerte.

1960 verkaufte er sein erstes Bild; 1968 wurde er Ordinarius an der Akademie der bildenden Künste in Wien; 1970 bekam er den Staatspreis für Malerei; und 1972 übesiedelte er mit seiner vierten Frau Anne nach Mödling bzw. in die Hinterbrühl. Das stattliche, landschlößchenartige Haus – *Brühler Straße 69* – liegt am steilen Hang oberhalb der Hauptstraße. Etwas oberhalb des Hauses befindet sich ein eigenes, neu erbautes Atelier-Haus mit einer riesigen, nach Norden orientierten Glasfront. Anne Hausner plant, das Atelier, in dem sich noch etliche Werke – auch Adam-Köpfe – des Künstlers befinden, im Laufe der nächsten Jahre für Besucher zu öffnen und darin auch Ausstellungen zu veranstalten.

Joseph Olbrich in der Hinterbrühl

Eine der bemerkenswertesten Villen in der Hinterbrühl ist ein Werk des Architekten, Malers und Kunstgewerblers JOSEPH MARIA OLBRICH (1867–1908). Olbrich, gemeinsam mit Hoffmann und Klimt Begründer der Secession und Erbauer des Secessionsgebäudes in Wien, hat hier einen bereits bestehenden Rohbau secessionistisch umgestaltet, der dann als *Friedmann-Villa, Hauptstraße 27*, bekanntgeworden ist. Jedes Zimmer erhielt einen eigenen Farbton, der die gesamte Einrichtung beherrschte. Verschiedene Künstler bemalten die Wände mit Sommerlandschaften, Birkenhainen und anderen Motiven. Die großen Stiegenhausfenster wurden mit Glasmosaiken geschmückt. Heute wird die Villa vom Tierarzt der Gemeinde bewohnt. Glück hat also derjenige, der ein krankes Haustier vom Veterinär behandeln lassen muß – er darf im Gegensatz zu normalen Passanten auf das weitläufige Grundstück vordringen, das mächtige, mit Erkern und Türmen verzierte Haus einmal umschreiten und schließlich auch das schöne Stiegenhaus betreten. (➤ Olbrich in St. Pölten, S. 64 f.)

Baden in Baden
Josef Georg Kornhäusel – Hugo Wiener –
Wolfgang Amadeus Mozart – Karl Millöcker – Carl Zeller –
Carl Michael Ziehrer – Karoline Pichler – Franz Grillparzer –
Eduard von Bauernfeld – Betty Paoli – Katharina Schratt –
Franz Nabl – Albert Paris Gütersloh – Anton Rollett

Baden hat es gut. Es mußte nicht, wie so manch anderer Kurort, jahrelang um das Beiwort „Bad" betteln. Baden ist sozusagen der Inbegriff von einem Kurort. Eine Stadt, die ihre Aufgabe, kränkelnde und kanke Menschen ins Wasser zu setzen, ernst nimmt. Der Ortsname ist jahrhundertelang bewährtes Programm; und genausolange bilden die warmen Schwefelquellen die wirtschaftliche Grundlage der Stadt.

Einer der wichtigsten Baden-Gäste der Neuzeit war Kaiser Franz I., der von 1803 bis 1834 jeden Sommer hier verbrachte. Die logische Konsequenz: Der Ort wurde nicht nur offiziell zur Sommerresidenz erklärt, sondern durch des Kaisers Vorliebe kamen auch Adel und Bourgeoisie und mit ihnen die Kunst- und Kulturszene auf den Geschmack.

Josef Georg Kornhäusel
Einer, der im Vormärz das Antlitz der Stadt entscheidend mitgestaltete, war der Architekt JOSEF GEORG KORNHÄUSEL (1782–1860). Der Meister des Klassizismus baute in Baden unter anderem das *Rathaus am Hauptplatz* und den *Sauerhof* (➤ Beethoven, S. 20 ff.); die *Empirehäuser Nr. 8 und 10* in der *Theresiengasse* (Fußgängerzone) sowie das zweigeschoßige Haus *Theaterplatz 1*. Das einst größte Empireschloß Österreichs, die ebenfalls von Kornhäusel errichtete Weilburg, brannte 1945 aus.

Hugo Wiener
Einer, der bis zuletzt sehr gerne hierher kam, war der berühmte Kabarettist und Librettist HUGO WIENER (1904–1993), der Autor des von seiner Frau Cissy Kraner unsterblich gemachten Chansons „Aber der Nowak läßt mich nicht verkommen". Am Haus *Pfarrgasse 9* befindet sich eine Gedenktafel für ihn.

 ☛ *Kur- und Bäderdirektion Baden, Touristeninformation, Leopoldsbad, Brusattiplatz 3, Tel. 02252/445 31-59 od. 868 00-310*

Wolfgang Amadeus Mozart

WOLFGANG AMADEUS MOZART (1756–1791) kam nicht freiwillig nach Baden. Einziger Beweggrund seiner drei Besuche waren die Kuraufenthalte seiner Frau Konstanze.

Gehen wir zur Einstimmung in die *Stephanskirche am Pfarrplatz*; das Tor ist offen.

Der ursprünglich romanische, mehrfach veränderte Bau interessiert uns vor allem der Orgel wegen: Sie wurde schon gespielt, als hier am 23. Juni 1791 das von Mozart komponierte „Ave verum corpus" erklang, ebenso wie am 9. und 10. Juli, als er seine B-Dur-Messe (KV 275) dirigierte. Er wird wohl auch selbst auf dem Instrument gespielt haben – was uns Spurensucher deshalb besonders interessiert, weil das obere der beiden heute verwendeten Manuale noch aus der Zeit Mozarts stammt; es wurde nach einer Generalsanierung der Orgel wieder eingebaut. Der Aufgang zur Orgelempore ist allerdings in der Regel verschlossen. Nur vor und nach Gottesdiensten besteht die Möglichkeit, mit dem Orgelspieler die schmale Treppe hinaufzusteigen und das Instrument zu bestaunen. Zweite Möglichkeit: Man versucht sein Glück im katholischen Pfarramt und bittet um einen Orgelbesichtigungstermin.

 ☛ *Pfarre St. Stephan, Baden,*
Pfarrplatz 7, Tel. 02252/484 26

Im Halbdunkel über der kleinen, zur Orgelempore führenden Pforte befindet sich eine Gedenktafel mit der Aufschrift „W.A. Mozart schuf im Jahr 1791 für seinen Freund Anton Stoll das Ave verum – Am 15. August 1911 vom Kirchenmusikverein in Baden errichtet".

1789 fuhr Konstanze Mozart zum ersten Mal nach Baden auf Kur; sie hatte eine Beinverletzung auszukurieren. Mozart kam vom 15. bis zum 18. Juli auf Besuch; am 19. Juli mußte er zu einer Probe der wiederaufgenommenen Oper „Die Hochzeit des Figaro" zurück nach Wien. Wo er in Baden wohnte, ist nicht bekannt. Bekannt sind allerdings zahlreiche Briefe, die er seiner Konstanze aus Wien schrieb. Darin kann er eine gewisse Eifersucht nicht verbergen. Mitte August schreibt er:

(…) liebes Weibchen! –
ich will ganz aufrichtig mit dir sprechen, –
du hast gar keine Ursache, traurig zu seyn –
Du hast einen Mann der Dich liebt, der Dir alles, was er nur
im Stande ist, thut – was Deinen fuß anbelangt, brauchst Du
nur Gedult zu haben, es wird gewis ganz gut gehen; – mich
freut es ja, wenn Du lustig bist – gewis – nur wünschte ich
daß Du Dich bisweilen nicht so gemein machen möchtest –
mit N.N. machst Du mir zu freye (…) ebenso mit N.N. als er
noch in Baaden war.

Hier sei auf eine ganz besonders schöne Spur Mozarts hingewiesen: Auf den Nachdruck sämtlicher in irgendeiner Beziehung zu Baden stehender Briefe. „Wolfgang Amadeus Mozart und Baden" heißt die Broschüre und ist im Rollett-Museum (Adresse s.u.) erhältlich.

1790 tauchte der bis heute meistgespielte Komponist der Welt vom 6. bis 12. Juni in Baden auf. An jenem 12. Juni führte der Chormeister Anton Stoll eine von Mozart komponierte Messe auf. Mit diesem engagierten Mann bahnte sich für Mozart so etwas wie eine Freundschaft an. Stoll wurde um Hilfe für Konstanze gebeten, Mozart lieh ihm dafür Messen, die der „Regenschori" dann in St. Stephan aufführte.

Orgelspielerin in Baden: Hier spielte auch schon Mozart

197

*Mozarts Arbeitszimmer in einem Schuppen
des Hauses „Zum Blumenstock"*

1791: Die Sache mit Baden beginnt mit einem Brief an Anton Stoll (Anrede: „Liebster Stoll! seyens kein Schroll"), in dem Mozart ihn bittet, „für meine Frau eine kleine Wohnung zu bestellen; – Sie braucht nur 2 Zimmer; oder ein Zimer und ein Kabinetchen. – Das nothwendigste aber ist; daß es zu ebener Erde seye". In einem Postskriptum notiert ein drastisch scherzender Mozart, daß dies „der dumste Brief" sei, „den ich in meinem leben geschrieben habe; aber für Sie ist er Just recht."

Stoll ist nicht böse und beschafft Mozarts Frau ein Quartier im Haus *Zum Blumenstock* in der *Renngasse 29, heute Nummer 4*. Konstanze wohnte, wie bestellt, ebenerdig, und zwar links vom Eingang. Das Haus existiert nicht mehr, an seiner Stelle wurde der heute so genannte *Mozarthof* errichtet. Eine denkmalgeschützte Stuckdecke des alten Hauses wurde im Neubau mitverwendet. Konstanze kam am 4. Juni an; ihr liebender Mann besuchte sie schon am 8. Juni für einen Tag, dann vom 13. bis 15. Juni sowie in der letzten Juniwoche. Auch am 9. und 10. Juli war er für zwei Tage hier.

Mozart pendelte zwischen Wien und Baden hin und her und arbeitete auch in Baden weiter. Zu diesem Zwecke mietete er im hofseitig gelegenen Schuppen des Hauses Zum Blumenstock eine

Dachkammer. Am 17. Juni, so recherchierten die Chronisten penibel, schrieb er hier das eingangs zitierte „Ave verum corpus" für Freund Stoll, offenbar als eine Art Honorar gedacht.

Am 10. Juli dirigierte er in der Badener St.-Stephans-Kirche dann die B-Dur-Messe, fuhr unmittelbar danach nach Wien und verlangte die Messe am 12. Juli brieflich von Stoll zurück.

Am 30. September des Jahres 1791 wurde die „Zauberflöte" uraufgeführt und zum Riesenerfolg; Anfang Oktober fuhr Konstanze wieder auf Kur nach Baden. Wieder schrieb Mozart etliche Briefe, in denen er sein Strohwitwerdasein beklagt. Am 18. November leitete er noch selbst die Aufführung der „Freimaurerkantate", am 20. November wurde er bettlägrig und starb am 5. Dezember, noch nicht 36 Jahre alt.

Karl Millöcker

Er war einer jener Komponisten „leichter Musik", die immer wieder nach Baden kamen bzw. hier lebten. KARL MILLÖCKER (1842–1899) war neben Johann Strauß und Franz von Suppé einer der bekanntesten Vertreter der klassischen Wiener Operette, komponierte Dutzende Operetten und Singspiele, wobei er unter anderem mit Ludwig Anzengruber als Textdichter zusammenarbeitete. Für Erfolg sorgte auch, daß Alexander Girardi oft in seinen Operetten auftrat.

Der Komponist von „Der Bettelstudent" schrieb seine Werke zum Teil in Baden. 1878 besuchte er erstmals die Kurstadt, um sein Knieleiden zu lindern. Wie auch bei seinen späteren Aufenthalten wohnt der Komponist im *Hotel Schwarzer Bock, heute Pergerstraße 22*. Im Hotel Zum goldenen Löwen spielte er seinen beiden Textdichtern Richard Geneé und Zell erstmals den ersten Akt aus dem „Bettelstudenten" vor, der seit der Uraufführung im Jahr 1883 eines der meistgespielten Musikdramen überhaupt ist.

1887 kaufte er sich zusammen mit seiner langjährigen Lebensgefährtin Karoline Hofschneider in Baden-Weikersdorf ein Sommerhaus, wo er die Zeit von April bis Oktober verbrachte und besonders gerne den Garten betreute. 1889 verlegte Millöcker seinen Wohnsitz ganz nach Baden und wurde zum peniblen „Kleinbürger der Operette". Er setzte exotische Pflanzen und Bäume, zeichnete im Tagebuch genauestens auf, wann die Kirschen geerntet und die Nüsse auf den Boden gebracht werden mußten. An der Stelle des – von Millöcker „Hundehütte" genannten – Hauses in der *Albrechtsgasse 6* befindet sich heute ein Mehrfamilienwohnhaus.

Da das Haus nicht winterfest war, mietete er für den Winter 1899 eine Wohnung in der Nähe des Bahnhofs, am heutigen *Conrad-von-Hötzendorf-Platz 8*. Dieses große gründerzeitliche Mehrfamilienwohnhaus existiert noch. Nach einem Schlaganfall starb Millöcker 1899 in dieser Wohnung.

Im *Badener Rollettmuseum* sind Originalpartituren seiner Operetten ebenso wie sein Schreibtisch und seine Totenmaske ausgestellt.

☞ Städtische Sammlung – Archiv – Rollettmuseum, Weikendorfplatz 1, tägl. außer Di 15–18 Uhr, ansonsten Voranmeldung, Tel. 02252/482 55

Carl Zeller

Offenbar war Baden als Alterswohnsitz sehr beliebt. Auch der in St. Peter in der Au geborene CARL ZELLER (1842–1898), Komponist der berühmten Operette „Der Vogelhändler" („Griaß enk Gott, alle miteinander"), verbrachte seine letzten Jahre hier (➣ Zeller in St. Peter, S. 282 f.). Er kaufte ein Haus in der *Eugengasse 3*, in einem ruhigen Villenviertel, in dem er auch starb. Das eingeschoßige kleine Haus exisiert, natürlich adaptiert, heute noch als Wohnhaus.

Carl Michael Ziehrer

Johann Strauß war der „Walzerkönig", CARL MICHAEL ZIEHRER (1843–1922) der „Walzerfürst". Strauß war Hofballmusikdirektor, Ziehrer ließ sich 1879 zum „rumänischen Hofkapellmeister"  ernennen – die Konkurrenz zwischen den „Sträußen" und Ziehrer war groß und hart, doch nach und nach arbeitete sich der Sohn eines Hutmachers mit Zähigkeit und Biß ganz hoch hinauf, so hoch, daß er sich im Jahr 1908 auch endlich Hofballmusikdirektor nennen durfte und es bis zum Ende der Monarchie blieb. Zahlreiche Ehrentitel wurden für den Komponisten von mindestens 566 Musikstücken, 22 Operetten, schneidigen Märschen, lieblichen Weisen und beschwingten Polkas erfunden: „Großmeister des Wiener

Ziehrer-Haus in Baden: Musikerheim für alternde Künstler

Walzers" wurde er ebenso genannt wie „Marschkönig der k.k.
österreichisch-ungarischen Monarchie". Ziehrer ist auch heute
unvergessen: Seine „Polka mazur" darf sogar beim Neujahrskon-
zert von den Philharmonikern gespielt werden, mit seiner
„Fächerpolonaise" werden nach wie vor und Jahr für Jahr Hunderte Bälle eröffnet, seine „Weana Madln" sind eine beliebte Melodie, und sein Walzer „Hereinspaziert" ist längst ein unverwüst-
licher Evergreen.

Ziehrers Badener Kontakte reichen in die Jahre 1865/66
zurück; er war damals Kapellmeister der Kurmusik Baden. 1905
kam er erstmals als Gast hierher; 1909 verbrachte er den ganzen
Sommer in Baden. Von 1912 bis 1917 kam er häufig „heraus"
und lebte im kleinen Haus an der *Ecke Conrad-von-Hötzendorf-*
Platz/Hildegardgasse, unweit des Bahnhofs. Dieses Haus existiert
noch. Es befindet sich am gleichen Grundstück wie das riesige
Gründerzeithaus, in dem Carl Millöcker verstarb, und trägt eine
Gedenktafel.

Die würdigere und interessantere Gedächtnisstelle für den Musiker ist aber das 1913 als „Musikerheim" eröffnete *Carl Michael-*
Ziehrer-Haus, Ziehrerweg 4, direkt am Rand des Kurparks. Man
erreicht den steil bergauf führenden Ziehrerweg über die Mar-

chetstraße und die Andreas-Hofer-Zeile. Dieses Haus ist so wie damals auch heute noch ein Refugium für alt gewordene Künstler, steht aber als Pension mit 22 Zimmern jedermann offen.

Ziehrer hatte Kriegsanleihen gezeichnet und seinen Schmuck in der Aktion „Gold gab ich für Eisen" abgeliefert – prompt verarmte er nach Kriegsende. So verbrachte er nach zwei Schlaganfällen und noch dazu gelähmt die Sommer 1919 bis 1921 im „Musikerheim". Das ehemalige Ziehrer-Zimmer ist heute ein normales Fremdenzimmer geworden; schön ist der kleine Garten mit dem Gartenhäuschen, in dem der alte Komponist angeblich gerne gesessen ist. Im Speisesaal des Hauses befinden sich Fotos und andere Erinnerungsstücke an den „Walzerfürsten".

 ☞ *Carl-Michael-Ziehrer-Haus,*
Ziehrerweg 4, Tel. 02252/440 49

Karoline Pichler

Die Schriftstellerin KAROLINE PICHLER (1769–1843) war eine frühe Vertreterin einer „sanften" Emanzipation und eine wichtige Figur im gesellschaftlichen Leben von Wien: Sie führte einen li-  terarischen Salon, in dem viel Prominenz zu Gast war. Sie selbst schrieb Erzählungen und Gedichte, wobei sie historisch-patriotische Stoffe bevorzugte. Ihr religiöser Briefroman „Agathocles" wurde in mehrere Sprachen übersetzt. Nach Baden kam sie, weil ihr Mann ein Unterleibsleiden auszukurieren hatte. In ihren „Denkwürdigkeiten aus meinem Leben", erschienen in vier Bänden im Jahr 1844, erzählt sie über ihre erste Kontaktaufnahme mit dem Kurort: „Ich hatte aber früher schon Erkundigungen bei Bekannten eingezogen, welche ebenfalls ein stilleres Leben liebten und führten, und erfahren, daß und wie man sich in Baden einrichten könne, um sich mehr selbst anzugehören. Endlich willigte Pichler ein, aber nur für vierzehn Tage, die er in Baden zubringen wollte. Wir nahmen daher weder Köchin noch Küchengeräthe mit, und Frau von Arneth war so gefällig, uns eine kleine nette Wohnung mit der schönen Aussicht auf das Waldgebirge zu besorgen."

Es dürfte ihrem Mann gefallen haben, denn zwischen 1822 und 1837, dem Todesjahr von Andreas Pichler, wurde jedes Jahr eine sechswöchige Kur in Baden eingeplant.

Franz Grillparzer

Daß er ein hypochondrisch veranlagter Mensch war, ist bekannt. FRANZ GRILLPARZER (1791–1872), Autor von „König Ottokars Glück und Ende", „Ein treuer Diener seines Herrn" und „Der Traum ein Leben", der sich nach dem Durchfallen von „Weh dem, der lügt!" schon 1838 aus dem Literaturbetrieb zurückzog und nur mehr für die Schublade (und die Nachwelt) schrieb, fuhr oft und gerne auf Kur nach Baden. Siebzehn längere Aufenthalte sind überliefert. Hier die Chronologie der zum Scheitern verurteilten Versuche Grillparzers, gesund zu werden:

1818 wohnte er im Haus Gutenbrunn 23, der heutigen *Rollettgasse 3*. An diesem Haus befindet sich eine Gedenktafel. Grillparzer erzählt selbst, daß ihm hier die Idee zum „Goldenen Vließ" gekommen sei. Schon ein Jahr zuvor, 1817, war in Baden übrigens seine „Ahnfrau" aufgeführt worden. Grillparzer kam damals – mit 27 Jahren – noch in Begleitung seiner Mutter.

Im Revolutionsjahr 1848 flüchtete Grillparzer aufs Land – natürlich ins kaisertreue Baden. Er wohnte im *Magdalenenhof*, jener Absteige in der *Frauengasse 10*, in der schon Beethoven logiert hatte (➤ Beethoven, S. 20 ff.).

Kurpark Baden: Grillparzer-Denkmal

Er fühlte sich als Mann der Mitte und dichtete: „Als liberal einst der Verfolgung Ziel, / schilt mich der Freiheitstaumel nun servil; / nicht hier noch dort in den Extremen zünftig / ich glaube bald, ich bin vernünftig."

In den Jahren 1849, 1850, 1859 und 1860 wohnte er wieder im Magdalenenhof, 1858 im *Sauerhof* (➢ Beethoven, S. 20 ff.). 1864 und 1865 wohnte Grillparzer im sogenannten *Metternichhof* in der *Theresiengasse 10,* mitten im Zentrum. Ab 1848 reist er bereits mit dem „Train" nach Baden an.

In seinen Badener Briefen an seine „ewige Braut" stellt er sich als liebenswerter Grantler dar. 1858 hatte er besonders große Sorgen: „Aber ich habe es satt. Die Mineralwässer kann ich nicht mehr trinken und das kalte Baden hat mir das letzte Mal nicht sehr bekommen und alles muß ein Ende haben. (…) Zugleich wird mein Gebiß so locker, daß ich alle Tage fürchten muß, es werde mir zum Maule herausfallen oder während des Essens zerbrechen. Da sieht der Weise sich denn beizeiten vor."

Schon 1865 wurde Grillparzer zum Ehrenbürger ernannt; im *Kurpark* befindet sich auch ein *Denkmal*; es steht direkt bei der Blumenuhr vor dem Kongreßhaus.

Ein besonderes Fundstück muß noch erwähnt werden: Im *Rollettmuseum* (s.u.) befindet sich ein Armlehnstuhl, auf dem Grillparzer besonders gerne saß. – Gestorben ist Grillparzer im Alter von 81 Jahren in Wien.

Eduard von Bauernfeld

Ein absolut besuchenswertes Ziel in Baden ist das heute zum Nobelhotel verwandelte *Schloß Weikersdorf* in der *Schloßgasse 9–11.* Der Schriftsteller, Feuilletonist und Kritiker EDUARD VON BAUERNFELD (1802–1890) wohnte hier bei seinen Aufenthalten in Baden.

Betty Paoli

Die Lyrikerin, Essayistin, Erzählerin und spätere Journalistin BETTY PAOLI (1814–1894) war eine der bemerkenswertesten Frauen des österreichischen Biedermeier. Als Barbara Elisabeth Glück in ärmsten Verhältnissen geboren, mußte sie immer für sich selbst sorgen und tat das sehr bald durch ihr literarisches Können.

Grillparzer etwa nannte sie „den ersten Lyriker Österreichs". Eigentlich hätte Paoli den goldenen Sommerfrischlerorden verdient: 40 Jahre lang kam sie Sommer für Sommer nach Baden und wohnte in der *Marchetstraße*, danach am *Hauptplatz 12* (das Haus ist noch erhalten) und ab 1890 in der *Albrechtsgasse 23*.

Katharina Schratt

Der Burgschauspielerin KATHARINA SCHRATT (1855–1940) gebührt ein Ehrenplatz: Sie wurde tatsächlich in Baden geboren. Ihre Affäre mit Kaiser Franz Joseph war nicht nur der Gegenstand vieler Legenden, sondern auch von Filmen, Romanen, Biographien etc. Ihr Geburtshaus befindet sich in der *Theresiengasse 1*, dem heutigen *Stadtkeller*.

Franz Nabl

FRANZ NABL (1883–1974), bei Kolin in Böhmen als Sohn eines Gutsherren geboren, kam mit seinen Eltern im Alter von drei Jahren nach Österreich.

Der spätere Dichter des großen Romans „Ödhof" studierte Jus, Philosophie und Germanistik in Wien, war von 1924 bis 1927 Kulturredakteur des neuen „Grazer Tagblatts" und übersiedelte 1934 nach Graz, wo er 1974 starb.

Nabl schrieb Erzählungen, Romane und Novellen. Seine Landschaftsdarstellungen erinnern an Stifter. Er sah sich in der Tradition der Erzähler des 19. Jahrhunderts, als ein aufgeklärter, bürgerlich-konservativer Schriftsteller.

1891 – Franz Nabl war acht Jahre alt – entschloß sich der Vater überraschend, von Wien nach Baden zu ziehen; die Familie wohnte in einem großen Haus am Fuße der Ruine Rauhenstein. Der nahe Föhrenwald war für Nabl und seine Geschwister eine ideale Spielwiese. Nach einigen Jahren verkaufte der Vater das Haus wieder, und man ging zurück nach Wien. Der junge Franz litt unter dem schlechten Verhältnis zwischen Vater und Mutter, brachte in der 7. Klasse drei „Nicht genügend" heim. Deshalb zog die Mutter mit ihrem Sohn erneut nach Baden. 1901 bis 1903 wohnten Mutter und Sohn in einer kleinen Wohnung in der *Fla-*

Franz Nabls Wohnhaus in der Hochstraße 2 in Baden

minggasse. Nabl schloß erste Kontakte mit dem Theater, z.B. sah er Anzengrubers „Der ledige Hof".

Am Ende des Ersten Weltkrieges zog Nabl mit seiner Frau in das schönste aller Nabl-Wohnhäuser in der *Hochstraße 2*. Das unweit vom Ziehrer-Heim am Berghang gelegene Anwesen ist auf jeden Fall einen Spaziergang wert. Da die Nabls Geldsorgen hatten – der Bruder, der als Verwalter des Gesamtvermögens des Vaters eingesetzt war, hatte sich verspekuliert –, ging der Schriftsteller jeden Morgen in den Wald, um rucksackweise Föhrenzapfen als Brennmaterial zu sammeln.

1924 erhielt er ein Angebot des „Grazer Tagblatts", als Feuilletonredakteur zu arbeiten, das er annahm. Er wohnte aber weiterhin in der Hochstraße in Baden, nur: „für die Jahre 1928 und 1929 hatte ich (...) im achten Wiener Gemeindebezirk zwei Räume für mich und meine Frau zur Verfügung gestellt bekommen, da die grimmige Kälte in den Mansarden unseres Landhauses unerträglich wurde. Die beiden zu heizenden Parterrezimmer hatten wir vermietet, um uns zu unserem mehr als dürftigen Einkommen eine Zubuße zu verschaffen."

Mitte der dreißiger Jahre verkaufte er schließlich das Haus; der Käufer war der Vater des bekannten Mediziners Spitzy. Professor

Spitzy lebt heute noch in Nabls Haus; er liebt es wie einst der Schriftsteller. (➤ Nabl in Türnitz, S. 278 f.)

Albert Paris Gütersloh

Albert Conrad Kiehtreiber hieß der junge Mann, doch mit dem Namen war keine Karriere zu machen. Also mußte der Provinzschauspieler und Schüler Klimts seinen Namen ändern. Kiehtreiber nannte sich ALBERT PARIS GÜTERSLOH (1887–1973) – und schon ging es mit der Karriere des Multitalents steil bergauf.

Er war so etwas wie ein Allroundgenie, der die These von der universellen Kreativität des Menschen kraft seiner Person deutlich untermauert hat. In der NS-Zeit mit Berufsverbot belegt, war Gütersloh 1950 bis 1954 Präsident der Wiener Secession und leitete eine Meisterklasse an der Akademie der bildenden Künste. Als Maler war er der Wegbereiter der Wiener Schule des Phantastischen Realismus und auch der erste Präsident der 1974 gegründeten Künstlervereinigung „Art-Club", eines Sammelbeckens experimentierfreudiger, fortschrittlicher Künstler.

Nach Baden kam Gütersloh erst im hohen Alter. Seine Lebensgefährtin hatte 1969 „eine heruntergekommene Bude mit angeschlossenem Ziegenstall" für ihn aufgetrieben, an deren Stelle sie einen Neubau errichten ließ. Im ebenerdigen, großen Empfangsraum mit offenem Kamin hingen viele Gütersloh-Bilder; im Obergeschoß wurde das Wohnatelier mit Nebenräumen und einem eigenen Ausgang in den oberen Garten eingerichtet.

Gütersloh starb 1973. Das in den letzten Jahren völlig veränderte Haus am Eingang zum Helenental, *Helenenstraße 100*, unweit der kleinen Kirche St. Helena, liegt von der Straße etwas Richtung Felsen versetzt. Ende 1995 war die Gedenktafel für Gütersloh nicht mehr vorhanden.

Anton Rollett

Zum krönenden Abschluß der Badener Personality-Show tritt jener Mann auf, der in Baden inventarisiert, vermessen, katalogisiert, gesammelt und geheilt hat: der Wundarzt ANTON ROLLETT (1778–1842).

Der leidenschaftliche Sammler muß einen Zwanzigstundentag gehabt haben. Seine 1867 der Stadt Baden zugekommene Sammlung umfaßte (und umfaßt heute noch) ein Herbarium mit über

Rollett-Museum in Baden: Dokument einer unglaublichen Sammelwut

14.000 Pflanzenarten, alle Vögel Österreichs sowie verschiedene andere Tierarten, eine vollständige Holz- und Samensammlung, alle Mineralien aus Baden und Umgebung, Handarbeiten, Textilien und vieles mehr, daneben noch eine Bibliothek mit über 4000 Büchern.

1824 konnte Rollett seiner Sammlung einen wertvollen Schatz einverleiben: die Gallsche Schädel- und Büstensammlung. Der Mediziner Gall hatte behauptet, daß menschliche Eigenschaften an der äußeren Form des Schädels bzw. des Gehirns ablesbar seien.

Rolletts Sammlungen sind heute im *Badener Rollettmuseum* zu bestaunen. Untergebracht ist das Museum im ehemaligen Weikersdorfer Rathaus, einem repräsentativen Bau am *Weikersdorfer Platz 1*. Neben der berühmten Schädelsammlung sind prähistorische, ägyptische, griechische und römische Fundgegenstände sowie Totenmasken und hunderttausend andere Objekte augestellt. Auch Rollett selbst ist zu sehen: Sein knöcherner Schädel steht als Dekorationsobjekt am Schreibtisch des ihm gewidmeten Zimmers.

☛ *Städtische Sammlungen – Archiv – Rollettmuseum, Weikersdorf Platz 1, tägl. außer Di 15–18 Uhr, ansonsten Voranmeldung, Tel. 02252/482 55*

Bad Vöslauer Stammgäste
Theophil Hansen – Hugo von Hofmannsthal – Fanny Elßler –
Gustav Freytag – Otto Wagner – Theodor Herzl – Arthur
Schnitzler – Peter Altenberg – Adolf Loos – Bertha von Suttner –
Ludwig Anzengruber – Betty Paoli – Bertha Zuckerkandl

Vöslau hat immer unter der übermächtigen Konkurrenz des nur fünf Kilometer entfernten Baden gelitten. 1904 wurden dort 28.038 Kurgäste registriert, in Vöslau dagegen nur ein Fünftel davon, nämlich 5791. 1914 kamen 5853 Gäste. Und das war's dann. Der erste Weltkrieg versaute das Geschäft für immer. Das Kurgeschäft sollte danach nie mehr so florieren wie vor dem Krieg.

Vöslau hatte immer mehrere Gesichter. Das eine war das des Kurorts, das andere das einer alten Industriestadt. Die heute nicht mehr existierende Vöslauer Kammgarnfabrik gab Arbeit und Brot über Jahrzehnte hinweg. Damit konnte man sich über den schwindenden Ruf als Kurort hinwegtrösten. Und das dritte Gesicht ist dasjenige, das seit Jahrhunderten unverändert blieb: das des fröhlichen Weinbauortes.

Vielleicht war und ist es den Vöslauern auch ganz recht, daß sie nicht mehr von Gästen überflutet werden: So können sie selbst im wunderbaren *Thermal-Freibad* ihren Privatkuren nachgehen. Ein Vergnügen, das man auch als flüchtiger Vöslau-Besucher nicht auslassen sollte. Die vom Architekten THEOPHIL HANSEN (1813–1891) konzipierte Anlage vermittelt trotz Umbauten familiäres Jahrhundertwende-Flair.

„Gäste – Große Welt in Bad Vöslau" heißt ein 1994 erschienenes, 350 Seiten schweres Monsterwerk. Auf dieses von Otmar Rychlik herausgegebene Buch stützen sich die folgenden Vöslau-Ausführungen. – Vor dem lohnenden Spaziergang durch den Kurort sollte man sich auch noch den Faltprospekt „Historischer Spaziergang" besorgen.

☛ Kurverwaltung Bad Vöslau, Schloßplatz 1,
im Sommer im Gebäude der Volksbank, Tel. 02252/707 43

Ein Rundgang durchs prominente Bad Vöslau
Logischer Ausgangspunkt jedes Spaziergangs ist das Bad. Rechts davon, an der Ecke zur vielbefahrenen Hauptstraße, liegt das herrlich altmodische, 1896 errichtete Hotel Stefanie. Und links

vom Bad, am Hang über der Kurkonditorei, versteckt sich die *Villa zur schönen Aussicht*. In dieser imposanten, 1850 errichteten Biedermeiervilla wohnte im Jahr 1883 als neunjähriger Knirps der später großgewordene Schriftsteller HUGO VON HOF-MANNSTHAL (1874–1929) – selbstverständlich in Begleitung der Eltern.

Ebenfalls in dieser Villa einquartiert war die berühmte Tänzerin FANNY ELSSLER (1810–1884).  Elßler war so beliebt und erfolgreich, daß sie mit 41 ihre Karriere beenden und „privatisieren" konnte. 1871 bezog sie mit Bedienten die Villa und kam noch achtmal wieder. Sie war eine der treuesten Vöslauerinnen und, dem Vernehmen nach, eine attraktive Frau.

Man geht nun durch das *Maital*, unmittelbar an der Außenfront des Bades entlang, bis man das kleine *Schweizerhaus, Maital 4*, bzw. das Portal des danebenliegenden Felsenkellers sieht. Hier hat ein großer Name eine bedeutende Großtat vollbracht: Robert Schlumberger produzierte den ersten

Thermalbad Bad Vöslau: erbaut von Theophil Hansen

„nach der Champagnermethode hergestellten österreichischen Schaumwein".

Im Schweizerhaus hat von 1918 bis 1925 Jakob Levy Moreno an der Entwicklung der Soziometrie, der Gruppen- und Psychotherapie und des Psychodramas gearbeitet.

Weiter bergan passiert man den mächtigen, als Hotel erbauten Florahof. Er hat zweifelsfrei schon bessere Zeiten gesehen. Nach der Überquerung des Josefsplatzes befindet man sich bereits im Kurpark, durch den es weiterhin bergan bis zu seinem oberen Ende geht. Den „Waldwiese" genannten Weg nach rechts, dann nochmals nach rechts, und man befindet sich in der Anzengruberstraße. In der Villa *Anzengruberstraße 8* wohnte im Jahr 1887 der berühmte deutsche Schriftsteller GUSTAV FREYTAG (1816–1895). Er hatte seinen Sohn zur Behandlung in die Kaltwasserheilanstalt Gainfarn gebracht.

Die Anzengruberstraße weitergehend, biegt man bei der ersten Gelegenheit nach links in die *Dr.-Sigmund-Stransky-Straße* ab.

Auf *Nummer 10* steht ein imposantes Gebäude – die *Villa Kunewalder*. Sie wurde im Jahre 1870 vom jungen OTTO WAGNER (1841–1918) errichtet.

Man macht nun kehrt und geht bergab, bis man auf die *Florastraße* stößt. Diese nach links. Auf der hangwärtigen Seite liegen wie aufgefädelt einige stolze Villen. Im Haus *Nr. 11*, der sogenannten *Storchenvilla*, logierte 1886 der als Begründer des Zionismus berühmt gewordene THEODOR HERZL (1860–1904). Schon 1879 wohnte er im nahen Gainfarn, im Haus *Hauptstraße 48*, 1880 im *Wilhelminenhof in der Hügelgasse*, 1881 in der Villa Adler, in der heutigen *Jägermayerstraße 19*. Einige Schritte weiter stadtauswärts sieht man bereits über Weingärten hinweg. Die linker Hand liegende, 1845 errichtete biedermeierliche *Marienvilla* befand sich einst im Besitz der Familie Schlumberger. Richtung Norden, am Fuße des großen Weingartens, sieht man ein großes Haus mit Turm. Die imposante *Villa Weinfried* in der *Ludwigsstraße 2* war 1872 für den

*Otto-Wagner-Haus
in Bad Vöslau*

211

Weingroßhändler Ludwig Schneider erbaut worden. Der junge ARTHUR SCHNITZLER (1862–1931) war hier des öfteren bei der Tochter des Hauses, Olga, verehelichte Waissnix, zu Gast. Waissnix war die berühmte „Talhofwirtin" von Reichenau (➤ Schnitzler in Reichenau, S. 257 ff.; Schnitzler am Semmering, S. 248 ff.). Insgesamt soll Schnitzler 28mal in Vöslau gewesen sein, meist wegen Olga – mit der ihn eine langjährige, große und unerfüllte Liebe verband.

Zurück in der *Florastraße*, stößt man bald auf das burgähnliche ehemalige *Hotel Bellevue*, dessen Türme von weitem sichtbar sind. Es war einst die erste Adresse des Kurorts; heute befinden sich in dem Gebäude Wohnungen. Im Bellevue stieg die Crème de la crème ab, unter anderen Bertha von Suttner, Adolf Loos und der Schriftsteller und Lebenskünstler PETER ALTENBERG (1859–1919), der schon als neunjähriger Knabe an der Hand seiner Mutter nach Vöslau gekommen war. (➤ Altenberg in Reichenau, S. 260 f.; Altenberg am Semmering, S. 245 f.; Altenberg in Altenberg, S. 300)

ADOLF LOOS (1870–1933), der elegante und umstrittene, erfolgreiche Architekt, stieg immer nur in den allerbesten Hotels ab. 1904, 1906 und 1911 war er im Bellevue zu Gast, im ersten Jahr noch mit seiner ersten Frau Lina, 1906 mit seiner damaligen Gefährtin Bessie Bruce. 1911 kam er allein. In ebendiesem Jahr wurde sein revolutionäres und angefeindetes „Loos-Haus" am Wiener Michaelerplatz fertiggestellt.(➤ Loos am Kreuzberg, S. 270 ff.)

BERTHA VON SUTTNER (1843–1914) kam 1904 nach Vöslau auf Kur, und zwar in einer für sie schwierigen Zeit. Vöslau-Chronist Rychlik: „Im Herbst 1904 ist eine müde und einsame, aber nach wie vor kämpferische Bertha von Suttner in Vöslau." Die bereits verwitwete Autorin von „Die Waffen nieder!" ist in jener Zeit ständig auf der Suche nach Geldgebern für ihre Friedensinitiativen. (➤ Suttner in Harmannsdorf, S. 119 ff.)

Immer bergab, entlang der Mauern des Thermalbades, führt der Spaziergang nun wieder zur Hauptstraße, richtig: Badner Straße. Wer bis jetzt noch nicht ins Schwimmbad geflüchtet ist, sollte dies nun tun – und die anderen Adressen erst nach einer längeren Erfrischungspause aufsuchen.

Der Dramatiker LUDWIG ANZENGRUBER (1839–1889) spielte 1863 und 1865 in Vöslau Theater. Vor seiner Karriere als

Schriftsteller tingelte er, immer in Begleitung seiner Mutter, als Schauspieler durch die Lande, lebte von der Hand in den Mund – und war grenzenlos frustriert. 1865 reichte ihm die Provinz endgültig: „Ich bin wieder auf dem besten Weg, theatermüd' zu werden – bin entschlossen, keinesfalls, wenn irgend möglich, nach Krems zu gehen." – Ob er Krems nun mit seiner Schauspielkunst beglückte, geht aus den Briefen an seinen Freund nicht hervor. Anzengruber wohnte in *Gainfarn*, heutige Adresse *Berggasse 34*. (➤ Anzengruber in Wolkersdorf, S. 147 f.)

Die Lyrikerin, Essayistin, Erzählerin und Journalistin BETTY PAOLI (1814–1894) logierte 1887 in Vöslau, und zwar in der *Villa Belvedere*. (➤ Paoli in Baden, S. 204 f.)

Auch eine der berühmtesten Journalistinnen ihrer Zeit, BERTHA ZUCKERKANDL (1864–1945), kam nach Vöslau, und  zwar 1902. Sie arbeitete als Kultur- und später als Auslandsjournalistin und spielte in beiden Metiers eine wichtige Rolle. Zuckerkandl war eine entschiedene Verfechterin der Moderne, stritt für die Secessionisten und für Gustav Mahler. Karl Kraus war ihr Intimfeind – nicht nur aus stilistischen Gründen. Dem streitbaren Kritiker war der Einfluß, den „die Zuckerkandl" allerorts gewonnen hatte, zu groß geworden.

Fabrikanten und Fabriksstädte

Hermann Broch in Teesdorf – Rudolf Steiner in Neudörfl/Bgld.
und Wiener Neustadt – Ferdinand Ebner in Wiener Neustadt –
Josef Matthias Hauer in Wiener Neustadt –
Franz Fischer in Neunkirchen – Arthur Krupps Berndorf

Ebene, nichts als Ebene. Fabriken, Betriebe, Straßen, Auto-bahnkreuze, Einfamilienhäuser. Das Wiener Becken ist keine klassische Ausflugslandschaft, sondern ein blinder Fleck auf der touristischen Landkarte. Mitten im Wiener Becken liegt Teesdorf. Obwohl bestenfalls begeisterten Automobilisten als Ort einer Auto-Teststrecke näher bekannt, ist gerade hier ein für Österreich einmaliges industriegeschichtliches Ensemble zu finden. Das Besondere: Die heute stillgelegte Baumwollspinnerei wurde dereinst vom Schriftsteller Hermann Broch geführt.

Wiener Neustadt, bis zum Zweiten Weltkrieg Zentrum der heimischen Rüstungsindustrie, ist heute eine moderne Industriestadt. Und kein Mekka für Ausflügler. Doch auch hier sind interessante Sehenswürdigkeiten zu finden – vor allem für diejenigen, die bereit sind, genauer hinzuschauen.

Bereits außerhalb des Wiener Beckens liegt Berndorf. Ein klingender Name, aber wiederum und in erster Linie als Industriestadt bekannt. Daß diese Stadt ein einziges überdimensionales Monument darstellt, ein Gesamtkunstwerk im engeren Sinn des Wortes, macht sie für unser Buch zu einem herausragenden Angelpunkt. Der Fabrikant, der die Fabrik besaß, wollte mehr als nur Geld scheffeln und mehr als nur vage Spuren in „seiner Stadt" hinterlassen. Was ihm, in Berndorf anschaulich nachzuerleben, mit einigem Erfolg gelungen ist.

Hermann Broch in Teesdorf

Bald sind's 100 000 Spindeln,
Und sie sausen um die Wette,
Da der Schuß und dort die Kette.
Ha! Die dicken Baumwollbatzen,
Müssen durch die Karde hatzen,
Werden dann das feine Vlies,
Und die Spinnerin ist mies.

Und die Dampfmaschine mächtig,
Und die Konjunktur ist prächtig,
Und die beiden Söhne tichtig,
Und das ist besonders wichtig,
Und die Zukunft, sie ist heiter,
Und so fort: Gott helfe weiter!!!

Der Verdacht liegt nahe: Da macht sich einer lustig. Offenbar mit freundlichem Zynismus wird da an eine ernste Sache, die Baumwollspinnerei, herangegangen. Der freche Verseschmied ist kein Geringerer als der junge Hermann Broch, der die Geschäfte des Vaters, in die er bald nach der Abfassung des Gedichts eintreten sollte, auf die Schaufel nimmt.

Die Fabrik der Brochs stand – und steht heute als Industrieruine – in Teesdorf bei Wien. Von der Hauptstraße schon zu sehen ist der hohe Turm. Rein zufällig kommen hier die wenigsten vorbei, noch weniger steigen aus, um sich an den zerfallenden Industrieanlagen zu ergötzen. Und auch Reisende auf den Spuren Hermann Brochs sollten der Ordnung halber das Areal, einst das Herzstück von Teesdorf, rechts liegenlassen und zuerst das *Heimatmuseum im Gemeindeamt, Schulstraße 11*, aufsuchen. Ein Raum des Museums ist nämlich dem Schriftsteller und Teesdorfer Fabriksherren gewidmet. Frau Anna Seitz, eine liebenswürdige Dame, ist die Regentin dieses Zimmers. Alles, was noch irgendwie gefunden werden konnte, hat das Ehepaar Seitz zusammengetragen: Bücher aus Brochs Bibliothek; eine ansprechende Serie von Illustrationen zum „Urvergil", von Peter Lipmann Wulf geschaffen; Dokumente und Schriftstücke, die den Werdegang Brochs illustrieren: Zeugnisse, Kinderbriefe, Briefe an Torberg, an den Vater, das Manuskript von „Die Schlafwandler", Inskriptionsverzeichnisse, das von Broch erworbene Patent für ein Baumwoll-Mischverfahren; Zeitungsauschnitte, Kritiken und Nachrufe. Etliche Fotografien aus dem Familienalbum, vor allem aus der Teesdorfer Zeit hängen an der Wand. Brochs Pfeifen – es gibt kaum ein Foto des Schriftstellers ohne Pfeife – sind in dem überquellenden Raum zu sehen, ebenso wie sein Schreibtisch und ein Kasten aus seinem Besitz.

Der Schatz der Sammlung ist gut versteckt und wird nicht sofort, sondern erst dann, wenn der erste Wissensdurst gestillt ist,

aus der Schublade gezaubert: ein dickes Album, eine von Herrn
Seitz mit der Hand geschriebene, mit wunderbarem Fotomaterial
ausgestattete Biographie Brochs. Frau Seitz erzählt zu vielen Fo-
tos die dazugehörigen Geschichten. Hören Sie ihr zu. Und lassen
Sie sich nicht dadurch irritieren, daß manches über Hermann
Broch aus ihrem Munde ein klein wenig schöner, freundlicher
und vorsichtiger klingt, als in trockenen Büchern nachzulesen ist.
Die Wahrheit ist eben doch teilbar!

HERMANN BROCH (1886–1951) war der Sohn
des jüdischen Textilfabrikanten Josef Broch. „Geboren innerhalb eines kaufmännisch-industriellen
Milieus, noch vor meiner Geburt zum Spinner, We-
ber und Cottondrucker bestimmt", faßte er in späteren Jahren seine Herkunft zusammen. 1906 erwarb der Vater die nach einem Streik bankrott ge-
gangene Spinnfabrik Teesdorf, eine für Hermann schicksalhafte
Entscheidung. – Der Teesdorf-Museumsbesucher sollte nun den
Standort wechseln. In wenigen Minuten, vorbei am direkt an der
Straßenkreuzung aufgestellten *Denkmal für Hermann Broch*, gelangt man zum *Eingang des Teesdorfer Fabriksgeländes*, das teilweise begangen, jedenfalls aber gut eingesehen werden kann.

Man befindet sich hier am Standort einer der ältesten ma-
schinellen Baumwollspinnereien des Wiener Beckens. Und die
wesentlichen Elemente dieser geradezu klassischen Fabriksan-
lage – Herrenhaus, Fabrik, Nebengebäude, Arbeiterwohnhäuser, Werkskanal – sind noch erhalten. Der ehemalige Park, der
nur von der Fabrikantenfamilie benutzt werden durfte, ist ver-
wildert und zum Dickicht, stellenweise auch zur kleinen Müllde-
ponie geworden.

Gegründet anno 1803 von dem Wiener Großhändler Johann
Baptist von Puthon, wurde hier mit wechselnden Besitzern bis
1993 Garn gesponnen. Nun ist für immer Stille in die Anlage ein-
gekehrt, und Unkraut und Gestrüpp beginnt sich des Areals zu
bemächtigen. Viele Fenster sind eingeschlagen, Unmengen von
Abfall liegen in den verwaisten Hallen. Die einstöckigen Wohnhäuser mit den netten Pawlatschen sind nur mehr zum Teil bewohnt.

1907 – im Alter von 21 Jahren – trat Hermann Broch als „Assi-
stenzdirektor" in die Firma ein. Obwohl das Unternehmen flo-

rierte, bezahlte der Patri-
archenvater seinen Söh-
nen keine Gehälter, son-
dern nur ein kleines „Ta-
schengeld" aus. Kein
Wunder, daß bei dieser
Knausrigkeit die Gewinne
stiegen und die Beleg-
schaft wuchs – in den be-
sten Zeiten arbeiteten
etwa 800 Beschäftigte in
der Fabrik. Das damals
bereits 100 Jahre beste-
hende Werk wurde unter
der vereinten Regent-
schaft der Brochs ausge-
baut, grundlegend moder-
nisiert und erneuert. Das
alte fünfstöckige Spinne-
reigebäude erhielt einen
Zubau, und neue Hallen
und ein mächtiger, in mo-

Staubturm der Brochschen
Baumwollspinnerei in Teesdorf

derner Stahlbetonskelett-Bauweise errichteter Staubturm wurden hochgezogen, weiters ein Elektrizitätswerk errichtet.

1909 heiratete Hermann Broch Franziska von Rothermann,
die Tochter eines „Zuckerbarons". Noch vor der Hochzeit hatte
Broch die israelitische Kultusgemeinde verlassen und sich in der
Wiener Schottenkirche taufen lassen. Die junge Familie zog ganz
nach Teesdorf, und zwar, wie damals üblich, direkt aufs Fabriksgelände. Die von ihnen bewohnte Fabrikantenvilla brannte zwar
1945 ab, wurde aber nach dem Krieg nach Originalplänen wie-
deraufgebaut und befindet sich noch in einem ansehnlichen Zustand. Im Erdgeschoß der Teesdorfer Villa wohnte das Dienstper-
sonal, im Stock das junge Ehepaar. Der zweite Stock war für die
Eltern reserviert. Das wichtigste Zimmer für Broch war das Stu-
dier- und Arbeitszimmer mit Bibliothek, das er sich im nach Westen und Süden ausgerichteten Eckzimmer der Wohnung einrichtete. Die Möbel hatte er selbst entworfen. Sie wurden nach seinen
Anweisungen in der firmeneigenen Tischlerei hergestellt.

217

„Und die Dampfmaschine mächtig":
Brochsche Fabrik, Teesdorf

Die wenige Freizeit verbrachte er mit philosophischen und literarischen Studien. Er nahm sich immer weniger Zeit für seine Familie. Die Ehe zerbrach dementsprechend bald, wurde aber erst 1923 geschieden. Franziska Broch starb, fast erblindet, 1974 in einem Altersheim in Graz. Broch wandte sich immer intensiver der Schreibarbeit zu und bemerkte bald von sich, einen „Doppelberuf" zu haben. 1913 konnte er erstmals Essays veröffentlichen. Neben seinen Pflichten als Fabrikant veröffentlichte er nun regelmäßig Literaturkritiken.

Ab 1915 mußte er die Geschäftsführung des florierenden Unternehmens übernehmen. Nun – der Vater hatte sich weitgehend aus dem Geschäft zurückgezogen – erhielt Broch auch ein reguläres Direktorengehalt und war erstmals finanziell unabhängig.

Aus dem Jahre 1915 ist ein Gedichtzyklus „Vier Sonette über das metaphysische Problem" erhalten geblieben. Teile davon tauchen 16 Jahre später wortwörtlich in den „Schlafwandlern" wieder auf.

Gern pendelte Broch nach Wien, verkehrte im Freundeskreis um Ernst Blei, dem neben Broch auch Robert Musil, Gina Kaus und Paul Schrecker angehörten. Blei, Herausgeber der Zeitschrift „Summa", lud Broch zur Mitarbeit ein. Seine Freunde kamen in unregelmäßigen Abständen nach Teesdorf. Zu den Gästen im Herrenhaus zählte unter anderen auch der Psychologe Alfred Adler.

Immer mehr der Philosophie und Schriftstellerei zugetan, fühlte sich Broch durch die Fabrik zunehmend belastet. Schon im Juli

1920 trug er sich mit dem Gedanken an Verkauf, weil ihm „zu wenig Zeit für Schreiben" blieb. Der Widerstand der Eltern gegen einen Verkauf dürfte aber noch zu groß gewesen sein.

Als moderner Fabriksbesitzer setzte er sich dafür ein, daß Teesdorf an das öffentliche Stromnetz angeschlossen wurde – bisher war nur die Fabrik mit Strom versorgt gewesen. Be-

Exlibris von Hermann Boch

dürftige Kinder erhielten im Betrieb ein kostenloses Mittagessen. Er stiftete der Gemeinde auch eine Bibliothek. Die 4000 Bände sind heute allerdings verschwunden. Für den Arbeiter-Turn- und Sportverein ließ er eine Turnhalle bauen, die noch im hinteren Teil des verwilderten Fabriksparks zu sehen ist. Für die Teesdorfer Kinder richtete er im Winter im Fabrikshof einen Eislaufplatz ein.

Zu dieser Zeit schrieb Broch seine erste erhalten gebliebene Novelle, „Ophelia". Trotz seiner zahlreichen Nebenbeschäftigungen florierte das Unternehmen.

Ende 1925 war für Broch dann klar, daß er sein Industriellenleben an den Nagel hängen würde. Er inskribierte an der Universität Wien Mathematik und Philosophie. Der Exfabrikant Hermann Broch übersiedelte nach Tirol und lebte abwechselnd dort und in Wien als freier Schriftsteller – bis zum Schicksalsjahr 1938. Am 13. März wurde er im steirischen Altaussee verhaftet, saß bis 31. März im Gefängnis, schaffte es aber, über England nach Amerika zu flüchten. Von da an bis zu seinem Tode lebte er in New York und beschäftigte sich mit der Massenpsychologie, deren Erkenntnisse er auch in seine Literatur einfließen ließ. Besonders spürbar wird das in dem Roman „Die Verzauberung".

Auch in seine anderen zeitkritischen Romane („Die Schlafwand-ler", „Der Tod des Vergil") gingen wissenschaftliche Erkenntnisse und philosophische Reflexionen ein.

Hermann Broch hat seine Heimat, seine Fabrik, sein Teesdorf nach 1938 nie mehr wiedergesehen. Er starb 1951 in New Haven – ausgerechnet zu dem Zeitpunkt, da er eine Rückkehr nach Österreich erwog.

☛ Heimatmuseum Teesdorf mit Broch-Gedenkraum, Gemeinde-amt, Schulstraße 10, Tel. 02253/814 40, Anmeldung notwendig; Führungen macht Frau Anna Seitz, Tel. 02253/814 44.

Rudolf Steiner in Neudörfl/Bgld.

Neudörfl an der Leitha liegt im Burgenland. Zur Gänze und un-zweifelhaft. Trotzdem: Wir müssen diese Grenzüberschreitung vornehmen, müssen diese ins Burgenländische hinüberführende Spur unbedingt verfolgen. Schon allein deshalb, weil sie von dort gleich wieder nach Niederösterreich herüberführt. Es geht um die Spuren von RUDOLF STEINER (1861–1925), des Begünders der Anthroposophie und der Rudolf-Steiner-Schulen.

Erste Station ist der *Bahnhof von Neudörfl* an der Leitha, das zu Steiners Zeiten ungarisches Grenzdorf zu Österreich war.

Rudolf Steiners Vater war Fahrdienstleiter und wurde in der halben Monarchie herumkommandiert. Geboren wurde der Sohn irgendwo an der ungarisch-kroatischen Grenze. 1869 bis 1879 verbrachte die Familie dann in Neudörfl, und zwar hier am Bahnhof, in der Dienstwohnung im 1. Stock des Bahn-hofs, die noch immer als solche benutzt wird. Auch die alten Lin-den, unter denen Steiner gerne saß, stehen noch.

„Neben all dem beschäftigten mich die Einrichtungen der Ei-senbahn stark. Am Stationstelegraphen lernte ich die Gesetze der Elektrizitätslehre zunächst in der Anschauung kennen", erzählte er später.

Nicht nur die Elektrizität, auch die *Kirche* lernte der junge Stei-ner in Neudörfl – und zwar als Ministrant – kennen:

„Das Feierliche der lateinischen Sprache und des Kultus war ein Element, in dem meine Knabenseele gerne lebte. Ich war da-durch, daß ich an diesem Kirchendienste bis zu meinem zehnten

Bahnhof von Neudörfl: Rudolf Steiner saß gern unter mächtigen Linden

Jahre intensiv teilnahm, oft in der Umgebung des von mir so ge-
schätzten Pfarrers."

Dort, wo heute das *Kaufhaus Schneider* steht, war bis 1911 die
Volksschule untergebracht, in der Steiner seinen Elementarunter-
richt erhielt und in der er „an der Geometrie zuerst das Glück
kennen gelernt hat".

Direkt vom Bahnhof gehen zwei – heute leicht nachvollziehba-
re und auch markierte – Wege ab, die der junge Steiner ging bzw.
gehen mußte.

Gern ging er zur *Rosaliakapelle*: „Von den Bergen war mir besonders der unbegrenzt lieb geworden, der in drei Viertelstunden
zu besteigen war. Er trug auf seinem Gipfel eine Kapelle, in der
ein Bildnis der hl. Rosalia war. Diese Kapelle bildete den End-
punkt eines Spazierganges, den ich erst oft mit meinen Eltern und
Geschwistern und später gern alleine machte. Solche Spaziergänge machten auch dadurch eine besondere Freude, daß man in der
entsprechenden Jahreszeit mit reichlichen Gaben der Natur be-
schenkt zurückkehren konnte. Denn in den Wäldern waren
Brombeeren, Himbeeren, Erdbeeren zu finden. Man konnte oft
eine innere Befriedigung daran haben, durch anderthalbstündi-
ges Sammeln eine schöne Zugabe zu dem Familienabendbrot

221

hinzuzufügen, das sonst für jeden nur aus Butterbrot oder einem Stück Brot mit Käse bestand."

Weniger gern ging der brave Junge einen anderen Weg – schließlich roch diese ebenfalls leicht nachzuvollziehende Strecke mehr nach Arbeit:

„Eine halbe Stunde Fußweg von Neudörfl entfernt ist *Sauerbrunn* mit einer Quelle von eisen- und kohlesäurehaltigem Wasser. Der Weg dahin geht der Eisenbahnlinie entlang, teilweise durch schöne Wälder. Wenn Schulferien waren, ging ich jeden Tag ganz frühmorgens dahin, beladen mit einem ‚Blutzer'. Das ist ein Wasserbehälter aus Ton. Der meinige faßte etwa drei bis vier Liter. Den konnte man ohne Entgelt an der Quelle füllen. Beim Mittag konnte dann die Familie das wohlschmeckende perlende Wasser genießen."

Zurück in Neudörfl. Hier wurde 1874 die österreichische „sozialdemokratische Arbeiterpartei" gegründet. Und ein großer Kommunist lebte gleich ein ganzes Jahr hier. Josip Broz Tito wohnte bei seinem Bruder Martin im Haus Hauptstraße 3, lange vor der Zeit, als er mit seinen Partisanen in den Krieg zog.

Rudolf Steiner in Wiener Neustadt

Eigentlich ist Steiners Zeit in Wiener Neustadt gar nicht zu trennen von seiner Zeit in Neudörfl. Er ging in der großen Stadt zur Schule, lebte aber weiterhin am Bahnhof von Neudörfl.

Er, der später einer der bahnbrechenden Pädagogen des Jahrhunderts wurde, erfuhr nach eigenen Worten während seiner Neustädter Schulzeit entscheidende und sehr positive Eindrücke. In seiner Autobiographie „Mein Lebensgang" berichtet er über seine Schulerfahrungen:

„In der dritten Klasse erhielt ich einen Lehrer, der wirklich das ‚Ideal' erfüllte, das vor meiner Seele stand (es war Laurenz Jellinek, Professor für Mathematik und Physik). Ihm konnte ich nachstreben, er unterrichtete Rechnen, Geometrie und Physik. Der Unterricht war von einer außerordentlichen Geordnetheit und Durchsichtigkeit. Er baute alles so klar aus den Elementen auf, daß es dem Denken im höchsten Grad wohltätig war, ihm zu folgen."

Ein glücklicher Mensch, der so gut über seine Lehrer reden kann! – Die Schule, die einzige in Wiener Neustadt an Steiner erinnernde Spur, existiert noch. Die damalige *Oberealschule Wiener Neustadt* beherbergt heute das *Oberstufenrealgymnasium* und liegt *Ecke Ring/Herrengasse*. Am Hintereingang in der Herrengasse sieht man noch die Aufschrift „Lehrerbildungsanstalt". Diese besuchten der Komponist Matthias Hauer und der Philosoph Ferdinand Ebner (s. u.).

Steiner maturierte 1879 mit Auszeichnung und übersiedelte zum Studium nach Wien. Noch einmal zog er aber nach Niederösterreich, und zwar nach Brunn am Gebirge, wo er von 1882 bis 1887 bei den mittlerweile auch umgezogenen Eltern logierte. (➤ Steiner in Brunn am Gebirge, S. 175 f.)

Ferdinand Ebner in Wiener Neustadt

Die angepeilte Adresse lautet *Kurze Gasse 7*. Ein Gemeindebau, sehr hell, sehr einfach, ohne Auffälligkeiten. Bis 1945, bis zu den letzten Kriegstagen, als Wiener Neustadt ein schreckliches Bombardement erlebte, befand sich an dieser Stelle ein armseliges Bauernhaus, immerhin aber das Geburtshaus des Philosophen

FERDINAND EBNER (1882–1931). Am Gemeindebau wurde eine Gedenktafel angebracht, in Erinnerung an den „großen Denker", der hier – oder wenigstens fast hier – einige Jugendjahre verlebt hat. Später schreibt der zum Philosophen gewordene Bauernsohn über seine Eltern in sein Tagebuch: „Zu nichts gebracht. Mit Schulden kämpfen." Angst war das vorherrschende Gefühl seiner Kindheit, Angst vor dem strengen Vater, Angst vor den Lehrern und der Schule, Angst vor der Beichte. Ebner schreibt über seine Kindheit: „Einspinnen in Phantasien. Geschichten aussinnen vor dem Einschlafen, Angst vor Detonationen."

Im Gegensatz zu Rudolf Steiners so positiven Wiener Neustädter Schulerfahrungen waren die des späteren Philosophen alptraumartig. Seine Schulzeit faßt er so zusammen: „Metaphysische Träume, kindlich unentwickelt, Weinausbrüche, Gewitterangst."

Dennoch entschloß er sich Lehrer zu werden, besuchte die Lehrerbildungsanstalt, die auch der Komponist Josef Matthias Hauer (s. u.) absolvierte. Die beiden wurden Freunde und legten 1904 gemeinsam die Lehramtsprüfung ab. Die *Lehrerbildungs-*

anstalt steht noch heute. Es ist das nunmehrige BORG in der *Herrengasse*. In diesen gemeinsamen Schultagen entstand eine komplizierte Freundschaft zwischen dem späteren konservativen Philosophen Ebner und dem späteren progressiven Musiker Hauer.

Die erste Anstellung führte Ebner 1902 nach Waldegg im Piestingtal (➤ Ebner in Waldegg, S. 235). In dieser Zeit beendete er seine literarischen Versuche und widmete sich fortan ethischen Fragen. Mit Wiener Neustadt blieb er freilich in Verbindung. Fast jedes Wochenende besuchte er die 15 Kilometer entfernte Stadt und seine neun Jahre ältere langjährige Freundin Luise Karpischek. Am „Hauerstammtisch" im Café Lehn trafen sich jeden Sonntag Lehrer, Studenten und andere Intellektuelle. Auch Ebner schaute hier gern vorbei. 1912 wurde Ebner an eine Schule in Gablitz versetzt, wo er den Großteil seiner philosophischen Schriften verfaßte (➤ Ebner in Gablitz, S. 158 ff.).

Josef Matthias Hauer in Wiener Neustadt

In der *Langen Gasse 23*, in unmittelbarer Nähe des Geburtshauses von Ferdinand Ebner, wurde dessen späterer Freund JOSEF

MATTHIAS HAUER (1883–1959) geboren und verbrachte dort seine früheste Kindheit. Das mehrfach veränderte Wirtschaftsbürgerhaus, in dem die Familie lebte, steht noch. Hauers Vater war Aufseher im Gefangenenhaus.

Bald schon zog die Familie Hauer in eine Wohnung im Bereich des ehemaligen *Karmeliterklosters*, das damals eine Textilfabrik und Arbeiterwohnungen beherbergte. Das *Klostergebäude – Schlögelgasse 22–26* – steht heute dem Krankenhaus und diversen Vereinen zur Verfügung.

Hauers Kinder- und Jugendjahre wurden vom Wiener Neustädter Schriftsteller Otto Stoessel im Roman „Sonnenmelodie" verarbeitet, in dem er auch sehr genau die Wohnverhältnisse der Familie beschreibt.

Schon mit fünf Jahren lernte Josef Matthias Hauer von seinem Vater, die Zither zu spielen. Schon bald spielten Vater und Sohn in der Klosterwohnung „zweistimmig ohne Noten, und das Vergnügen bestand darin, daß einer dem anderen gleich ‚nachgeben' mußte, das heißt, einer fing eine Melodie an und der zweite fiel sofort mit der Begleitstimme ein. Dabei kamen von selbst Nachahmungen, Variationen und kanonartige Gebilde zum Vorschein. Diese Art des Musizierens war natürlich sehr lustig und ich hätte es mir damals nicht träumen lassen, daß das (...) das Um und Auf der europäischen Musik ist, von der ich mich in meinem Leben ganz abwenden sollte."

Hauer wurde Unterlehrer in Krumbach in der Buckligen Welt, lernte dort seine spätere Frau kennen und wurde 1904

Josef Matthias Hauer:
entwickelte das Zwölftonsystem

zurück nach Wiener Neustadt versetzt. 1912 entstand Hauers erste, dem Freund Ebner gewidmete Symphonie, später „Nomos" genannt. Uraufgeführt wurde das Werk in St. Pölten. Noch 1913 entstanden die zweite und die dritte Symphonie, wobei letztere in Wiener Neustadt uraufgeführt wurde. Doch war das Publikum alles andere als begeistert. Ferdinand Ebner erinnert sich: „Die Neustädter hörten verdutzt zu und rührten keinen Finger. Es war ein kompletter Durchfall. Selbstverständlich ebenso belanglos wie der St. Pöltner Erfolg. Die Lokalblattrezensenten vernichteten ihn, und die Neustädter lachten ihn aus. Kein Mensch nahm ihn ernst."

Doch Hauer ließ sich nicht entmutigen. Auf Anregung Ebners begann er mit der Vertonung einiger Lieder Hölderlins.

1919 legte Hauer in einigen Schriften sein noch vor Schönberg entwickeltes Zwölftonsystem vor.

In seinem 1920 herausgegebenen grundlegenden Werk „Vom Wesen des Musikalischen. Lehrbuch der atonalen Musik" schreibt er: „In der atonalen Musik gibt es keine Toniken, keine Dominanten (...), sondern nur die zwölf Intervalle der gleichschwebenden Temperatur. (...) Ihr Gesetz, ihr Nomos besteht darin, daß innerhalb einer gewissen Tonreihe sich kein Ton wiederholen und keiner ausgelassen werden darf."

Wegen hochgradig „neurasthenischer" Zustände wurde Hauer mit 36 Jahren als Lehrer in den Ruhestand versetzt.

Die Wiener Neustädter Musikschule trägt seit 1977 den Namen *Hauer-Konservatorium.* Hier wird auch ein Teil seines Mobiliars aufbewahrt. Außerdem befinden sich hier Originalpartituren und -manuskripte. Mit Voranmeldung ist ein Besuch möglich.

 ☛ *J.-M.-Hauer-Konservatorium, Herzog-Leopold-Straße 2,*
Tel. 02622/235 31-333

 Otto Stoessl:
Sonnenmelodie, Wien 1977.

Franz Fischer in Neunkirchen

In Neunkirchen verbrachte der Philosoph FRANZ FISCHER (1929–1970) mit seinen Eltern und Geschwistern die ersten Lebensjahre, und zwar auf dem sogenannten, damals noch außerhalb des Stadtgebietes gelegenen Voigtenhof.

Die aus Südmähren stammende Familie verlor in den dreißiger Jahren ihren Besitz und zog in eine Fabrikssiedlung nach Urschendorf bei Neunkirchen. Sie übersiedelte 1937 zurück nach Mähren.

Fischer studierte nach dem Krieg Bodenkultur und kam mit der Sozialdemokratie in Kontakt. Nach einem längeren Krankenhausaufenthalt – er war als Aushilfs-Nachtportier überfallen worden – begann er Germanistik und Geschichte zu studieren, wandte sich aber dann dem Studium der Philosophie zu. 1955 wurde er Assistent am Erziehungswissenschaftlichen Institut in Bonn, heiratete, verließ 1962 die Universität und widmete sich nur noch seiner philosophischen Tätigkeit. Seine wichtigsten wissenschaftlichen Werke waren „Philosophie des Sinnes von Sinn", „Die Erziehung des Gewissens" und „Die Bildungskategorien im System der Wissenschaften".

Durch seinen beruflichen Rückzug wurde die finanzielle Lage der Familie schwierig; Fischers Frau mußte eine Stelle in Hamburg annehmen. Er selbst begann immer stärker an der selbstgewählten Isolation und an immer häufiger ausbrechenden Depressionen zu leiden. Am 4. November 1970 nahm er sich das Leben.

Von 1975 bis 1985 wurde Fischers Nachlaß fast vollständig veröffentlicht.

Ein unscheinbares Denkmal für den Philosophen befindet sich in der *Triester Straße*, im Industrie- und Großhandelsviertel Neunkirchens. Der von Johann Seidl aus Konglomeratstein angefertigte *Meilenstein Nr. 1* steht vor dem *Haus Nr. 65* neben dem alten WIFI-Gebäude, genau an jener Stelle, an der sich einst der Voigtenhof befand. „Wir sind ohne uns mit dem, der ohne sich mit uns ist", steht darauf zu lesen, und: „ich bin, weil du bist".

Auf der Fahrt von Neunkirchen nach St. Egyden auf der sogenannten Neunkirchner Allee führt kurz nach Neusiedl links eine Straße nach Urschendorf ab. In *Urschendorf* fährt man auf der Fabriksstraße Richtung Gebirge. Bald ist, mitten am Feld, eine Siedlung auszumachen, die noch entfernt an eine *Fabrikssiedlung* erinnert. Hier wohnten die Fischers nach ihrer Neunkirchner Zeit. – Die ehemaligen Arbeiterwohnhäuser sind neu herausgeputzt, Fabrik gibt es schon ewig keine mehr. Nur noch wenige alte Bewohner des ruhigen Fleckchens können sich an die Spitzenfabrik, die in die 30er Jahren ihre Pforten schloß, erinnern.

Arthur Krupps Berndorf

Berndorf ist eine Megaspur. Kein bescheidenes Häuschen erinnert da an das Leben eines bescheidenen Künstlers, keine protzige Villa an einen protzigen Star. Nein, gleich eine ganze Stadt in ihrer Gesamtheit ist einem einzigen Herren zuzuschreiben, einem Fabrikanten, der sich erst gar nicht mit Kleinigkeiten herumschlug. Der Herr baute zu seiner Fabrik gleich die dazupassende Stadt. Sein klingender Name: Arthur Krupp.

1843 schloß der deutsche Eisenfabrikant Alfred Krupp auf der Suche nach neuen, geeigneten Produktionsstandorten mit der österreichischen Familie Schoeller einen Vertrag über die Produktion von Eßbestecken. Ihre Wahl war auf Berndorf gefallen, das damals – in der Mitte des 19. Jahrhunderts – aus den beiden kleinen Ortschaften Unter- und Oberberndorf mit insgesamt etwa 50 Häusern bestand. Auf einer Wiese in Unterberndorf wurde mit dem Bau des Fabriksgebäudes begonnen. Bereits 1845 konnte die Produktion von Löffeln und Gabeln aus „Pakfong" – einer Legierung aus Kupfer, Zink, Nickel und Eisen – anlaufen. Das Material wurde „Neusilber" genannt. 1850 übernahm Alfred Krupps Bruder Hermann alle Rechte der Familie in Berndorf und übersiedelte auch hierher. Nach dem Beginn der Produktion von Besteck mit Dekorelementen stellte sich schnell Erfolg ein, die Produkte erlangten Weltruf.

 Hermann Krupps Sohn ARTHUR KRUPP (1856–1938) wurde bereits in Österreich geboren; er lebte und wirkte in Berndorf.

Nach dem Tode Alexander Schoellers im Jahre 1890 übernahm er das gesamte Unternehmen und baute das Werk und die Stadt rasch und mit patriarchaler Gestik aus. Die Produktpalette wurde ständig ausgeweitet. Neben Besteck wurden Kochgeschirr, Patronenhülsen, Bleche, Drähte, Profile, Rohre sowie Großbehälter für die chemische Industrie erzeugt.

Krupp war aber nicht nur ein exzellenter Wirtschafter, sondern auch ein kulturell interessierter Mensch. Er beteiligte sich beispielsweise entscheidend am Bau des Technischen Museums in Wien. Sein Hauptanliegen aber blieb Berndorf. Er wollte bald mehr als nur eine autarke, unabhängige, starke Produktionsstätte besitzen, sondern auch ein autarkes, ein von außen unabhängiges, von ihm geplantes und kontrolliertes Berndorf. Bei der Umsetzung dieser Ideen fand er im „Architekt Berndorfs", LUDWIG BAUMANN (1853–1936), einen kongenialen Partner.

Nach Ideen des Industriellen plante dieser Arbeiterwohnhäuser, Kirche, Theater, Industriellenvilla, Friedhof – also wirklich die ganze Stadt.

Die Besichtigung Berndorfs umfaßt zumindest drei Teile: einen ausführlichen Spaziergang, eine Führung durch eine der beiden Krupp-Schulen und einen Besuch im Heimatmuseum, das eine eigene Krupp-Abteilung besitzt.

Der Spaziergang beginnt im *Theaterpark* an der *Leopoldsdorfer Straße*.

Im Zentrum der heutigen Stadt ließ Krupp 1879 die neugotische, 1883 fertiggestellte *Marienkirche* bauen. 1899 entstand gleich daneben das im deutschen Renaissancestil gehaltene *Arbeitertheater*. Kaiser Franz Joseph höchstpersönlich weihte das Gebäude ein, das, besonders erfreulich, nicht nur schön renoviert wurde, sondern seine Funktion als Theater- und Veranstaltungsort bewahrt hat. Man überquert nun – in Richtung Stadtmitte gehend – die Eisenbahngleise. Das mächtige, linker Hand liegende *Konsumhaus*, in dem heute eine Meinlfiliale untergebracht ist, erinnert daran, daß Krupp nicht nur Kulturinfrastruktur und Wohnraum, sondern viele soziale Einrichtungen förderte und schuf. So begründete er Konsumanstalten, landwirtschaftliche Güter sowie eine Wurst- und Fleischfabrik samt Schlachthaus und Viehzucht; auch eine

Marienkirche in Berndorf: ein Abbild der Wiener Peterskirche

Soda- und Kunsteiserzeugung gingen auf seine Initiative zurück. Einige der ehemaligen Versorgungsbetriebe sind nach wie vor in unmittelbarer Umgebung des Stadtmuseums in der *Neugasse* auszumachen. Das *Museum* selbst ist in einem *Verwaltungstrakt der ehemaligen Consum-Anstalt* untergebracht und wird weiter unten beschrieben.

Über die Herrnsteiner Straße und die Mittlere Kruppstraße gelangt man auf den *Krupp-Platz*, auf dem natürlich ein *Krupp-Denkmal* steht.

Eine Straße weiter befand sich an der Stelle des heutigen Kindergartens der von Arthur Krupps Vater errichtete Friedhof. Zu sehen ist dort noch das ebenfalls von ihm errichtete *Krupp-Mausoleum*.

Um 1905 begann Arthur Krupp mit dem ehrgeizigen Vorhaben, auf dem Hügel des *Griesfeldes* – auf den man sich nun hinaufbewegt – ein neues Stadtviertel anzulegen. Ludwig Baumann errichtete auf der später Krupphügel genannten Anhöhe, dem heutigen Margaretenplatz, die *Margarethenkirche*, eine im barocken Stil errichtete Kuppelkirche. Kunsthistoriker haben es längst bemerkt: Sie ist ein simples Plagiat, eine bis ins Detail gehende Nachbildung der Wiener Peterskirche.

Rechts und links neben der Kirche entstanden die *Mädchen-* und die *Knabenschule*. In den genau abgezirkelten Straßen hügelabwärts wurden *Cottagehäuser* mit kleinen Gärten errichtet, was ein geschlossenes Villenviertel ergab. Die Anordnung der Gebäude auf dem Krupphügel war exakt auf die Lage der Kruppvilla ausgerichtet, die zur selben Zeit auf der gegenüberliegenden Anhöhe namens „Brand" gebaut wurde: „Den Stadtteil regiert eine formal und inhaltlich dominierende Achse, die (Blick)Achse Krupp-Villa – Krupp-Kirche. Die Kirche beherrscht als Stadtkrone den gesamten Ort, über dem Ort und der Fabrik thront die Villa. (…) Schule – Kirche – Villa – Fabrik, planerisch durchdacht aufeinander bezogen, erzeugen für den Berndorfer ein Interdependenzengeflecht, in dem und mit dem er zu leben hat."

Kein Fleck blieb von Krupps Handschrift unberührt. Am oberen Feld gegen Pottenstein entstand in den 90er Jahren die Arbeiterwohnhausanlage Wiedenbrunn, zum Großteil finanziert aus den Überschüssen der Betriebskrankenkasse. Die Anlage besteht aus einstöckigen Gebäuden, die in ihrem einheitlichen Stil wiederum ein geschlossenes Stadtviertel bildeten, das auch eine Bibliothek einschloß. Selbst der Kaiser besuchte die damals vorbildlichen Arbeiterwohnungen.

Die beiden Schulen werden jährlich von rund 50.000 Schaulustigen besucht. Der Fabriksherr ließ die Klassenzimmer in den seiner Meinung nach zwölf wichtigsten Stilarten – ägyptisch, dorisch, pompejanisch, maurisch, byzantinisch, romanisch, gotisch, römische Renaissance, Louis-quatorze, Rokoko, Barock und Empire – einrichten.

Im wesentlichen sind Türen, Wände, Fußböden, Decken und die mobilen Gegenstände des Raumes wie Katheder, Lehrersessel, Kästen und Stirnseiten der Schülerbänke im jeweiligen Stil gestaltet.

Das erklärte pädagogische Ziel war eine Schule der Stilkunde; die Kunst sollte erzieherische Wirkung haben, als Disziplinierungsmittel dienen. Das Ergebnis sollten gebildete und daher disziplinierte Arbeiter sein. Tatsächlich gab es in Berndorf niemals

Streiks oder Unruhen – Krupps Utopie „Arbeit, Bildung, Friede"
hat sich zumindest teilweise realisieren lassen.

Das „Wiener Salonblatt" kommentierte anno 1893 in einer Re-
portage zur Eröffnung der Schule euphorisch: „Es ist geradezu
ein patriarchalisches Verhältnis im schönsten Sinne des Wortes,
welches Herrn Krupp und seine edle Gemahlin mit ihren Unter-
gebenen verknüpft. Arthur Krupp ist der Vater seiner Leute, Frau
Krupp (...) ihre Mutter – oder noch besser gesagt, der Fabriksherr
ist der väterliche Freund der Arbeiter, seine Lebensgefährtin ihre
mütterliche Pflegerin und Schutzfrau."

Die beiden Schulen – heute Volksschule und Hauptschule –
werden in wöchentlichem Wechsel gezeigt.

Am Rande des Platzes, gegenüber der Kirche, befindet sich ein
nettes *Gasthaus*, das natürlich ebenfalls eine Kruppsche Schöpfung ist. In diesem sogenannten *Kruppcasino* verkehrten einst die
höheren Angestellten Krupps.

Das in der Unterstadt befindliche *Museum* in der *Neugasse* beschäftigt sich vorwiegend mit der Kruppschen Firmen- und Familiengeschichte. Außerdem sieht man dort – und nur dort –, was in
Berndorf eigentlich hergestellt wurde: Geschirr und Bestecke in
verschiedensten Variationen. Besonders eindrucksvoll sind die
Designs aus Hoffmanns Wiener Werkstätten.

 ☛ *Museum Berndorf, Neugasse 11, Samstag 9–12 oder mit*
Voranmeldung am Gemeindeamt, Tel. 02672/877 22

☛ *Schulen in Berndorf, Margaretenplatz 3, zu besichtigen an*
Unterrichtstagen 13.30–17, an Sonn-, Feier- und Ferientagen von
8.30–12 und 13–17 Uhr ☛ *Touristeninformation, Karl-Kieslinger-Platz*
2–3, Tel. 02672/822 53 (Stadtplan!) ☛ *Aussichtsturm „Guglzipf" mit*
Gasthaus (guter Aus- und Überblick über die Kruppschen Anlagen)

Das Biedermeiertal
*Leopold Kupelwieser in Markt Piesting – Johannes
Brahms in Oed/Waldegg – Ferdinand Ebner in Waldegg –
Friedrich von Gauermann in Scheuchenstein*

Eine kleine Auswahl, zweifelsfrei. Zwei Biedermeiermalern, einem Komponisten und einem Philosophen sind wir im Piesting- und Miesenbachtal auf den Fersen. Die Reise in die Gegend, wo der Wienerwald aufhört und das Gebirge anfängt, ist jedoch absolut lohnend. Und der Ausflug ideal zu verbinden mit dem Besuch der „Raimundheimat". Pernitz, Gutenstein und der Mariahilfberg, ebenfalls Teil des „Biedermeiertales", werden nicht hier, sondern in der eigenständigen Raimund-Reise beschrieben. (➤ Ferdinand Raimund, S. 11 ff.)

Leopold Kupelwieser in Markt Piesting
Der spätere Maler und Kunstprofessor LEOPOLD KUPELWIESER (1796–1862) wurde in Piesting geboren, und zwar als Sohn eines Fabriksbesitzers. Daraus ist unschwer abzulesen: Das Piestingtal war und ist ein altes Industriegebiet, schließlich gab es

dort schon immer Wasser zum Treiben von Rädern und Hämmern in Hülle und Fülle. Schon früh kamen hier die Besitzer von großen Hammerschmieden zu viel Geld – und unterstützten als Mäzene biedermeierliche Kunstentfaltung.

Das ehemalige Herrschaftshaus der Kupelwieserschen Eisenwarenfabrik ist nicht leicht zu finden. Man erreicht es, indem man die alte Ortsstraße vom Markt Piesting Richtung Oberpiesting fährt. Man passiert die rechts oberhalb der Straße gelegene Piestinger Brauerei, nach der Bahnübersetzung zweigt man scharf nach links ab und fährt unmittelbar am Fabriksgelände entlang, bis man hinter dem Industriegelände zur Adresse *Minnatal 3* gelangt. Man tritt durch das Gartentor, steht nun im Hof des Kupelwieser-Hauses, und einmal hier, findet man auch die Bestätigung für die Spurensuche: Eine Gedenktafel ist an der Fassade angebracht. Das einstöckige Haus, das sein hohes Alter mit großer Würde trägt, beherbergt Arbeiterwohnungen. Einmal um die Ecke geschaut: Besonders hübsch ist die gartenseitige Fassade und die seitlich angebaute Veranda.

Hier verbrachte der junge Leopold seine früheste Kindheit.

Leider kam Vater Kupelwieser in finanzielle Schwierigkeiten, die Fabrik wurde verkauft, und die Familie übersiedelte zuerst nach Wiener Neustadt, dann nach Wien, wo Leopold Kupelwieser – offenbar ein Wunderkind – schon mit 12 Jahren die Akademie besuchte. Bekannt wurde Kupelwieser durch seine Nähe zum Schubert-Freundeskreis. Er schuf berühmte Porträts und Gruppenbilder von Schubert und seinen Freunden (➤ Schubert in

Kupelwieser-Haus in Markt Piesting, im Zentrum des Biedermeiertals

Atzenbrugg, S. 55 ff.). Später wandte er sich der religiösen Malerei zu; von ihm stammt unter anderem das Hochaltarbild im Stift Klosterneuburg. Bis zu seinem Tode im Jahr 1862 lehrte er an der Akademie.

Die Gemeinde Piesting denkt daran, eine Kupelwieser-Gedenkstätte zu errichten. Ein Biedermeier-Radweg, der auch am Kupelwieser-Haus vorbeiführen wird, soll ausgeschildert werden.

 ☛ *Gemeindeamt Markt Piesting, Tel. 02633/422 41*

Johannes Brahms in Oed

Neben Kupelwieser wird auch der Komponist JOHANNES BRAHMS (1833–1897) immer wieder in Zusammenhang mit dem Biedermeiertal genannt. Der aus Hamburg stammende Komponist und Symphoniker war hier oft zu Gast, und zwar bei einem Kunstfreund und Mäzen, dem Fabriksarzt Josef Hauer. Dessen Haus, das sogenannte Brahmshaus in Oed, Gemeinde Waldegg,

 existiert nicht mehr. An seiner Stelle steht ein Neubau. Doch die schöne, abseitige Lage des Platzes ist einen Abstecher wert.

Orientierungspunkt ist die an der Hauptstraße Richtung Gutenstein im Ortsgebiet von Oed gelegene Fabrik „ASTA", die Kupferelemente für Elektronikbauteile herstellt. Das Brahmshaus ist nur zu erreichen, indem man durch diese Fabrik – mit Erlaubnis des Portiers, der den Schranken heben muß – durchfährt oder durchgeht. Vorsicht ist geboten: Zwar ist man am Firmengelände an passierende Privatautos gewöhnt, doch aus irgendeinem Hallentor kommt sicher unerwartet ein Hubstapler herausgefahren.

Das Ziel unserer Brahms-„Pilgerreise", das Haus *Oed Nr. 9,* früher Nr. 4, liegt an dem alten Werkskanal, den man unmittelbar nach der Fabriksausfahrt überquert. Diesen Kanal geht oder fährt man nun einige Meter abwärts. Das gesuchte Objekt liegt hangseitig. Wie gesagt: Nur mehr Beschreibungen erinnern an das Hauer-Brahms-Haus. Es handelte sich um einen markanten, gelb gefärbelten, über einen gewölbten Hauseingang zu betretenden Bau, der eine Mansarde besaß und mit einem gewölbten, grauschwarzen Dach gedeckt war.

Wenn auch das Haus nicht mehr steht, so stimmt doch wenigstens die unmittelbare Umgebung noch halbwegs. Die Hinterseite der Fabrik könnte schon vor hundert Jahren so ähnlich ausgeschaut haben, und auch die Schleuse des Werkskanals vermittelt den Eindruck hohen Alters; irgendwie ist der Fleck – trotz Fabrik – ein stimmiger, malerischer Winkel geblieben.

Hauers Tochter Ottilie war in Wien einem von Brahms geleiteten Frauenchor beigetreten. Bald entwickelte sich ein freundschaftliches Verhältnis zwischen der Sängerin und dem Komponisten. Die beiden musizierten privat viel zusammen, und von nun an wurde Brahms häufig nach Oed eingeladen. Er soll sogar die Absicht gehabt haben, um die Hand der Sängerin anzuhalten, doch kam ihm ein reicher ungarischer Bürgersohn, Edward Ebner, zuvor.

Was blieb, war die Verehrung des Komponisten für die Hauer-Tochter: Er widmete der Arzttochter Ottilie Hauer-Ebner aus Oed sechzehn Lieder.

 ☛ *Gemeinde Waldegg,*
Tel. 02633/422 85

Ferdinand Ebner in Waldegg

Im Jahr 1902 kam der Philosoph FERDINAND EBNER (1882–1931) als Volksschullehrer nach Waldegg im Piestingtal. Er war als provisorischer Unterlehrer Klassenlehrer für die dritte Klasse; die Schule war damals fünfklassig und wurde von 256 Kindern besucht.

Ebner wohnte in einem Zimmer der Dienstwohnung des Oberlehrers Fidler in *Waldegg Nr. 2.* Die Volksschule hat heute die Adresse *Waldegg 21.*

Ebner, nicht eben ein lebensfroher, heiterer Charakter, ging nach seiner Arbeit oft stundenlang im Wald spazieren. Bald hatte er bei den Einheimischen den Namen „Kreuzelsucher", weil er meist dunkel gekleidet in gebückter Haltung, so, als ob er etwas suchen würde, in den Wäldern herumspazierte. Eine Ebnersche Tagebuchnotiz aus dieser Zeit lautet: „Innere Leere. Gefühl der absoluten Sinnlosigkeit meines Lebens."

In seinen Waldegger Jahren war Ebner zunächst literarisch tätig, doch widmete er sich immer stärker den Fragen der Ethik.

1912 wurde Ebner an die Schule in Gablitz versetzt. (➤ Ebner in Gablitz, S. 158 ff.; Ebner in Wiener Neutstadt, S. 223 f.)

Friedrich von Gauermann in Scheuchenstein

Jetzt aber zum uneingeschränkt schönsten Ziel der kleinen Biedermeier-Tour. Schon kurz nach Oed zweigt nach links – also Richtung Süden – aus dem engen Piesting- das noch engere Miesenbachtal ab. Dieses Tal führt zwischen Hoher und Dürrer Wand nach Süden. Ziel unserer Reise ist nicht das Tal selbst, sondern ein hoch über dem Tal gelegenes Nest namens Scheuchenstein. Dieses pittoreske Ortschafterl erreicht man über eine kleine, vom Ort Miesenbach abgehende Bergstraße. Sobald man den Berg erklommen hat, sollte man das Auto rasch abstellen und aussteigen und zuallererst einmal die Ruhe und die Idylle auf sich wirken lassen: Das, was man sich unter „Biedermeierlandschaft" vorstellt, tut sich hier tatsächlich auf. Grüne, saftige Wiesen, weidende Kühe, schmale, gewundene Wege, kleine Bauernhöfe und hoch aufragende Felsgipfel versetzen in ein anderes Jahrhundert, in eine andere, ferne, nicht mehr wirkliche Welt. In dieser Umgebung wurde der spätere Maler

FRIEDRICH VON GAUERMANN (1807–1862) auf dem Bauernhof seiner Eltern geboren, hier verbrachte er auch seinen Lebensabend.

Dieses für Gauermann so wichtige Haus erreicht man auf einem viertelstündigen Spaziergang vom Ort aus. Man läßt die im 12. Jahrhundert entstandene Kirche rechts und die ehemalige Dorfschule, nunmehr Gauermann-Museum, links liegen und geht geradeaus bis zum Haus mit der *Nummer 71*, dem letzten Bauernhaus auf der rechten Seite des Fahrwegs. Der stark veränderte *Gauermannhof* wird von der Ururenkelin des Malers und ihrem Mann geführt. Der Blick von hier zurück auf die Scheuchensteiner Kirche, die Gauermann auf einigen Bildern verewigt hat, ist wunderbar – wer keine Staffelei mitgebracht hat, kann das Motiv ja vorsorglich mit dem Fotoapparat festhalten und es zu Hause dann auf die Leinwand übertragen.

Die direkte, unmittelbare Berührung mit der Natur war für die weitere künstlerische Entwicklung des jungen Gauermann ausschlaggebend. Der Hof war sein wesentlichster Bezugspunkt, seine Heimat. Seine Studien aus Miesenbach gehören zu den frühsten und kostbarsten Bildern des Biedermeier-Realismus in Österreich.

Von 1825 bis 1827 studierte er gemeinsam mit seinem Bruder an der Akademie in Wien. Bald begann er, das ländliche Milieu auch freier zu gestalten – sprich: Phantasielandschaften zu konstruieren. Die Themen und Sujets blieben dabei immer die gleichen: Tiere und Landschaften.

Offensichtlich war auch der um vierzehn Jahre ältere Idyllenmaler Ferdinand Waldmüller von seinen Künsten tief beeindruckt. Er erwarb 1829 ein Bild Gauermanns und hatte schon 1820 sieben Ölstudien ausgeliehen. Was Gauermann sicherlich mit Stolz erfüllte. Nach 1830 wandte sich der sehr fleißige Künstler fast ausschließlich bäuerlichen Genrebildern, Jagdmotiven und Almszenen zu. Die Darstellung von Tieren wurde ihm immer wichtiger. Um ihre Bewegungen gut beobachten und studieren zu können, hielt er sich sogar Rehe, Füchse und Adler. Die großen Gemälde, die ihm zu seinem auch weit über Österreichs Grenzen hinausgehenden Ruhm verhalfen, entstanden in dieser Zeit. Immer wieder stellte er, dem damaligen Modetrend entsprechend, Gewitterstimmungen oder kämpfende und gehetzte Tiere dar.

Gauermann wurde Professor an der Akademie; sein Ruhm wurde durch die technische Reproduktion seiner Werke vermehrt; in Amerika schätzte man ihn ebenso wie in Rußland. Zu seinem Freundeskreis gehörten die Maler Ranftl, Danhauser, Kupelwieser und wahrscheinlich auch Franz Schubert. Ein Besuch Ferdinand Raimunds in Scheuchenstein ist verbrieft.

Die Wende des Revolutionsjahrs 1848 brachte andere Kunst-Moden mit sich, das Interesse der Wiener Gesellschaft an Gauermanns dramatisch-idyllischen Landschaften nahm merklich ab. Seine letzten großen Ölbilder zeigen gemütliche, beschauliche Szenen, doch die Wirklichkeit sah anders aus. Depressionen hemmten sein weiteres künstlerisches Schaffen. Er starb 55jährig im Juli 1862 in Wien, wurde aber in Scheuchenstein begraben. Sein Grab befindet sich am kleinen Friedhof bei der Kirche.

Hundert Jahre nach seinem Tod – 1963 – wurde Gauermann durch eine Erinnerungsausstellung in Scheuchenstein „wiederentdeckt". Und dieses „Revival" führte 1976 auch zur Errichtung des beachtlichen *Gauermann-Museums* im Ort Scheuchenstein.

Im *Gebäude der ehemaligen Volksschule* ist heute eine beträchtliche Anzahl von Gauermann-Originalen zu sehen, allesamt Leihgaben des Landes Niederösterreich bzw. der Ururenkelin des Malers. Unter den Exponaten befinden sich auch Frühwerke aus Miesenbach, etwa die „Almszene bei Miesenbach", „Die Balbersteine bei Miesenbach" oder „Landschaft bei Miesenbach". Ausgestellt ist im Scheuchensteiner Museum auch das einstige Mobiliar Gauermanns: Sitzmöbel, Sekretär, Kasten und Gläser.

Wer sich nun, nach kultureller Erbauung, selbst durch die Natur zu künstlerischem Schaffen inspirieren lassen will, sollte vom Miesenbachtal aus den Sturmangriff auf die 1154 Meter hoch gelegene Gauermannhütte auf der Dürren Wand antreten.

☞ Gauermann-Museum, Scheuchenstein, Gemeinde Miesenbach, Tel. 02632/82 35 oder 02632/82 67, Ostersonntag bis 26. Oktober Sa, So, Fei 10–17 Uhr, ansonsten nach Voranmeldung

Hexameter in der Buckligen Welt

Anton Wildgans in Mönichkirchen

In den Ort kam ANTON WILDGANS (1881–1932) auf Empfehlung seines Arztes. Der hatte ihm einen Aufenthalt in einem Luftkurort verschrieben. Mönichkirchen am Wechsel war gegen Ende

des 19. Jahrhunderts infolge des Baus der Aspangbahn zum Sommerfrischeort avanciert und entsprach dem Geschmack des Dichters. Wildgans reiste rund um den St.-Peter-Paul-Tag an und blieb dann gleich bis zum Ende des Sommers.

Er setzte seiner Sommerfrische ein besonderes literarisches Denkmal: das in Hexametern verfaßte Versepos „Kirbisch oder Der Gendarm, die Schande und das Glück".

In diesem Sittenbild wird der moralische Verfall eines Ortes an zwei Ereignissen darstellt: dem Einbruch des Fremdenverkehrs und dem Aus-

Hotel Hochwechsel: Quartier von Anton Wildgans in Mönichkirchen

bruch des Ersten Weltkriegs. In einer „Schlüsselszene" im „Siebenten Gesang" betreten der Gendarm Kirbisch, seine Frau und deren Geliebter, Leutnant Fleps, gemeinsam die Wirtsstube. Die Kellnerin Cordula, die von Fleps ein Kind erwartet, sinkt ohnmächtig zu Boden:

Ungeheures Ereignis! Es wagte niemand zu räuspern,
Ja es versagte sogar der Atem, der Gruß in der Kehle.
Cordula starrte vom Schanktisch und schien sich
nur mühsam zu halten.

Einzig Herr Pschunder, der Wirt, die Lage gewandt
überblickend,
Schritt seinen Gästen entgegen, sie enthusiastisch
begrüßend,
Streckte Herrn Kirbisch die Hand hin, die dieser
verlegen erfaßte,
Und von der „Gnädigen Frau" sich ganz besonders
verbeugend,
Blinzelte er Flepsen zu: „Zu speisen gefällig,
Herr Leutnant?
Kalt oder warm, wie's beliebt! Was Fertiges
oder was Frisches?"

Aber noch ehe der Leutnant für alle dreie bestellte
(Selchfleisch mit Knödel und Kraut und dazu einen
Liter vom Alten),
Klirrte am Schanktisch ein Glas, ein zweites,
ein drittes in Scherben,
Blassende Hände hielten sich fest noch
am Messing der Pipe,
Tief ein gemartertes Stöhnen erklang, ein
schluchzendes, dann doch –
Während der Wirt einen Fluch mit dem
einzigen Zahne zerknirschte,
Während das Fräulein Rose Rachoinig den
wilden Triumphblick
Kaum zu bemeistern vermochte und niemand
der Wankenden beisprang –
Sank ein gesegneter Leib zur Erde in lautlose Ohnmacht.

Daß Mönichkirchen und die Mönichkirchner als Vorbild für dieses
später unter dem Titel „Cordula" verfilmte Werk herhalten mußten,
ist offensichtlich. Obwohl Wildgans, gehofft hatte, daß niemand im
Ort den „Kirbisch" lesen würde, taten das die Bewohner sehr wohl
und sehr genau. Sie erkannten sich zum Teil wieder – und waren
grob verstimmt. Wildgans, der es sich mit dem Ort nicht ganz ver-
scherzen wollte, versuchte die Aufregung zu beruhigen.

Lieber und sehr geehrter Herr Bürgermeister, „Herr Stirner
schreibt mir, daß mein neues Buch in Mönichkirchen unlieb-

*sames Aufsehen erregt hat, und daß insbesondere Sie sich
in unangenehmer Weise betroffen fühlen. (...) Gewiß ist es
richtig, daß es in meinem Buch gewisse äußerliche Ähnlich-
keiten mit wirklichen Personen aus Mönichkirchen gibt,
aber gerade diesen Gestalten ist nichts nachgesagt, was sie
irgendwie in den Kot zerren könnte.*

Spätestens heute haben ihm die Mönichkirchner alles verziehen –
anläßlich seines hundertsten Geburtstags wurde vor dem Gemeindeamt eine Wildgans-Büste enthüllt und eine Ausstellung
aufgebaut – und der „Kirbisch" gehört heute für jeden Ortsbewohner sozusagen zum kleinen literarischen Einmaleins.

Die erste Adresse, die es zu besuchen lohnt, ist die *Mansarde des
Hotels Hochwechsel.* Hier hatte Wildgans von 1911 bis 1913 ein Ar-
beits- und Wohnzimmer gemietet. Das 1893 erbaute Jahrhundert-
wendehotel, damals im Besitz der Familie Windbichler, ist heute Ei-
gentum von Herrn Emmerich Märzendorfer, einem freundlichen
achtzigjährigen Mann. Das Haus befindet sich direkt neben dem
Kirchenwirt, trägt die *Nummer 9* und wird heute noch als char-
mante Pension, vorwiegend für Jahres- und Dauermieter, geführt.

In der Mansarde schrieb Wildgans „Sonette an Ead", fünf
Einakter, darunter das Gerichtsstück „In Ewigkeit Amen", sowie
den Roman „Die irdische Maria".

*Die im „Kirbisch" beschriebene Blasmusik von Mönichkirchen
(Aufn. aus den zwanziger Jahren)*

Vorhergehende Seite:
Ehem. Hotel Binder in Mönich-
kirchen, Sommerquartier von
Anton Wildgans

Arbeiterwohnhaus bei
Hermann Brochs
Teesdorfer Textilfabrik (links)

Gauermann-Heimat in
Scheuchenstein (rechts oben)

Semmeringbahn, Ghega-Viadukt
(rechts unten)

Flüchtlingskinder in der Villa Böhm am Semmering (oben)

Thalhof bei Reichenau, ehemalige Schriftsteller-herberge (Mitte)

Doderer-Steig in Prein/Rax (unten links)

Loos-Haus am Kreuzberg (unten rechts)

Kurhaus am Semmering (rechts)

Villa Lorenz in Altenberg (links oben)

Bei Mönichkirchen, Lieblingsplatz von Anton Wildgans (links unten)

Kafkas Sterbehaus in Klosterneuburg-Kierling (rechts)

Folgende Seite: Lenau-Grab in Klosterneuburg-Weidling

„Hier habe ich ein entzückendes Mansardenzimmer, das über allem Lärm in wunderbarer Friedlichkeit thront", schreibt der Dichter im Juni 1911 begeistert an Friedrich Freiherrn von Haymerle. „Alte Möbel in der Art der Lerchenfelderstraße stehen darin, dann meine Reisebibliothek usw. Zum erstenmal in meinem Leben habe ich solch einen Raum, wie ich ihn mir, seitdem ich denken kann, gewünscht habe, und von der Erfüllung dieser langgehegten Sehnsucht ist eine wohltätige Suggestion auf mich ausgegangen, so daß ich in diesen drei Wochen mehr und Besseres geschrieben habe als in den letzten Jahren."

Das auf diese Art unsterblich gewordene Mansardenzimmer ist heute eine Abstellkammer; mit ernsthaften Interessenten steigt der rüstige Pensionsbesitzer aber gerne die Stiegen hinauf und erzählt nebenbei all das, was man im Ort über Wildgans eben so weiß.

 ☛ *Haus Hochwechsel, Emmerich Märzendorfer,*
Mönichkirchen, Tel. 02649/248

Ab 1913 quartierte sich Wildgans im sogenannten Stirnerhaus ein. Hier entstanden bis 1932 die meisten seiner Werke.

Dieses heute geschlossene Gasthaus befindet sich in unmittelbarer Nähe des Hotels Hochwechsel und trägt die *Nummer 7*. Das in Dietmar Griesers hervorragendem Buch „Stifters Rosenhaus und Kafkas Schloß" erwähnte „Wildgans-Stüberl" ist leider längst geschlossen. An die oftmalige Anwesenheit des Dichters erinnert nur noch eine Gedenktafel an der nicht besonders bemerkenswerten Fassade.

Belegt ist auch der Aufenthalt von Anton Wildgans im einstigen *Hotel Binder*. Auch dieses ehemals feine Haus ist längst kein Hotel mehr und beherbergt heute das Drogentherapiezentrum „Grüner Kreis". – An den ehemaligen Besitzer dieses Hotels und Bürgermeister von Mönichkirchen schrieb Wildgans den oben zitierten Entschuldigungsbrief.

An der Hauptstraße zwischen dem Hotel Binder und der Pension von Herrn Märzendorfer befindet sich das *Kauf- und Gasthaus Rois*. Der Großvater des jetzigen Wirts diente Wildgans als Vorbild für den wenig schmeichelhaft dargestellten „findigen Krämer des Orts". Das Enkerl hat verziehen: Herr Rois besitzt einen Bief von Wildgans, den er Interessierten gerne zeigt; in der Wirtsstube hängt selbstverständlich eine Fotografie des Mönichkirchner „Nationaldichters".

Einer der Lieblingsspaziergänge von Wildgans führte zu einem Aussichtspunkt etwas oberhalb des Ortes. Diese Spur ist leicht zu verfolgen: Man geht vom Kirchenwirt zum Kirchenplatz, vorbei an der Volksschule, an deren Fassade ein Terracottaporträt des Dichters prangt. Man folgt nun dem Wegweiser zur Mönichkirchner *Schwaig*. Am Waldweg, vorbei an der Talstation der Sesselbahn, erreicht man nach rund fünfzehn Minuten einen Rastplatz, von dem man früher gut ins Steirische Land hineinschauen konnte – heute ist die Aussicht allerdings von hochgewachsenen Bäumen verstellt. Die bei der Bank befindliche Fichte wird *Wildgansfichte* genannt. Zünftige Wanderer gehen den nur leicht ansteigenden Weg auf die Schwaig zu Fuß. Der kranke Wildgans war einst sehr stolz darauf, den Aufstieg geschafft zu haben. Auf der Schwaig, einem schönen Almboden, befinden sich heute zwei empfehlenswerte Einkehrgasthäuser. (➤ Wildgans in Mödling, S. 184 ff.).

 Anton Wildgans: Gedichte. Musik der Kindheit.
Kirbisch. Hg. von Gottfried Wildgans, Wien 1981.

Auf den Semmering!
Carl Ritter von Ghega – Peter Altenberg –
Stefan Zweig – Hermann Bahr – Arthur Schnitzler –
Sigmund Freund – Josef Kainz – Max Böhm –
Koloman Moser – Richard von Schaukal –
Franz Ritter von Neumann

„Der Semmering gefällt mir nicht, es schaut dort kitschig aus." Das ist die eine Sicht des Berges, gezeichnet vom Maler Egon Schiele in einem Brief aus dem Jahre 1912. Unzähligen anderen „Promis" hat der Semmering dagegen sehr gefallen. Die Welt der Villen und Sommerhäuser, der Grandhotels und Spazierwege, die Mischung aus Kitsch und Glorie, aus pittoresker Natur und gewollter Urbanität war in der Zeit der Jahrhundertwende absolut „in". Die Stadt am Berg, die „Sonnenterrasse der Wiener Gesellschaft", war der Treffpunkt der feinen Leute, der damaligen „Szene". Semmering-Experte Wolfgang Kos beschreibt die Gäste als „das aufstrebende, liberale, reiche, jüdische, kunstsinnige, selbstgefällige Großbürgertum mit aristokratischem Dünkel und weichen Rändern zur Bohème".

„Der Semmering" ist bis heute ein ziemlich unübersichtliches Konglomerat verschiedenster Sehens- und Denkwürdigkeiten geblieben. Um sich eine erste Übersicht zu verschaffen, sollte man sich in der Trafik an der Paßstraße oder in der Touristeninformation am Gemeindeamt einen Ortsplan besorgen.

 ☞ *Kurverwaltung Semmering, Hochstraße 32 D*
(im Panhans-Komplex), Tel. 02664/23 26-80

Carl Ritter von Ghega und die Semmeringbahn

Die Strecke wandte sich und bald immer wieder. Es war, als stiege man über eine gewundene Treppe zum Dach eines Gebäudes empor. Das kurze zischende Vorbeifliegen der Wand in gemauerten Einschnitten gab den Blick wieder frei für ein neues Bild, das jetzt ins Treffen trat und sich in die Aussicht schob, die viele Male schwarz verschluckt und verschlossen wurde von den Tunnels. Clayton hatte die Empfindung, schon sehr hoch zu sein, aber es ging noch höher. Jetzt sah er drüben in weitem Bogen die Bahntrasse liegen, über welche man eben vorhin gefahren war. Die Ab-

243

> *stürze neben der Strecke wurden steiler und tiefer und*
> *schließlich schwindelnd, als man durch eine Art offene Ga-*
> *lerie fuhr. Ihre Pfeiler zischten vorbei. In der nächsten Kur-*
> *ve sah er, so rückwärts wie vorne, die Lokomotiven don-*
> *nernde Dampfstrahlen emporwerfen.*

In Heimito von Doderers Roman „Die Wasserfälle von Slunj" er-
götzt sich der Reisende Robert Clayton an der vorbeifliegenden
Semmering-Landschaft und an der Bahnstrecke an sich. Jene Semmeringbahn, die erste Gebirgsbahn Europas, wurde wie kaum ein
anderes technisches Bauwerk beschrieben und diskutiert.
Erbaut hat die Strecke der Ingenieur, Verkehrstechniker und Ar-

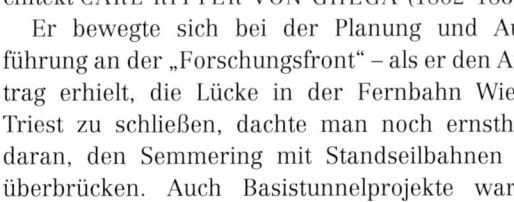

chitekt CARL RITTER VON GHEGA (1802–1860).
Er bewegte sich bei der Planung und Aus-
führung an der „Forschungsfront" – als er den Auftrag erhielt, die Lücke in der Fernbahn Wien–
Triest zu schließen, dachte man noch ernsthaft
daran, den Semmering mit Standseilbahnen zu
überbrücken. Auch Basistunnelprojekte waren
schon damals in Diskussion, wurden aber letztendlich wegen der
zu langen Bauzeit fallengelassen.

Baubeginn war das Revolutionsjahr 1848 – der Bahnbau war
gleichzeitig ein Notstandsprogramm, um Arbeitslose von der
Straße wegzubringen. Bis zu zehntausend Arbeiter fanden hier
Beschäftigung.

Ghegas *Bauleitungsbüro* befand sich in *Schottwien* im *Gasthaus
Zu den drei Kronen.* Dieses Gebäude existiert in veränderter Form
und Funktion noch. Die Spuren, die Ghega in der Natur, der Landschaft hinterlassen hat, sind großartig und einmalig; jeder Semmering-Besucher sollte dem Eisenbahnbauer seine Reverenz erweisen:
Dazu muß man vor allem einmal mit der Bahn über den Semmering oder zumindest auf den Semmering fahren. Achtung: Nur
Eil- und Regionalzüge halten am Bahnhof Semmering. Wichtig ist
außerdem, bei der Bergfahrt ab Gloggnitz möglichst einen in
Fahrtrichtung linksseitigen Fensterplatz einzunehmen.

Am *Bahnhof Semmering* befindet sich ein *Denkmal für Ghega.*
In einem am Bahnhofsgelände aufgestellten *Museums-Triebwa-
gen* wurde ein kleines Museum eingerichtet, das Informationen
zur Strecke und zur Lebensgeschichte des Erbauers bietet.

Außerdem kann man hier den *Bahnwanderweg*-Prospekt beheben. Mit seiner Hilfe ist eine Begehung der Strecke vom Bahnhof Semmering bis hinunter nach Payerbach bzw. Gloggnitz ein Kinderspiel.

Auf jeden Fall sollten Semmering-Besucher vom Bahnhof Semmering ausgehend auf dem *Gehweg zur Station Wolfsbergkogel* und von da weiter zur Warte auf dem *Doppelreiterkogel* vordringen. Von dieser Kuppe hat man den schönsten Überblick über die Semmering-Strecke, man sieht den *Weinzettelwand-Tunnel*, die dazugehörigen Galerien, Bahnhof Breitenstein, *Krausl-Tunnel, Polleroswand* und vor allem das berühmte *Viadukt* über die *Kalte Rinne*.

Peter Altenberg im Panhans

Das wohl bekannteste Gebäude am Semmering ist das Hotel *Panhans*. Der frühere Pächter des Restaurants im Südbahnhotel, VINZENZ PANHANS (1841–1905), ließ sich 1888 sein eigenes Hotel erbauen. Sukzessive erweitert, war das Panhans bereits um 1900 ein Grandhotel, galt als moderner und sportlicher als das Südbahnhotel. Der Sohn Franz Panhans ließ es 1913 vom bekannten Architektenduo Fellner und Hellmer nochmals stark erweitern. Die Fassade war nun 300 Meter lang, und in sieben Geschoßen verteilten sich 300 Zimmer. Modernisiert und adaptiert und durch eine Hotelfachschule und Appartements ergänzt, ist das Grandhotel auch heute unbestritten die Nummer eins am Berg.

Hier stiegen einst viele Künstler ab – nicht alle können hier aufgelistet werden. Einer der bekanntesten Panhans-Gäste war  PETER ALTENBERG (1859–1919). Das Hotel war ein wichtiger Fixpunkt in seinem bewegten, unruhigen Leben. Immer wieder kam der „Meister der kleinen Form", der von Anton Kuh so genannte „Afrikaforscher der Alltäglichkeit" hierher und setzte seiner zweiten Heimat im Buch „Semmering 1912" ein literarisches Denkmal.

Altenberg, der zu dieser Zeit vor allem von Zuwendungen seiner Künstlerfreunde lebte, blieb vom November 1911 bis Ostern 1912 im Panhans. Im Juli 1912 kam er wieder und blieb abermals bis November. Er war bereits zu einer „schwierigen" Person geworden, trank, war verbittert, verzweifelt und larmoyant. Noch immer fühlte er sich zu jungen Mädchen hingezogen. Größte Freude bereitete es ihm, auf der Höhenstraße spazierenzugehen und dabei spielende Kinder zu beobachten. Zwischen Aufenthalten in Sanatorien und Wiener Hotels schrieb er immer wieder wunderbare Texte.

„Es regnet. 9. Juli 1912, nachmittags 5 Uhr. Ganz dichte graue Schleier ziehen über den Bergwald vor meinen Fenstern. Alles trieft, ist untergetaucht in Nebel. Die Blumen haben ihre Farbe verloren, die Blechdächer glänzen, sind von Staub gereinigt, naßpoliert. Die Schaukel, die Schaukel. Vormittags schaukelte noch die sonnigste Frau, die blondgelichtete, die musiksprechende, in der Sonne! Ich sah sie schweben und weinte. Mir ist nichts anderes gegeben als zu weinen. Ich kann keine Lieder komponieren zum Preise, wie Brahms, Hugo Wolf, Grieg. Ich kann nur eine Melodie – weinen. Klara, Klara. Es regnet. Graue Schleier ziehen über den Bergwald vor meinem Fenster. Es duftet nach nassem Wald natürlich. Alles ist wie ertränkt. Klara, Klara, du sitzt in deinem Zimmer, lernst wichtige Dinge fürs nächste Jahr, für die Prüfung, für das Leben. Deine blonden Lockenwolken streifen das weiße Papier, auf dem du schreibst –. Du sagst: ‚An einem solchen faden Nachmittag ist's noch am besten, zu lernen –!'"

Klara war die zwölfjährige Tochter der Hoteliersfamilie Panhans.

Das um Tradition bemühte Hotel hat Peter Altenberg ein Zimmer gewidmet, das mit schwarzen Jugendstilmöbeln eingerichtet und mit Altenberg-Bildern und -Gedichten dekoriert ist. (➤ Altenberg im Reichenauer Thalhof, S. 260 f.; Altenberg in Altenberg, S. 300)

Peter Altenberg:
Semmering 1912, Berlin 1913.

Stefan Zweig im Panhans

Ein berühmter Mann, der ebenfalls gern im Panhans abstieg, war der österreichische Schriftsteller STEFAN ZWEIG (1881–1942). In seiner im Jahr 1914 entstandenen Novelle „Brennendes Geheimnis" verwertete er diverse Eindrücke, die er am Semmering einfing. „Im Hotel war der erste Weg des jungen Mannes zu der Liste der anwesenden Gäste, die er – bald enttäuscht – durchflog. Wenn wenigstens ein paar Frauen da wären, irgendein kleiner, im Notfall sogar argloser Flirt, um diese Woche nicht gar zu trostlos zu ver-

bringen. Verstimmt ging er in der kleinen Halle auf und ab, bald unschlüssig in Zeitungen blätternd, bald wieder im Musikzimmer am Klavier einen Walzer antastend, bei dem ihm aber der Rhythmus nicht recht in die Finger sprang. Schließlich setzte er sich verdrossen hin, sah hinaus wie das Dunkel langsam niederfiel, der Nebel als Dampf grau aus den Fichten brach. Eine Stunde zerbröselte er so, nutzlos und nervös. Dann flüchtete er in den Speisesaal."

Zweig war bis zu den fünfziger Jahren der meistübersetzte deutschsprachige Schriftsteller; allein „Brennendes Geheimnis" wurde 200.000mal verkauft.

Nach dem Ersten Weltkrieg kaufte er ein Haus am Kapuzinerberg in Salzburg, das er mehr als 20 Jahre lang zumindest zeitweise bewohnte. Zweig reiste ungewöhnlich viel; er kam unter anderem bis nach Ceylon. In Österreich besuchte er neben dem Semmering auch noch gern Baden, Puchberg am Schneeberg und den Hochschneeberg, auf den er mit der Zahnradbahn fuhr.

1938 mußte der Autor von „Ungeduld des Herzens" nach England emigrieren. 1941 übersiedelte er mit seiner zweiten Frau Lotte nach New Haven (USA) und von dort weiter nach Brasilien, wo die „Schachnovelle" entstand. Zweig litt zusehends unter Depressionen und beging 1942 gemeinsam mit seiner Frau Selbstmord.

Hotel Panhans, Semmering (Aufnahme von 1920)

Das Panhans erweist Stefan Zweig die Reverenz: „Brennendes Geheimnis" steht Hotelgästen als Lektüre zur Verfügung.

 Stefan Zweig:
Brennendes Geheimnis, Wien 1989.

Hermann Bahr im Panhans

Man darf nicht enttäuscht sein: Das Panhans ist kein Museum; Cafe, Restaurant und Zimmer sind nicht etwa in irgendwelche „Original-zustände" versetzt. Immerhin sind im ersten Stock Fotos aus der „guten alten Semmeringzeit" zu sehen, und die Salons und Seminarräume sind nach diversen prominenten Gästen benannt. Einer von ihnen war der Schriftsteller HERMANN BAHR (1863–1934).

Der Sohn eines Notars lebte ab 1894 als freier Schriftsteller in Wien, war organisatorischer Mittelpunkt des Literatenkreises „Jung-Wien", übersiedelte 1912 nach Salzburg und kam 1918 als Dramaturg ans Burgtheater zurück nach Wien.

Ab 1922 lebte er in München, wo er 1934 starb. Bahr schrieb psychologische Romane, Essays und Komödien. Seine Sommer-urlaube verbrachte er im Salzkammergut, auf dem Semmering, in Kaltenleutgeben und in Venedig.

Seine Kurzausflüge und Wochenendaufenthalte auf dem Semmering waren eine Mischung aus Erholung und Arbeit. Bei Spaziergängen mit Arthur Schnitzler oder Kolo Moser besprach er Inszenierungen, Stücke, Bühnenbildentwürfe, Verlagsprobleme – oder tratschte mit seinen Kollegen über die Wiener Literatenszene.

Arthur Schnitzler im Südbahnhotel

Das zweifellos imposanteste Gebäude am Semmering ist das *Südbahnhotel*. Man erreicht es, indem man vom Panhans auf der Hochstraße immer weiterspaziert, bis das Märchenschloß im Zuckerbäckerstil plötzlich auftaucht. Das Haus wie aus einem Ausschneidebogen, mit einer verspielten Dachlandschaft, mit Türmchen, Erkern, Balkonen, Gesimsen, Mansarden und Fach-werkkonstruktionen, stand seit den siebziger Jahren leer. Verwunschen war es, und fast sah es so aus, als könnte sich für das riesige Objekt kein Investor mehr finden. 1974 wurde der ältere Trakt, das einstige, schon 1882 von der Südbahn-Gesellschaft er-richtete „Semmering-Hotel", in Eigentumswohnungen aufgeteilt. Doch der 1902/03 von den Architekten Alfred Wildhack und

Robert von Morpurgo im alpinen Schweizer Stil errichtete sechs-
stöckige „Zubau" soll 1996 als „Gesundheitshotel" wiedereröffnet
werden – man kann sich auf dem Semmering nun wieder in einem zweiten Nobelhotel einmieten.

Ein Stammgast des Hauses war der berühmte österreichische
Schriftsteller ARTHUR SCHNITZLER (1862–1931). Der Autor

von zahlreichen Dramen und Erzählungen („Der
Reigen", „Leutnant Gustl") kam sowohl im Sommer als auch im Winter gern in die Semmering-Ge-
gend. Der vor dem Ersten Weltkrieg meistgespielte
und auch heute noch viel gelesene Dramatiker urlaubte und arbeitete in Reichenau, Edlach und am
Semmering. (➤ Schnitzler im Reichenauer Thalhof, S. 257 ff.)

Oft kam er sehr spontan, manchmal auch nur sehr kurz, um
Ideen durchzudenken oder vor Theaterpremieren Luft zu schnap-
pen. Meist nahm er bei seinen Semmering-Trips etwas zu arbeiten mit – er konnte hier trotz der vielfältigen gesellschaftlichen
Ablenkungen gut schreiben. So entstand etwa „Das weite Land"
zum Großteil am Semmering. Der legendäre Portier des Südbahnhotels erzählte einst in einem Interview: „Das ‚weite Land'
entstand eigentlich hier. Ich könnte ohne weiteres die Namen aller seiner Gestalten aus unserem Fremdenbuch heraussuchen.
Schnitzler hat mit ihnen nie in seinem Leben gesprochen, er pho-
tographierte sie aber besser als jeder Photograph."

Auch der Portier selbst – sein Name war Karl Rosenbaum –
diente Schnitzler als Vorbild, der Einfachheit halber für die Figur
des Portiers im „Weiten Land". Als Regieanweisung für den 3. Akt
schreibt Schnitzler: „Hinter dem Tisch am Eingang der Portier
Rosenstock, rotbäckiger, ziemlich junger Mensch, kleiner
schwarzer Schnurrbart, schwarzes Haar, schlaue gutmütige Augen, zuvorkommend und überlegen."

Wie der Radiojournalist und Historiker Wolfgang Kos schreibt,
war für Schnitzler der Semmering eine „vielfältig verwendbare
Außenstelle des Wiener Lebens: Hierher fuhr er, um im Famili-
enkreis den Geburtstag der kranken Mutter zu begehen, hierher
zog er sich zu Arbeitsgesprächen mit dem Regisseur Otto Brahm
zurück, hierher floh er, wenn Krisensituationen unerträglich
wurden, oft unmittelbar vor oder nach brisanten Premieren."

1909 bis 1912 kam Schnitzler insgesamt zwölfmal ins geliebte Südbahnhotel; zweimal nahm er einen längeren Sommeraufenthalt mit Frau Olga und Sohn Heinrich, meist schaute er aber nur für wenige Tage vorbei. In seinen Tagebüchern präzisiert er auch die Gründe seiner kleinen Fluchten. Da ist etwa von „tief gestörter Arbeitsfähigkeit, Olgas Nervosität", zu lesen, von „Düsterkeiten" oder „Übelbefinden" nach langen Sommerreisen. Im Sommer 1911 arbeitete er hier an „Professor Bernhardi".

Er traf Stefan Zweig, Hugo von Hofmannsthal und Felix Salten und notierte penibel, wann er sich wo mit wem worüber unterhielt: „Beim Frühstück mit Hofrat Dlahac über Ministerium, Parlamentarismus; technische Fragen wegen Bernhardi!"

Er besuchte den Chefredakteur der „Neuen Freien Presse", Moritz Benedikt, in seiner Villa und diskutierte mit ihm über seine eigenen Dramen und dessen Leitartikel, über Zionismus im allgemeinen und Herzl im besonderen.

Ein Lieblingsspaziergang von Schnitzler ist leicht nachvollzogen. Er führt vom Panhans auf den *Pinkenkogel*. Der markierte Weg ist zum Großteil angenehm schattig. Nach 45 bis 60 Minuten erreicht man die Jausenstation – und befindet sich bereits weitab, hoch über der Stadt am Berg.

Zweiter Lokaltip für den Semmering-Besuch: Die *Pension Daheim* unterhalb des Wolfsbergkogels. Hier traf sich einst die noble

Südbahnhotel, Semmering (historische Aufnahme)

Wiener Gesellschaft zum Fünfuhrtee. Auch heute noch ißt man
hier ausgezeichnet: Vorausgesetzt, man ergattert einen Sitzplatz.

 Arthur Schnitzler: Das weite Land.
Dramen 1910–1912, Frankfurt/M. 1993.

Sigmund Freud im Südbahnhotel und in der Pension Schüler

Der Begründer der Psychoanalyse und Tiefenpsychologie und somit
der modernen Psychotherapie ist mit Sicherheit eine der bekanntesten Persönlichkeiten Österreichs. Der in Mähren geborene, mit seiner Familie 1859 nach Wien gekommene SIGMUND FREUD
(1856–1939) urlaubte wie viele seiner gutsituierten Zeitgenossen
zwischen Rax und Semmering. (➤ Freud auf der Rax, S. 262 f.)

Nach seinem Medizinstudium arbeitete er vorerst im Allgemeinen Krankenhaus, war Privatdozent für Neuropathologie und ließ
sich nach einem Paris-Aufenthalt als praktischer Arzt in Wien
nieder. Er beschäftigte sich immer mehr mit seelischen Krankheiten und publizierte 1900 sein vorerst wenig beachtetes, dafür
umso bahnbrechenderes Werk „Die Traumdeutung".

In den Jahren 1924 bis 1928 verbrachte Freud seine Sommer-
urlaube auf dem Semmering, wo er entweder im Südbahnhotel
oder in der Pension Schüler, einer Dependance dieses Hotels, abstieg. 1924 schreibt Freud in einem Brief:

„Sie haben hier meine neue Adresse. Ich bewohne diese schöne Villa (Schüler) als einziges männliches Wesen mit sieben Frau-
en (Frau, Schwägerin, zwei Töchter, drei dienstbare Geister,
wenn das Wort auf sie anwendbar ist) und beschäftige mich meist
damit, für die Sammlung von Selbstdarstellungen der Medizin,
die ein gewisser Grote herausgibt, meinen Beitrag zu schreiben.
Also wieder einmal eine Geschichte der Psychoanalyse, vierter
oder fünfter Aufguß."

Die *Pension Schüler* liegt mit einer anderen Villa versteckt im
Wald hinter dem Südbahnhotel; man findet sie, indem man dem
Promenadenweg hinter dem riesigen Hotel folgt, dann aber den
steilen Waldweg nach unten geht.

Josef Kainz im Südbahnhotel und im Kurhaus

Er war ein Semmering-Stammgast, wohnte oft wochenlang im
Südbahnhotel und fuhr nur zu den Burgtheater-Aufführungen
nach Wien – nicht als Zuschauer, sondern als Schauspieler. Die

Rede ist von einem der berühmtesten Burgtheater-Mimen überhaupt, von JOSEF KAINZ (1858–1910).

Er erkletterte den Sonnwendstein, marschierte zum Richtung Prein gelegenen Orthof und ging auch gerne Rodeln, sprach immer davon, daß er, wenn er genügend Geld zusammenhätte, hier ein Festspielhaus bauen würde. Als er bereits todkrank war, bestand er darauf, noch einmal auf den Semmering gebracht zu werden. Sein letzer Aufenthalt im Jahr 1910 führte ihn ins *Kurhaus Semmering*. Seine Freunde kamen hierher, um Abschied von ihm zu nehmen. Nur wenige Wochen vor seinem Tod – Kainz litt an Krebs – besprach er mit dem Regisseur Brahm und Schnitzler selbst noch die Besetzung von „Das weite Land", in dem er den Hofreiter hätte spielen sollen. Es kam nicht mehr dazu.

Das von den Wiener Architekten Kraus und Tölk errichtete, bis 1988 genutzte, heute leerstehende Sanatorium und Kurhaus liegt etwas abseits vom Schuß am Wolfsbergkogel. Für „Laufpublikum" niemals zugänglich, galt es als elegantes, großzügiges und diskretes Nobelquartier. Die Zukunft des Objekts ist Anfang 1996 ungewiß, es soll aber angeblich als Rehabilitationszentrum wieder auferstehen.

Max Böhms Parkpension

Es ist nicht leicht, der Blödler der Nation zu sein. In vorgerücktem Alter verbot sich der in ganz Österreich als „Maxi" Böhm bekannte Simpl-Kabarettist, Radioquizmaster und Josefstadt-Schauspieler das „i" hinter dem „x". Er wollte endlich nicht mehr der Kasperl, der dumme August sein – und endlich, endlich als ernster Charak-

ter anerkannt werden. Doch sein Image blieb bis heute unverändert: Der in Teplitz-Schönau geborene MAX BÖHM (1916–1982) war einer der populärsten Komiker der Nachkriegszeit, geliebt für sein unnachahmliches „Böhmakeln". Erst nach seinem Freitod wurde bekannt, daß er auch Lyrik geschrieben hatte. Kaum jemand weiß heute, daß Max Böhm eine Villa am Semmering besaß und eine Pension führte. Die sogenannte *Park-Villa*, ein eindrucksvoller Bau im Heimatstil, befindet sich unweit des Südbahnhotels an der *Bahnstraße*. Sie steht einige

Villa von Max Böhm am Semmering: Wand mit Autogrammbildern

Dutzend Meter unter dem Straßenniveau, zu erreichen auf einem kleinen, durch den Garten bergab führenden Pfad.

Gebaut wurde das Haus vom berühmten Semmering-Architekten Franz Neumann (s.u.) für den Hofbildhauer FRANZ SCHÖNTHALER (1821–1904). Die ehemalige „Schönthaler-Villa" wird heute als Flüchtlingspension genutzt. Bosnische Kinder zeigen stolz die Fotowand im Foyer – hier hat Max Böhm eine eindrucksvolle Autogrammsammlung affichiert: Die gesamte nationale und einige internationale Prominenz der vierziger bis siebziger Jahre ist versammelt. Glückwünsche zur Eröffnung der Pension sandten unter anderen Hans Moser und Curd Jürgens. Im ehemaligen Speisesaal erinnert nur noch ein riesiger Kristalluster an bessere Tage. Die Kinder sammeln die Teile des Lusters, die beim Ballspielen abgeschossen wurden, fein säuberlich in einer Lade – wer sie jemals wieder montieren wird, steht in den Sternen.

Koloman Moser in der Villa Mautner-Markhof

Das Haus ist am Ortsplan unter dem Namen *Pension Adelmann, Semmering 74*, zu finden. Es liegt unweit des ehemaligen Kurhauses in isolierter Lage. Bis 1918 befand es sich im Besitz der Familie Mautner von Markhof. Da KOLOMAN MOSER (1868–1918), einer der wichtigsten und

Kolo Moser, seine Schwiegermutter
Mautner-Markhof und C. O. Czeschka
in der Mautner-Villa am Semmering

auch vielseitigsten Jahrhundertwendekünstler, Mitbegründer der Wiener Secession und der Wiener Werkstätten, im Jahr 1905 seine Schülerin Ditha Mautner von Markhof heiratete, hielt er sich oftmals auf dem Semmering auf. 1907 zog er sich von den Wiener Werkstätten zurück und widmete sich verstärkt der Malerei; zahlreiche Bilder mit Rax-, Semmering- und Schneeberg-Ansichten entstanden. Das Hauptmotiv, den Blick von der Terrasse, variierte er in verschiedensten Maltechniken.

In der Mautner-Villa traf sich ein großer Freundeskreis: Hermann Bahr, Peter Altenberg, Carl Otto Czeschka, Anton Kling und Rudolf Bacher gingen hier ein und aus. Nach dem Tod der Schwiegermutter Mosers im Jahre 1918 wurde die Villa an den Prager „Kohlenbaron" Petschek verkauft.

Eine Kurzbesichtigung des Hauses ist kein Problem – freilich gibt es im Inneren nichts mehr, das an „Kolo" erinnert. Dafür hat er an der Fassade seine „Fingerabdrücke" hinterlassen: Rechts oberhalb der Eingangstüre ist ein Relief mit der Darstellung eines Wolfs zu sehen. Ein anderes Relief – ein tanzenden Mädchen – an der Westfront des von Franz Neumann (s. u.) erbauten Hauses wird ebenfalls dem Künstler zugeschrieben.

 ☛ *Haus Adelmann,*
Semmering 74, Tel. 02664/23 19

Richard von Schaukal und sein „Haus Immergrün"

Der traditionsbewußte, konservative Schriftsteller RICHARD VON
SCHAUKAL (1874–1942) widmete sich erst nach seiner (Früh-)Pen-
sionierung im Jahr 1918 ausschließlich dem Schreiben. Von 1908
bis 1942 verbrachte er mit seiner Familie die Sommermonate konsequent am Semmering. Er kaufte 1916 zwei Häuser, das *Haus Im-
mergrün* und den *Wolfganghof*, beide außerhalb des Ortes gelegen.

Schaukal lebte dort sehr zurückgezogen und nahm am gesellschaftlichen Leben im Ort nicht teil. „Nicht dort, wo man sich un-
terhält, weil man sich allein nicht aushielte, nicht dort, wo jedes
Wort Geld und Geldeswert zum Inhalt (aber nicht immer zur Verfügung) hat, nicht dort ist das Stück halbwegs melancholischer
Seelenheimat, das mir Semmering heißt", schrieb er einst.

Das heute verlassene Anwesen der Schaukals liegt rechts der
Adlitzgrabenstraße, unmittelbar nach der Abzweigung zum Golf-
platz. Der Wolfganghof trägt die Nummer 131 und liegt direkt an
der Straße, etwas zurückversetzt versteckt sich die Villa Immer-
grün. Daß sich um das Haus bereits dichtes, unwegsames Grün
breitmacht, ist dabei nur eine kleine Ironie des Schicksals.

Franz Ritter von Neumann

Der bereits mehrfach erwähnte Architekt FRANZ RITTER VON
NEUMANN (1844–1905) war maßgeblich an der Entstehung des
neuen Orts am Berg beteiligt. Der Schüler van der Nülls, Sic-
cardsburgs und Friedrich Schmidts prägte durch seine Heimat-
stilarchitektur das Gesicht des Semmering. Seine unverkennbare
Handschrift wurde bald als „Neumannstil" bezeichnet.

Für Franz Schönthaler errichtete Neumann eine Villa in alpi-
ner Holzarchitektur. Diese ehemalige *Schönthaler-Villa* wurde
später zur Park-Pension von Max Böhm (s. o.). Auch die Villa
Mautner Markhof (s. o.) stammt von Franz Neumanns Reißbrett.

Beim Südbahnhotel entstand eine ganze Neumannsche Villen-
kolonie. Hier trat er teilweise als Grundstücksinvestor und Bauherr, teilweise als Anbieter der fertigen Häuser auf.

Unter Denkmalschutz steht auch die Villa, die der Architekt für
sich und seine Familie errichtete. Schräg gegenüber der Garten-
seite der Park-Pension erhebt sich in der Villenstraße, *Semmering
39*, die schindelgedeckte und mit Glockentürmchen versehene
Neumannvilla, ein stattliches Tirolerhaus.

Unter, an und auf der Rax

*Franz Carl Weidmann, Arthur Schnitzler, Peter Altenberg und
Robert Musil im Thalhof bei Reichenau – Sigmund Freud auf der
Rax – Karl Farkas in Dörfl – Heimito von Doderer in Prein an
der Rax – Alma Mahler-Werfel, Franz Werfel, Oskar Kokoschka
und Adolf Loos am Kreuzberg*

Hunderte Wege und ein Berg: Es grenzt schon ans Unwahrscheinliche, daß man auf weit mehr als dreihundert Steigen, Pfaden, Anstiegen und Kletterrouten auf die 2004 Meter hohe Rax gelangen kann – und alle sind in speziellen Wander- und Kletterführern exakt beschrieben. Die Raxalpe, ein isolierter Kalkstock mit einem riesigen, fast ebenen Hochplateau, ist der mit Abstand besterschlossene Kletter- und Wanderberg der Ostalpen, der meistbesuchte Touristenberg wurde sie aber erst durch den Bau der Raxbahn, der ersten, im Jahr 1926 errichteten Seilschwebebahn Österreichs.

Um diesen Berg dreht sich das folgende Kapitel. An dessen Fuß, ihm gegenüber, an den Flanken und am Berg selbst hielten sich immer wieder prominente Künstler auf. Die Semmeringgesellschaft hat im alten *Kurort Reichenau an der Rax* eine ihrer Wurzeln. Lange bevor man um die Jahrhundertwende den Paß bevölkerte, lange bevor die Seilbahn das Gipfelplateau der Rax zum Spaziergarten verwandelte, kurte und spazierte man im tiefen Tal.

Franz Carl Weidmann in Thalhof

Ein früher Gast im Ort war der schreibende Schauspieler und Reisebuchautor FRANZ CARL WEIDMANN (1790–1867). Besonders der *Thalhof*, ein in einem Seitental nördlich von Reichenau gelegenes Anwesen, hatte es ihm angetan:

> *Jenseits der Schwarza, auf einem schönen, etwas erhöhten Seitenboden des Tales, umschlossen von den Wald- und Felspartien des Saurüssels und Feuchters, liegt der Thalhof, das Gasthaus der Herren Gebrüder Michael und Alois Waißnix. Von ihrem Vater begründet, wird die Wirtschaft nun von diesen, seinen beiden Söhnen trefflich und musterhaft verwaltet. Die wahrhaft bezaubernde Lage des stattlichen Gehöftes, die wohlbesorgte Küche, die mit allem Komfort versehenen Fremdenzimmer, alles vereint sich, dem*

Wanderer den Aufenthalt daselbst angenehm zu machen. Überall weht der Geist der Tüchtigkeit, der Ordnung und Gemütlichkeit in den Verkehr dieses trefflichen Hauses.

Reichenau ist heute ein quirliger Fremdenverkehrsort. Im Kurpark spielt am Sonntag das Kurorchester, und das auf Schnitzler-Stücke spezialisierte Sommertheater ist oft Wochen im voraus ausgebucht. Nur der Thalhof, dieses einst so prominente Haus, ist nicht mehr ganz das, was er einmal war. Und gerade dadurch ein der Jetztzeit entrücktes,

„Immer das selbe Zimmer, nichts hat sich verändert": P. Altenberg im Thalhof

stilles Refugium für Liebhaber der absoluten Ruhe und Abgeschiedenheit geworden. Der *Thalhof* ist die erste und wichtigste Adresse bei unserem Reichenau-Besuch. Man erreicht ihn, indem man von Gloggnitz kommend in der Ortsmitte von Reichenau nach rechts abbiegt, die Schwarza und die Gleise der Museums-Schmalspurbahn übersetzt. Bald öffnet sich ein fulminanter Talgrund, an dessen Ende einige villenartige Gebäude verstreut liegen; man befindet sich plötzlich an einem Ort, wo einem das „Verweile doch" besonders leicht über die Lippen kommt.

 ☛ *Marktgemeinde Reichenau, Kurdirektion und Zimmervermittlung, Hauptstraße 63, im Rathaus, Tel. 02666/28 65*
☛ *Kunst & Künstler in Reichenau; Theaterfestival, KulturbetriebsGes.m.b.H., Reichenau, Dörfl 57, Tel. 02665/319*

Arthur Schnitzler im Thalhof

Der Thalhof galt lange Zeit als Treffpunkt der besten Gesellschaft Wiens. Kaiser Franz Joseph besuchte ihn ab 1850 jedes Jahr zur Zeit der Hofjagden. Ins Gästebuch eingetragen haben sich auch

Ferdinand Raimund, Eduard von Bauernfeld, Friedrich Halm, Nikolaus Lenau und viele berühmte Ärzte Wiens.

Unter der Führung des Ehepaars Carl und OLGA WAISSNIX (1860–1897) wurde der Thalhof zu einer letzten großen Blüte geführt, an der vor allem die attraktive Wirtin entscheidenden Anteil hatte.

War es die Rax oder der Schneeberg, der da vor mir in den rötlichen Himmel ragte? Ich hab'es damals und noch Jahre lang nicht gewußt. (...) Rax, Schneeberg, die Waldwege, die Wiesenplätze, der Himmel darüber, all das war damals kaum Landschaft für mich; Kulissen waren es, Hintergründe.

Der Schriftsteller ARTHUR SCHNITZLER (1862–1931) war einer der prominentesten Thalhof-Gäste; vor allem seine enge Freundschaft mit (und Liebe zu) Olga Waissnix ließ ihn oft hier weilen.

Eines Tages kamen wir, Olga und ich, ich weiß nicht wie, auf den Einfall, Schach zu spielen. Und nun saßen wir jeden Abend von fünf Uhr an im sogenannten Hof, der übrigens gegen die eine Seite ganz offen war, an einem kleinen Tischchen, gleich neben dem rückwärtigen Hoteleingang. (...) Konnte es etwas harmloseres geben als solch ein Spiel? Im Freien, im Hof am Hoteleingang, angesichts der ganzen Welt gewissermaßen? Und wenn beim Rücken der Figuren die Finger der beiden Spieler flüchtig sich berührten, konnte das überhaupt irgendwem auffällig vorkommen? Und wenn dann ein Zittern durch unsere Glieder lief, unsere Wangen sich röteten, unsere Blicke feucht schimmerten, war das durch die Erregung des Spiels nicht ausreichend erklärt? Und wenn man etwa von weitem, von einem der Fenster im ersten oder zweiten Stock gewahrte, daß unsere Lippen sich leise bewegten, konnte ein gutwilliger Mensch ahnen, daß dieses Lippenbeben nicht bedeutete „Schach dem König", sondern vielleicht: Ein Augenblick neben Ihnen, Arthur, wiegt mir alle Schmerzen auf, die ich Ihretwegen zu leiden habe. Nicht „Schach der Königin", sondern: Ich möchte Ihnen zu Füßen sinken, Olga, und weinen.– Nein, niemand ahnte dergleichen, denn sie waren ja alle harmlos, soweit sie nicht boshaft waren.

So schildert Schnitzler diese „Liebelei". Olgas Mann war natürlich bald alarmiert; er erteilte Schnitzler in einem Brief Hausverbot, da „unser Hausfriede durch Sie seit Jahren auf das äußerste gestört ist".

Die beiden jugendlichen Liebhaber trafen einander aber weiterhin, zum Schluß in Olgas Vöslauer Villa (➤ Schnitzler in Bad Vöslau, S. 212). Olga Waissnix starb 37jährig an Tuberkulose.

Als Schnitzler seine Muse kennengelernt hatte, steckten seine literarischen Versuche noch in den Kinderschuhen; seine unerfüllte Reichenauer Liebe war ein wichtiger Impuls für ihn, sich endgültig dem Schreiben zuzuwenden. Auch nach dem Tod Olgas kam Schnitzer oft nach Reichenau. Seinen „Leutnant Gustl" schrieb er im Jahr 1900 im *Kurhaus Reichenau*, und zwar in nur sechs Tagen.

Der Thalhof, nach wie vor im Besitz der Familie Waissnix, bietet heute Kuren nach Dr. Mayr an. Freundlich bittenden Besuchern gestattet Frau Waissnix einen Blick in das stattliche, mit dunklem Holz vertäfelte, einem mächtigen Kamin und schweren, dunklen Möbeln ausgestattete Foyer und in den von Karl Waissnix errichteten großen Speisesaal. Dieser einst prunkvolle Raum

Thalhof bei Reichenau: Literatenherberge in wunderbarer Umgebung

wurde während und nach dem Krieg arg in Mitleidenschaft gezogen. Er wird heute als Gymnastik- und Turnsaal benützt.

Ein Genuß ist es schließlich, auf der Terrasse einen Kaffee einzunehmen, zu sitzen, in Ruhe zu verharren. Auch das geht nur nach spezieller Genehmigung von Frau Waissnix. Ein regulärer Kaffeehausbetrieb ist hier nicht eingerichtet.

Als kleiner Spaziergang bietet sich der Weg zum Talschluß an. Etwas anstrengendere Wanderwege auf die Gahns nehmen vom nahe gelegenen Ortsteil Schneedörfl ihren Ausgang. (➤ Schnitzler auf dem Semmering, S. 248 ff.)

 ☛ *Kuranstalt Thalhof, Ludwig Waissnix, Reichenau,*
Tel. 02666/22 02 od. 24 01

Peter Altenberg im Thalhof

Nur ihm, dem Bohemien und „Kaffehausliteraten" PETER ALTENBERG (1859–1919), ist im Thalhof eine Gedenktafel gewidmet – vielleicht deshalb, weil er in seiner „Vita ipsa" in höchsten Tönen von Reichenau und dem Thalhof schwärmt:

Der Schweizer, der Tiroler liebt seine Berge, aber meine Familie liebt Reichenau an der Schwarza, Südbahnstation Payerbach. (...) Ohne Reichenau kein Sommer, kein Leben, kein Glück, kein Ausruhen von den übrigen Monaten! Die Hoffnung auf Reichenau bei Payerbach hielt uns alle aufrecht in den Widerwärtigkeiten, Nutzlosigkeiten des Daseins. Den Koffer packen für Reichenau, das Billet nehmen, hinaus fahren, (...) näher, immer näher, die Luft immer frischer, gebirgiger (...). Thalhof. Immer dasselbe Zimmer, die geliebte Waldaussicht, nichts hat sich verändert. (...) Ein wirkliches Glück gibt es hienieden, Stammgast in einem geliebten Landhotel sein und alles andere – vergessen.

Altenberg war das erste Mal 1869 im Thalhof – nach einer Lungenentzündung mußte sich der zehnjährige Knabe in der auf halbem Weg zwischen Reichenau und dem Thalhof gelegenen Kaltwasserkuranstalt einer „Roßkur" unterziehen.

Von 1870 bis 1877 verbrachten die Altenbergs die Sommer regelmäßig im Thalhof. Daß Altenberg auch die Rax erklomm, beweist der folgende kurze Text:

Blick von der Rax
Grellweiße Steine. Gelbgrüne Wiese mit nassen Stellen.
Schwarze Krumm-Kiefern.
Hellgraue, vom Winde ausgelaugte Bäume.
Hier werden keine kleinen Kinder malträtiert. Hier wünscht
niemand, Sektionsrat zu werden. Hier fällt Regen, saust
Wind. Hier fällt Schnee, braust Sturm.

(➤ Altenberg auf dem Semmering, S. 245 f.; Altenberg in Altenberg, S. 300)

Robert Musil im Thalhof

Alpenlandschaft Thalhof: Unbefangen betrachtet, ist sie
häßlich (ich sollte eine Ansichtskarte beilegen). Zerknüllt,
zerschabt, borstig. Eigentümlich scheußliche Buckel. War-
zig. Aber es liegt über ihr – und das ist genauso wie bei ei-
nem häßlichen Gesicht, das einen gutmütigen oder anderen
gewinnenden Ausdruck hat! – die Stille, Schlichtheit des
Lebens, die Härte der Winter, die Güte der Bewohner, die
noch vor kurzem vorhanden war, die würzige Luft, die Ge-
sundheit u.a. das sind nicht assoziierte, sondern Aus-
druckswerte.

ROBERT MUSIL (1880–1942), der Autor des Romans „Der Mann ohne Eigenschaften" befleißigt
sich einer differenzierten Betrachtungsweise und
hat mit romantisch überhöhter Naturschwärmerei
nichts am Hut. Der Sohn eines Klagenfurter Waf-
fenfabriksdirektors arbeitete in den Sommern
1936 und 1937, also vor seiner Emigration im Jah-
re 1938, im *Thalhof* am „Mann ohne Eigenschaften". 1937 war er
mit seiner Gattin angereist, es beeindruckte ihn jedoch eine andere Frau über alle Maßen:

Ich fürchte, daß auch meine Treue ein Nichtlebenwollen ist.
Hier, d.h. im Thalhof, ist eine ungarische Baronin gewesen,
sie hat anfangs einzelstehende Frau betont und mit niemand
verkehrt, Zigaretten geraucht und den ganzen Tag in einem
abseits aufgestellten Liegestuhl verbracht. Ihr Mund war
aufgeschlitzt, allerdings gemalt, ich glaube, er war recht
schön, jedenfalls sinnlich und eine Einladung. Er ließ an
eine Vagina denken.

Sigmund Freud auf der Rax

„Wir haben hier (dem Wetter den Vorrang) beständig Regen. Trotzdem war ich gestern auf der Rax und habe wieder Edelweiß heimgebracht. Martha hat alles gepreßt, darum kann ich Dir  nichts schicken", schreibt SIGMUND FREUD (1856–1939) am 13. Juli 1891 seiner Schwägerin Minna Bernays. Der Begründer der Psychoanalyse war in jüngeren Jahren begeisterter Bergsteiger und Wanderer. Er liebte die Rax über alle Maßen, und zwar so sehr, daß er bis zu dreimal in der Woche über den *Thörlweg* auf die Rax stieg und danach im *Otto-Haus* rastete. Freuds Begeisterung konnte auch durch wenig angenehme Erlebnisse nicht geschmälert werden: „Ein Biest hat mir gestern auf der Rax die rechte Hand zerstochen", klagt er in einem Brief und setzt selbstironisch dazu: „ich kann kaum schreiben vor Ödem; nur um Dich vor diagnostischem Irrtum zu bewahren."

Das Otto-Haus auf der Rax war eine wichtige Station auf seiner Reise zum Innersten der Seele. Die Hüttenwirtin hatte ihn um Hilfe für ihre Tochter gebeten. Das Mädchen, so diagnostizierte Freud vorerst, „war also an den sexuellen Versuchungen erkrankt, die vom eigenen Vater ausgingen". Sie hatte ihm über ihre Probleme und ihre Atemnot erzählt. Freud redete mit dem Mädchen, steuerte das Gespräch; „es muß dies mit eine Situation gewesen sein, die ihn von der Entbehrlichkeit der Hypnose überzeugte", meint Harald Leupold-Löwenthal in seinem Aufsatz „Psychoanalyse in 2000 Meter Seehöhe". „Es erscheint daher durchaus zulässig, das ‚Ottohaus' auf der Rax als Schauplatz eines bedeutenden Entwicklungsschrittes in der Geschichte der psychoanalytischen Theorie und Technik zu bezeichnen."

Freud machte anhand dieses „Falls", eine weitere wesentliche Erfahrung: „Als ich dann erkennen mußte, die Verführungsszenen (durch den Vater, Anm. d. Verf.) seien nie vorgefallen, seien nur Phantasien, die meine Patientin erdichtet (…), war ich einige Zeit ratlos." – Er zog daraus den Schluß, daß neurotische Symptome nicht zwingend an wirkliche Erlebnisse, sondern auch an Wunschphantasien anknüpfen können.

Die Otto-Hütte ist auch heute noch eine wichtige Rax-Unterkunft. Will man Freud nacheifern, so besteigt man am besten –

Otto-Haus auf der Rax: Sigmund Freuds Lieblingshütte

zünftig ausgerüstet! – die Rax auf „seinem" Weg. Ausgangspunkt ist die Postautobus-Haltestelle Erlangerplatz in Reichenau. Von da führt der (nicht als solcher gekennzeichnete) Freud-Weg über das Haus Trautenberg zum Knappenhof. Von hier der roten Markierung folgend, steigt man auf dem Törlweg direkt zum 1644 Meter hoch gelegenen Otto-Haus. Nach einer ausgiebigen Rast sind diverse Plateau-Rundgänge oder der Gipfelsturm auf die Heukuppe möglich.

Freud reduzierte in späteren Jahren aufgrund von Herzbeschwerden seine Bergtouren. 1899 probierte er es nochmals, mit zweifelhaftem Erfolg:

> *Sonntag abends bin ich nach Reichenau gefahren,*
> *wo meine Schwester Rosa jetzt haust und Mathilde ihr Gast*
> *war. Montag früh bin ich mit Schwager Heinrich auf die*
> *Rax wie in alten Zeiten, 3 ½ Stunden hinauf, 2 ½ zurück.*
> *Allein, die Rax ist höher geworden, seit ich sie zuletzt be-*
> *stiegen, mindestens 500 Meter. Mein Herz hat es vortreff-*
> *lich ertragen, aber ich konnte einen Tag darauf nichts es-*
> *sen, und mein Untergestell ist noch heute wie aus Blei mit*
> *einigen feuer-flüssigen Kernen.*

 ☛ Otto-Schutzhaus Rax, ÖAV Sektion Reichenau, Tel. 02666/ 24 02, im Winter je nach Wetterlage, ab Mai täglich geöffnet

Karl Farkas in Dörfl bei Reichenau

Wir verlassen Reichenau in Richtung Prein und Preiner Gscheid und kommen nach wenigen Kilometern in die Ortschaft *Dörfl*. Direkt an der Ortsstraße auf der linken Straßenseite (Nr. 22) steht die Villa, die sich lange Jahre im Besitz des Kabarettisten KARL  FARKAS (1893–1971) befand. Hier schrieb er viele Texte für das „Simpl", das er 1927 bis 1938 und vom Kriegsende bis zu seinem Tode leitete. In dem malerisch am Preiner Bach gelegenen Landsitz verfaßte er die „Drehbücher" für die „Bilanz der Saison" und schrieb auch seine legendären Doppelconferéncen für sich und Ernst Waldbrunn.

Nach dem Ersten Weltkrieg spielte Farkas klassische Rollen in Olmütz, Mähren-Ostrau und Linz. Er übersiedelte 1923 zum Stummfilm – und erwarb die Villa in Dörfl. Noch vor dem Krieg wurde er durch seine Doppelconférencen mit Fritz Grünbaum bekannt (➤ Grünbaum in Gablitz, S. 160).

Karl und Anny Farkas verbrachten ihre Wochenenden und Sommer regelmäßig in Dörfl. Farkas vermachte, um die Zukunft seines behinderten Sohnes zu sichern, seinen Besitz dem Haus der Barmherzigkeit; das Edlacher Haus vererbte er seiner Haushälterin Ida Pickl als Dank für mehr als 25 Jahre treue Dienste.

Heimito von Doderer in Prein an der Rax

Prein an der Rax nennt sich selbst ein „Bergdorf"; tatsächlich ist es ein Dorf an der Grenze – die letzte Siedlung vor dem Übergang in die Steiermark. Hier befindet sich eine wunderbare Gedenkstätte, für alle Literaturfreunde geradezu eine Pflichtadresse. Denn hier, in einsamer Lage, bewohnte der österreichische  Schriftsteller HEIMITO VON DODERER (1896–1966) den sogenannten *Riegelhof*.

Um ihn zu sehen, fährt man vorerst einmal durch die Ortschaft Prein, bis man rechter Hand das für Doderer errichtete *Denkmal* erblickt – die „kybernetische" Variante eines Gedenksteins stammt vom Wiener Neustädter Bildhauer Kurt Ingerl. Hier parkt man das Auto. Hat man keinen Besichtigungstermin vereinbart, so geht man einige Schritte auf der Straße zurück, bis ein markierter Weg, der *Doderer-Steig*, abgeht. Er führt, wildromantisch verwachsen, steil bergauf durch lichten Wald. Links sieht man hinter Bäumen Nebengebäude des Riegelhofes, doch folgt man vorerst weiter der gelb-weißen Markierung. An einer günstigen Stelle übersetzt man den wasserführenden Graben nach links und schlägt sich nun bergab bis zur Waldgrenze durch. Auf einer grünen Wiese stehend, sieht man den rustikal-romantischen Riegelhof vor sich liegen. Verständlich, daß Doderer seinen „Schreibtisch mit Aussicht" (Wolfgang Kos) besonders geliebt hat. Das „Atelier" Doderers in der Mansarde

Schreibtisch von Heimito von Doderer im Riegelhof bei Prein/Rax

schaut gerade so aus, als ob der Autor der „Strudlhofstiege" nur eben kurz spazierengegangen wäre: Im wunderbaren Raum mit dem Bretterboden wurde nichts verändert. Zwei Betten befinden sich hier, ein Schiffsmodell steht am Kasten, zwei Bogen des begeisterten Bogenschützen hängen an der Wand. Selbst Bleistifte und Spitzer liegen noch so, als würde hier täglich gearbeitet.

„Prein an der Rax, Sonntag, 19. August 1951: Wieder in der Morgensonne hoch über dem Tal an meinem Schreibtisch, vor dem sonntäglichen Kirchgang mit dem nachfolgenden trefflichen einsamen Heimweg über den Kamm", notierte er einst in seinem Tagebuch.

Als einer der wichtigsten Vertreter der österreichischen Literatur nach 1945 erhielt er 1958 den Großen Österreichischen Staatspreis für Literatur.

265

Doderers Riegelhof bei Prein/Rax

Doderer, der in seinen „Wasserfällen von Slunj" eine Fahrt mit der Semmeringbahn schildert (➤ Ghega am Semmering, S. 243 f.), war nie der „typische" Rax-Semmering-Sommerfrischler. Seine Beschreibungen der Gegend sind nicht durchgehend freundlich, denn er ist alles andere als ein Naturfanatiker. Er meint, daß der Natur nicht Begeisterung, sondern „Genauigkeit zu schulden" sei. „Und so sind die Naturstudien in seinen Romanen denn darauf aus, die jeweilige Aura ohne Wertung einzufangen, Augenblicke ins Bild zu bannen", schreibt der Germanist und Doderer-Experte Wendelin Schmidt-Dengler.

Die Beschreibung seines Lebens am Riegelhof wirkt rustikal-beschaulich: Im Sommer stand Doderer meist um fünf Uhr früh auf, schrieb bis zehn Uhr vormittags und ging dann zum Bogenschießen vor das Haus. Gerne nahm er auch ein Bad im zum kleinen Teich gestauten Bach – auch dieses „Naturbad" existiert noch.

Das Haus wird heute von Nachfahren des Schriftstellers bewohnt. Die Zufahrtsstraße zum Haus führt etwas tiefer als der Doderer-Steig von der Hauptstraße ab. Besichtigung nur nach Voranmeldung!

 ☛ *Wolfgang Stummer, Riegelhof 23, Prein an der Rax, Tel. 02665/244*

 Heimito von Doderer: Die Strudlhofstiege, München 1985. Der Roman spielt zum Teil in Prein.

Alma Mahler-Werfel, Franz Werfel und Oskar Kokoschka auf dem Kreuzberg

Der *Kreuzberg*, auf dem wir uns nun bewegen, ist gemeinsam mit dem Eichberg eine Art Zwischenwelt, eine Barriere, die die Welt des Semmering und jene der Rax einerseits trennt, irgendwie aber auch verbindet. Um die 1000 Meter hoch, fällt er nach Süden, zu den Adlitzgräben, steil ab; die nach Norden hin exponierten, nach Reichenau und ins Schwarzatal schauenden Hänge sind um einiges flacher und von Wiesen bedeckt. Carl Ritter von Ghega hat seine Bahn an beiden Seiten an Kreuz- und Eichberg angeschmiegt; an ihren Flanken gewinnt die Trasse an Höhe.

Die erste Adresse, die wir suchen, ist schwer zu finden. Es handelt sich um die *Villa Mahler-Werfel*. Man fährt auf einer engen, aber schönen Bergstraße von Reichenau über den Orthof Richtung Speckbacher Hütte. Nach der letzten Abzweigung beim Orthof fährt man über eine Serpentine und dann ein Stück geradeaus; nach wenigen Hundert Metern steht linker Hand ein Haus mit weiß-grünen Fensterläden. Unmittelbar danach zweigt ein Weg nach links ab. Hier versteckt sich die „Werfelvilla". Zu erkennen ist das Objekt daran, daß sich am Gitterzaun stilisierte Schiffsanker befinden, eine Erinnerung daran, daß die Villa einst der Belegschaft der Schiffswerft Korneuburg als Erholungsheim diente. Das Gebäude wirkt von außen ziemlich unspektakulär, hat aber eine legendäre Geschichte anzubieten: Das Grundstück wurde vom Dirigenten und Komponisten GUSTAV MAHLER (1860–1911) angekauft. Nach seinem viel zu frühen Tod ließ sei-

ne Frau Alma, die spätere ALMA MAHLER-WERFEL (1879–1964), das repräsentative, einschichtig liegende Haus errichten. Finanziert aus den Tantiemen der Werke Mahlers, machte sie es vorerst zum exklusiven Künstlertreff – Werfel, Zweig, Kokoschka, Krenek, Polgar, Hauptmann, Hofmannsthal und andere kamen vorbei. Es war aber auch Schauplatz ihrer leidenschaftlichen Beziehung zum wesentlich jüngeren OSKAR KOKOSCHKA (1886–1980). „OK" malte 1914 über dem Kamin des Hauses ein Wandfresko, das ihn gemeinsam mit Alma darstellte; es wurde später überdeckt, im Zuge jüngster Sanierungsarbeiten aber wieder freigelegt – und verkauft.

Mein Haus auf dem Semmering war nun fertig.
Ich hatte dem Baumeister gesagt:
„Bauen Sie mir einen Riesenkamin!"
Er nahm mich wörtlich, brach die größten Blöcke
aus unseren Bergen und formte einen übergroßen
Kamin, der mit der Steinwendung die ganze Langseite
des Zimmers ausfüllte.
Oskar Kokoschka malte ein großes Fresko über den Kamin
– mich zeigend, wie ich in gespensterhafter Helligkeit zum
Himmel weise, während er in der Hölle stehend von Tod
und Schlangen umwuchert scheint. Das ganze ist als Fort-
setzung des Flammenspiels vom Kamin hinauf gedacht

– erzählt Alma Mahler-Wefel in ihrer Autobiographie „Mein Leben". (➤ Kokoschka in Pöchlarn, S. 285 ff.)

Das Haus auf dem Kreuzberg umranken viele Anekdoten und
amouröse Erinnerungen. So soll Alma hier nicht nur von Franz
Werfel, sondern auch von Franz Blei, Hans Pfitzner und Gerhard
Hauptmann umworben worden sein. Ihre überraschende Heirat
mit dem Bauhaus-Architekten Walter Gropius im Jahre 1915 ver-
letzte und enttäuschte Kokoschka, der ihr über 400 Briefe geschrieben hatte, sehr; doch hielt diese Ehe ohnedies nicht lange. Denn

bald besuchte sie der angehende Schriftsteller
FRANZ WERFEL (1890–1945) immer öfter am
Kreuzberg. Die Ehe mit Gropius wurde 1920 geschieden – und Alma ließ den Dachboden des Hauses für Werfel ausbauen.

Gemeinsam mit Kafka, Rilke und Kisch war Werfel einer der großen deutschsprachigen Prager Literaten. Ab 1919 zog er sich immer mehr auf den Kreuzberg zurück;
in jenem Jahr entstand die Novelle „Nicht der Mörder, der Ermor-
dete ist schuldig" – ein erster Höhepunkt in Werfels Prosawerk.

„Es ist Herbst. Jetzt übersiedeln wir wieder nach Wien. Un-
gern. (...) denn die volle Harmonie, die wir hier oben auf dem
Semmering haben, ist dann sofort zerstört", schreibt Alma in ihr
Tagebuch. „Das Leben mit Franz Werfel diesen ganzen Sommer
war nicht einen Tag ermüdend. Den ganzen Sommer über arbeitete er täglich (...). Im Dachraum, den ich ihm zu einem schönen
Atelier umgestaltet habe, war er vollkommen ungestört, und ich

habe ihn verhätschelt wie ein Kind. (...) Und jeden Abend wurde musiziert oder vorgelesen."

Um 1925 stand Werfel auf dem Höhepunkt seiner Popularität, las in überfüllten Sälen, und seine Theaterstücke „Spiegelmensch", „Bocksgesang", „Schweiger" und „Juarez und Maximilian" wurden in Deutschland, Österreich und Prag gespielt.

Die Idee zu seinem vielleicht bedeutendsten Werk, „Die 40 Tage des Musa Dagh", kam ihm – laut Alma – auf dem Kreuzberg.

1938 begann die endlose Flucht der Werfels durch Frankreich, bis 1940 endlich die Auswanderung nach Amerika gelang. 1945 starb Franz Werfel in Beverly Hills.

Zurück auf der Straße zur Speckbacher Hütte, gelangt man schon nach wenigen Metern zu einem schön gelegenen *Denkmal für Franz Werfel*. Zur genannten „Hütte", einem passablen Ausflugslokal, ist es nicht mehr weit. Von hier oben hat man einen wunderbaren Blick und schöne Wander- und Spaziermöglichkeiten. Eine weitgehend ebene Route führt zum *Alpenhof*, der berühmten, von Adolf Loos gebauten *Khunervilla* (s. u.).

Alma Mahler-Werfel, Franz Werfel und Almas Tochter im Garten der Kreuzbergvilla

Adolf Loos am Kreuzberg

Man erreicht den *Alpenhof* am Kreuzberg von Payerbach aus über den Payerbachgraben; der Weg ist beschildert. Auch Fußwege führen von Reichenau und Payerbach hier herauf.

Das Besondere am Alpenhof: Das Haus war einst Landsitz der Mayonnaisefabrikanten Khuner. Und erbaut hat es kein Geringerer als ADOLF LOOS (1870–1933). Deshalb heißt der Alpenhof auch *Loos-Villa*.

Khuner ließ sich das Haus 1929 errichten – tragisch, daß er es nur neun Jahre besitzen durfte: 1938 wurde es „arisiert". Erster, äußerer Eindruck: Das Khuner-Haus unterscheidet sich kaum von anderen Semmering-Häusern. Loos bekannte sich in der äußeren Form durchaus zur Tradition, schloß an die alte alpine Holzblockbauweise an. Der Unterbau besteht aus Bruchstein, das Dach ist flach und mit Blech gedeckt. Loos' Begründung dafür: „Das Dach sei in den Bergen flach (...). Das flache Dach steigert die Schönheit unserer Bergwelt, das steile Dach verkrümmt sie".

Die Besonderheiten liegen im Detail: Die überdimensionalen, auf Rollen laufenden grünen Fensterläden waren dafür gedacht, das Haus im Winter gegen Schnee und Kälte hermetisch abzuschließen.

Zweiter markanter Eindruck: die Terrasse. Auf ihr muß man einen Platz bekommen, unbedingt: zünftiges Wanderervolk, vermischt mit elegantem Großstadtpublikum. Kleiner Brauner neben großem Menü, kleines Bier neben kulinarischen Spitzfindigkeiten – und ein Blick wie aus dem Prospekt.

Dritter Eindruck: Im Inneren ist alles anders als gewohnt, die Dimensionen verschoben, die Proportionen neu. Ein verwinkeltes Foyer führt ein in das Raumkonzept des Architekten: Möglichst optimale Nutzung des vorhandenen Platzes, keine Verschwendung von Freiraum. Es ist ein besonderer Glücksfall, daß das seit 1962 unter Denkmalschutz stehende Haus im wesentlichen unverändert erhalten geblieben ist und, da als vorbildlicher Restaurant- und Pensionsbetrieb geführt, auch ausgiebig betrachtet, benutzt, ja sogar bewohnt werden kann.

Die von Loos konsequent umgesetzte Idee war, ein Haus mit möglichst großem Erholungswert zu schaffen. Er orientierte es nach Norden, weil sich dadurch die schönste Aussicht auf die Rax ergab. Die zweigeschoßige Halle, der einstige Hauptaufenthalts-raum und heutige Speisesaal, erlaubte durch die riesigen Glas-schiebetüren ständigen „Blickkontakt" mit der Gebirgslandschaft; im Sommer wurden diese Türen, die später durch normale Glas-türen ersetzt wurden, weit geöffnet.

Generell hat Loos konsequent „von innen nach außen" gebaut – er wollte für sämtliche Wohnbedürfnisse eine angemessene, entsprechende Form finden. Die Fassade hatte keinen so hohen Stellenwert. Sein Dogma war: „Baue nicht malerisch. Überlasse solche Wirkung den Mauern, den Bergen und der Sonne."

Die Räume, heute zum Großteil zu Fremdenzimmern umfunk-tioniert, haben absolut individuellen Charakter, kein Raum gleicht dem anderen. Die Zimmer des ersten Stocks erreicht man über eine Galerie, wobei das in Blau gehaltene Zimmer Nummer 10 mit einem original erhaltenen Bad am wenigsten Veränderung er-fuhr. Die Grundfarbe des bei Stammgästen ebenfalls sehr belieb-ten Zimmers Nummer 4 ist Rot. In allen Räumen finden sich inte-

Loos-Haus am Kreuzberg: 1929 für die Familie Khuner errichtet, heute Hotel-Pension

271

grierte Wandschränke, und die Betten sind nicht irgendwie hineingestellte Dutzendware, sondern wurden für jedes Zimmer „maßgeschneidert". Manche Zimmer haben sogar, besonders raffiniert ausgetüftelt, verschiedene Ebenen.

Familie Steiner, die seit 30 Jahren das Haus führt, bemüht sich Schritt für Schritt die wenigen Elemente zu entfernen, die nicht zum Loos-Ambiente passen. Ein besonders schönes Zimmer ist die Bibliothek, sie wird heute – tempora mutantur – als kombinierter Lese- und Fernsehraum genutzt. Von diesem ehemaligen „Herrenzimmer" genießt man eine fulminante Aussicht nach Westen und Norden.

Loos, Sohn eines Steinmetzen, starb drei Jahre nach Fertigstellung der Khuner-Villa im Sanatorium Kalksburg. Seine Architektur besticht durch klare Formen; er galt als besonders „radikal". Zunächst noch den Ideen der Secessionisten Hoffmann und Olbrich verbunden, stellte er sich bald gegen diese und lehnte in zahlreichen Aufsätzen jede – seiner Meinung nach – sinn- und zwecklose Ornamentierung ab. Seine Schriften und Entwürfe beeinflußten die Architektur des 20. Jahrhunderts maßgeblich.

 ☛ *Hotel-Restaurant Alpenhof, Familie Steiner,*
Kreuzberg, Payerbach, Tel. 02666/29 11

Im Hochgebirge
*Matthias Zdarsky und Ignaz Franz Castelli in Lilienfeld – Franz
Nabl im Gstettenhof bei Türnitz – Ferdinand Andri und Oskar
Kokoschka in Lassing – Carl Zeller in St. Peter/Au*

Das Hochgebirge – oder das, was man in Niederösterreich so
bezeichnen könnte – war und ist dünn besiedelt. Und folglich
sind auch die Spuren, die wir im Alpenvorland und in den westlichen Voralpen Niederösterreichs verfolgen können, keine allzu
stark ausgetretenen. Weit verstreut sind die Ziele, die wir auf dieser Tour anlaufen. In die Berge verschlägt es in der Regel Fußge-
her, Spaziergänger, Wanderer, Bergsteiger und Kletterer, im Winter dann Schifahrer, Rodelfahrer, Langläufer und Snowboarder –
und keine Kulturreisenden im engeren Sinn. Der Breitenkreis von
Lilienfeld, Türnitz, Annaberg, Lunz und Lassing ist und bleibt fest
in der Hand von Hobbysportlern – oder doch nicht? In den
Tälern, am Fuß der hohen Berge, haben sich immer auch Kultur-
schaffende erholt. Was Anlaß gibt, eine „Spurensuche im Hochgebirge" einzuleiten.

Matthias Zdarsky in Lilienfeld
„Zdarsky will never be dethroned from his position as father of alpine skiing!", ist programmatisch und fast schon warnend auf
dem wichtigsten Denkmal Lilienfelds eingemeißelt – Grund genug, sich den Herren näher anzusehen.

MATTHIAS ZDARSKY (1856–1940) wird heute
gerne der Erfinder des Alpinschilaufs genannt.
Natürlich war er es nicht allein, der den heutigen
Breitensport (und Devisenbringer) aus der Taufe
hob, aber er war zweifelsfrei ein ganz wichtiger
Pionier dieser Sportart.
Nach Lilienfeld verschlug es den Lehrer, Maler und
Bildhauer im Mai 1889 aufgrund einer Zeitungsanzeige. Er er-
warb das verwahrloste *Gut Habernreit* in *Marktl*, einer Katastral-
gemeinde von Lilienfeld. Und wohnte ab nun jahrzehntelang hoch
über dem Traisental, im letzten Haus am Berg.
Angeregt durch das Buch des norwegischen Polarforschers
Fridtjof Nansen „Auf Schneespuren durch Grönland", entwickelte er in zahlreichen Versuchen die Stahlsohlenbindung,

eine entscheidende Voraussetzung für die Entwicklung des alpinen Schilaufs.

Die technische Herstellung, Patentierung und den Vertrieb der Bindung übertrug er dem Eisenwarenkaufmann Karl Engel in Lilienfeld; er selbst ging daran, auf der großen steilen *Präthalerwiese* hinter seinem Haus die Schifahrtechnik zu verfeinern. Er entwickelte dort den sogenannten Stemmbogen, einen Schwung in Vorwärtslage. Trotz seiner 40 Jahre war er bald der beste und bekannteste Schiläufer seiner Zeit – und wußte mit seinem Können auch Geschäfte zumachen: 1897 erschien seine „Lilienfelder Skilauf-Technik", das erste Schilehrbuch der Welt.

Lilienfeld und die Habernreit wurden überschwemmt von Schibegeisterten aus dem In- und Ausland. Zdarsky, der immer um Breitenwirkung bemüht war, gründete in Lilienfeld und Wien Schivereine; ab Jänner 1906 fuhr ein „Sportzug" von Wien direkt und ohne Umwege nach Lilienfeld.

Auf dem *Muckenkogel* bei Lilienfeld steckte er den ersten Riesenslalom der Schigeschichte aus. Die Strecke war zwei Kilometer lang, der Höhenunterschied betrug 500 Meter, und ausgeflaggt waren 85 Tore.

Im Ersten Weltkrieg wurde der nunmehr sechzigjährige Zdarsky als Alpinreferent an die Kärntner Front geholt; sein bis dahin glückliches Schicksal wendete sich nun. Bei einer Bergung von Lawinenopfern wurde er von einer zweiten Lawine begraben und, mehr tot als lebendig, mit 80 Knochenbrüchen gerettet. Daß er wieder gehen

Matthias Zdarsky,
Schipionier in Lilienfeld

lernte, grenzt an ein Wunder – seine robuste Natur und ein eiserner Wille halfen ihm zweifelsfrei bei der Genesung, allerdings blieben ihm Zeit seines Lebens schwere Schmerzen.

Ab Weihnachten 1939 konnte der nunmehr 83jährige Zdarsky, u. a. Ehrenmitglied des berühmten englischen Kandahar-Schiklubs, nicht mehr alleine auf seinem Hof bleiben. Er fand im Hotel Pittner in St. Pölten Pflege, wo er im Juni 1940 starb.

Lilienfeld tut nun alles Erdenkliche, die Erinnerung an den Schipionier lebendig zu erhalten.

Im Ort selbst befindet sich das *Zdarsky-Museum*. Es gibt einen guten Überblick über das Wirken Zdarskys, seine vielfältigen Tätigkeiten und Begabungen.

Auf der anderen Seite der Traisen steht im kleinen Park an der Bahn ein *Zdarsky-Denkmal*, in unmittelbarer Nähe ist im Gasthaus *Zum Schützen* ein *Gedenkraum* eingerichtet.

Eine schöne und angemessene Möglichkeit, sich auf die Spuren des Schipioniers zu begeben, ist es, den ausgeschilderten *Matthias-Zdarsky-Rundwanderweg* zu beschreiten. 5 bis 6 Stunden Gehzeit müssen einkalkuliert werden; er führt an allen wichtigen

Lilienfeld in den Voralpen: „Wiege des Alpinschilaufs"

Zdarsky-Erinnerungsorten vorbei. Ausgangspunkt ist die BP-Tankstelle an der Bundesstraße 20 im Zentrum von Lilienfeld. An der Tankstelle gibt es kostenlos den genauen Rundwanderwegführer sowie andere Informationen.

Für eiligere Besucher: Im Ortsteil *Marktl* (von Lilienfeld aus Richtung Traisen) zweigt man nach rechts in die Werkstraße ab, die jenseits der Bahngleise in den *Habernreitweg* mündet. Auto stehenlassen, zu Fuß einige Minuten bergan gehen. Linker Hand, auf *Nummer 15*, befindet sich das *Jugendheim Fichtenfels*. Das zweistöckige, heute leerstehende Gebäude wurde nach Plänen Zdarskys in Schalbetonbauweise von ihm selbst gemeinsam mit Studenten errichtet. Auch die ungewöhnliche Sonnenuhr an der Fassade stammt von Zdarsky.

Weiter am Fahrweg Richtung Habernreith sieht man an einer Weggabelung ein von Zdarsky gebautes, 20 Meter langes und vier Meter breites *Schwimmbad* samt dazugehörigem Schwimmhäuschen. Selbst mit 80 Jahren und trotz seiner unfallbedingten Behinderungen, so erzählt die Legende, machte er hier noch mutige Salti ins kalte Quellwasser.

Noch einige Minuten bergauf, dann erreicht man Zdarskys ehemaliges *Wohnhaus*, die *Habernreit*. Der umfassend engagierte und begabte Mann hatte den alten Hof abgerissen und das Ausgedinggehaus nach eigenen, durchaus eigenwilligen Plänen umgebaut. Leider wurde das Haus nach seinem Tod wieder rückgebaut. Von den gewölbten Dächern, den großen Fenstern und dem originellen Wohnturm ist nichts mehr zu sehen. Das Haus befindet sich in Privatbesitz und ist nicht zu besichtigen. Hinter dem Haus liegt die *Präthalerwiese* – der Ort, an dem der Stemmschwung geboren wurde. Etwas unterhalb des Wohnhauses, am unteren Ende einer großen Wiese, befindet sich das Grab Zdarskys.

 ☛ *Bezirksheimatmuseum Lilienfeld mit Zdarsky-Skimuseum und Archiv, Babenbergerstraße 3 (Wehrturm/Torturm), Do 17–19, Sa 15–17, So 9.30–11.30 Uhr, für Gruppen ab 5 Personen auch nach Voranmeldung im Stadtamt, Tel. 02762/522 12-17*

☛ *Im Gasthof Zum Schützen ist das Zdarsky-Stüberl als Gedenkraum für den Schipionier eingerichtet. Familie Braczek, Zdarskystraße 10, Tel. 02762/523 26, Sa–Do 7–24 Uhr.*

Ignaz Franz Castelli in Lilienfeld

Einer der vielseitigsten Lustspieldichter des Biedermeier, der Wiener IGNAZ FRANZ CASTELLI (1781–1862), erwarb 1835 in

Lilienfeld ein Grundstück und ließ rund um die von ihm errichtete Villa einen außergewöhnlichen und vielbewunderten Landschaftsgarten anlegen.

Zu dieser Zeit war es noch kaum üblich, Sommerwohnsitze derart weit von Wien einzurichten. Dies zeigt eine Bemerkung Ferdinand Kürnbergers: „Den Wiener Horizont der Dreißiger Jahre begrenzte die Brühl, romantischer als alles von Nußdorf bis Atzgersdorf! Höchstens nannte man noch Castelli und sein Lilienfeld."

Die Entstehungsgeschichte, um nicht zu sagen -legende seines Hauses schildert Castelli selbst:

> *Im Jahre 1835 fuhr ich mit dem Abt von Lilienfeld in sein Stift. Ich hatte bis dahin noch keine Gegend gesehen, welche mir so reizend vorkam wie jenes Tal, worin das Stift liegt. Eines Nachmittags sagte der Prälat zu mir: Jetzt will ich Sie zu dem herrlichsten Punkt der Gegend führen. Wir stiegen einen mäßigen Hügel von höchstens 50 Schritten hinan und befanden uns bei zwei Bauernhäusern, die Berghäuser genannt, von denen man das Stift und das ganze herrliche Tal, samt dem Silberflusse Traisen übersehen kann. Ich war stumm in den himmlischen Anblick versunken. Nicht wahr? – fragte der Abt – auf diesem Hügel würde ein Haus herrlich stehen? Da sollen Sie sich eines bauen. Ich ließ mir nun von dem geschickten Architekten Löhr einen Plan zu einem schönen Landhause machen.*

Heute ist vom Biedermeierschlößchen des Dichters Castelli – er hatte es 1854 wieder verkauft – nichts mehr zu sehen; freilich gibt es noch den Hügel, auf dem es einst stand: Vom Gemeindeamt führt die Castellistraße entlang der Traisen, daran anschließend die Berghofstraße auf jenen *Hügel*, auf dem sich jetzt eine *Berufsschule* befindet. Ein *Denkmal* erinnert daran, daß Castelli hier seinen wunderbaren Garten genossen hat. Der Gebäudekomplex wird immer noch Schloß Berghof genannt. (➢ Castelli in Weitra, S. 95 ff.)

Franz Nabl im Gstettenhof bei Türnitz

Eine für mich günstigere Folge ergab sich aus dem Tod der Schwester. Ihre tödliche Krankheit wurde dem Genuß von gesundheitsschädlichem Trinkwasser zugeschrieben. Um den drei Söhnen, mir und meinen beiden um fünf und um sieben Jahre älteren Brüdern, ein ähnliches Schicksal zu ersparen, wie es meiner Schwester beschieden gewesen war, und wohl auch, um sich selbst, dem gelernten Land- und Forstwirt, in seinem besten Alter – er zählte damals erst einige vierzig Jahre – ein gewisses Tätigkeitsfeld wenigstens während der Sommermonate zu sichern, kaufte der Vater den in jenen Tagen noch von jeder Bahnverbindung weit entfernten Gstettenhof in dem nach Mariazell führenden Türnitztal. Welche Bedeutung die den Besitz umgebende niederösterreichische Voralpenlandschaft besonders für mich Jüngsten gewinnen sollte, das vermochte ich freilich noch nicht zu ermessen. Und auch nicht, daß mir damit eine wirkliche Heimat geschenkt wurde, denn aus der Geburtsheimat war ich in so zartem Alter herausgehoben worden, daß sie auf meine Entwicklung keinen Einfluß mehr nehmen konnte.

Der dies schreibt, heißt FRANZ NABL (1883–1974). Das Landgut der Familie, der Gstettenhof, auf dem Nabl viele Sommer ver-

brachte, lag außerhalb von Türnitz und wurde 1891 bis 1901 von Anfang Mai bis Mitte September bewohnt. „Das Haus war aber mit seinem rückwärtigen Teil förmlich in den Berg hineingebaut. Um die Mauern vor allzu großer Nässe zu schützen, hatte man zwischen dem abgegrabenen Berg und dem Hause selbst einen Schacht freigelassen. So kam es, daß alle Räumlichkeiten, die unter dem Niveau des Erdbodens in den Schacht hinausgingen, sehr finster und zu Wohnungszwecken ganz unbrauchbar waren. (...) Nur ein einziger Raum nach vorn hinaus, unter dem Zimmer des kleinen Heinz gelegen, hatte reichliches Tageslicht.“

Das in seinem 1911 erschienenen Roman „Der Ödhof“ beschriebene Haus ist der Gstettenhof; und der Ort Gramatitz entspricht der Gemeinde Türnitz. Nabl beschreibt die Landschaft, die Gegend seiner Jugendjahre, das Tal der Traisen. Im Zentrum des zweibändigen Romans steht der Patriarch Johannes Arlet. Elias Canetti nennt diese Figur, die sehr stark an Nabls Vater erinnert, einen „Menschen, der alle um sich zerstören muß und daraus seine Kraft bezieht".

„Der Ödhof" wurde Nabls erfolgreichstes Werk. Neben diesem Roman schrieb er realistische Erzählungen und Novellen; seine Landschaftsdarstellungen orientierten sich stark an Stifter.

Der *Gstettenhof,* besser gesag das, was davon übrigblieb, liegt an der *Straße Türnitz–Annaberg,* etwas außerhalb von Türnitz. Gegenüber der Posthaltestelle führt eine Holzbrücke zu einem versteckt liegenden Gut, das im 18. Jahrhundert Sitz mehrerer Glasfabrikanten war. Das einstige Herrenhaus, die Werkshäuser, die dazugehörige Schule und das Spital existieren nicht mehr. Lediglich am *Gemeindeamt* von Türnitz hängt ein *historisches Foto,* das das ehemalige Herrenhaus zeigt.

Türnitz, das zur Information, ist ein richtiger Voralpenort. Im Winter kann man am Eibl Schi fahren, im Sommer wunderbare Wanderungen unternehmen. Bekannt ist der Weg über den Türnitzer Höger nach St. Ägyd / Neuwalde. Beim Abstieg nach St. Ägyd passiert man die Zdarsky-Hütte. (➤ Nabl in Baden, S. 205 ff.)

 ➤ *Fremdenverkehrsverein Türnitz, Markt 14,*
Tel. 02769/712 85

 Franz Nabl: Der Ödhof.
Bilder aus den Kreisen der Familie Arlet, Graz 1975.

Ferdinand Andri in Lassing

Nun sind wir am äußersten Zipfel des Bundeslandes angelangt – in Lassing, am Fuße des Hochkars, dem wichtigsten niederösterreichischen Schizentrum. Wir finden hier die Spur des Malers FERDINAND ANDRI (1871–1956). Geboren in Waidhofen/Ybbs, übersiedelte Andri schon nach einigen Jahren mit seinem Vater von Waidhofen nach St. Pölten, wo er die Volksschule und das Gymnasium besuchte. Nach der zweiten Klasse Gymnasium kam er zum Bildhauer Kepplinger ins oberösterreichische Ottersheim und begann bereits mit 17 Jahren an der Akademie der bildenden Künste zu studieren. Andri schloß sich den Secessionisten an, war von 1919 bis 1930 Leiter von Meisterklassen für Malerei und von 1939 bis 1945 Leiter der Freskomalerei an der Akademie in Wien.

Lassing am Hochkar:
Alterssitz von Ferdinand Andri

Seine Ferien verbachte er immer in in Lassing am Göstlingbach. Hierher kam er auch, um zu malen. Im Archiv der Secession sind viele Briefe zu finden, die er in Lassing geschrieben hat.

Er quartierte sich beim außerhalb des Orts gelegenen Lassingbauern ein. Dieser Hof existiert heute noch und liegt direkt an der Straße aufs Hochkar, schon hinter der Mautstelle. Andri wohnte in einem seperaten, mittlerweile dem Bau der Hochkarstraße zum Opfer gefallenen Ausnahm-Häuschen. Seinen Vermietern dankte er die schöne Zeit auch mit Bildern, die heute noch die Wände des Hauses zieren. In dieser damals extrem abgeschiedenen Umgebung wandelte sich Andri vom Jugendstilmaler zu einem Exponenten konservativer bäuerlicher Heimatkunst, malte Heuschlitten und Kirchgänger. „Lassinger Ochsengespann", „Krauthütte in Lassing", „Holzfuhrwerk in Lassing" und „Heuernte" sind einige der hier entstandenen Werke. Auch zwei holzgeschnitzte Reliefs für die Weltausstellung in St. Louis entstanden. 1902 stellte er gemeinsam mit Josef Hoffmann und Kolo Moser einen Pokal für den scheidenden Dorflehrer von Lassing her.

Schöne Spaziergänge auf den Spuren Andris sind überall zwischen Lassing und Göstling möglich. Eine etwa dreistündige Runde führt vom Lassingbauer auf einem markierten Wanderweg den Göstlingbach entlang Richtung Göstling bis zu einer Brücke. Nach einem kurzen Stück auf der Hauptstraße Richtung Göstling zweigt man beim Haus Nummer 27 nach links ab und geht Richtung Ehrenreith – Lacken – Eisenwiesen über einen kleinen Sattel. In idyl-

lischer Landschaft kehrt man über Schwölleckau und zum Schluß
auf der Straße zurück in den Ort Lassing.

Oskar Kokoschka in Lassing

„OK" war in Lassing. Höchstpersönlich. Er kam sogar des öfteren
hierher, und zwar auf Besuch zu seinem Onkel. Das wäre nun noch
keine Sensation, aber: OSKAR KOKOSCHKA (1886–1980)
zeichnete und malte hier bereits. Der Kunsthistoriker Rupert
Feuchtmüller grub wichtige frühe Zeichnungen von ihm aus und
recherchierte, daß der angehende Künstler auch die Madonna vom
linken Seitenaltar der Kirche in Öl verewigte. Das Bild ist heute verschollen, die Madonna jedoch steht nach wie vor in der Kirche.

Kokoschkas Gastgeber Anton Loidl, der Bruder seiner Mutter,
war Kaufmann, Postmeister und Organist in Lassing. Bei in den
siebziger Jahren angestellten Nachforschungen fanden sich im
Haus des Kaufmanns – heute *Kaufhaus Musil* – Erinnerungen an
den späteren Künstler: diverse Zeichnungen und eine Postkarte
vom 11. Juni 1906, in der „OK" seine Ankunft in Lassing ankün-
digte. Er war in Lassing verliebt – nicht nur in den Ort, sondern
auch im Ort. Seine Angebetete, Julie, war die Tochter des Onkels,
also Kokoschkas Cousine. Sie starb 89jährig im Jahr 1976 in einem ärmlichen Wohnhaus in *Strohmarkt 17*, an der Straße zwischen Lassing und Göstling. Ebendort bewahrte die alte Frau bis
zuletzt ihre Erinnerungen an Kokoschka auf: Hefte mit Zeitungs-
berichten, Briefe, Zeichnungen und das eingangs erwähnte Ma-
donnenbild. Noch heute erzählt man über Julie, daß sie sehr
phantsievoll gewesen sei, musiziert und Theater gespielt habe.
Der Theatersaal befand sich im *Gasthaus Fahrnberger*. „OK" soll,
so heißt es, für die Lassinger Theateraufführungen die Kulissen
gemalt haben. Jedenfalls aber war er Gast im Wirtshaus: Einige
der erhaltenen Jugendzeichnungen Kokoschkas stellen Lassinger
Bewohner beim Musizieren dar. Andere Zeichnungen sind verschollen, so auch eine Postkarte, die die Freundin auf einem ga-
loppierenden Bauernpferd darstellt. Das Original war mit „OK"
signiert und trug die Widmung „Herzl. Gruß Oskar". Immerhin ist
eine Reproduktion dieser Zeichnung vorhanden.

Seit jene Karte – unter etwas mysteriösen Umständen – „verschwunden" ist, gilt ein anderes in Lassing entstandenes Motiv
als das älteste erhaltene Werk Kokoschkas: das Bildnis der Anna

Donner. Es soll im Haus Lassing *Nummer 24* entstanden sein. (➤ Kokoschka in Pöchlarn, S. 285 ff.)

☛ Touristeninfo in der Gemeinde Göstling, *Tel. 074884/22 04 ☛ Lassingbauer, Fam. Redlsteiner,* *Lassing 12, Göstling/Ybbs, Tel. 07484/72 61*

Carl Zeller in St. Peter in der Au

St. Peter in der Au ist ein westlicher Türpfosten Niederösterreichs. Fährt man über den Ort hinaus, kommt praktisch nichts mehr, dann die Landesgrenze und dann schon Steyr, die schöne alte oberösterreichische Eisenstadt.

Wir aber bleiben in St. Peter. Von hier stammt der Operettenkomponist CARL ZELLER (1842–1898).

Im *Geburtshaus* am *Marktplatz 13*, wo der Sohn des Gemeindearztes seine Kinderjahre verbrachte, wurde ein kleines, feines *Zeller-Museum* eingerichtet.

Mit 16 Jahren komponierte Zeller bereits Chorlieder, die er selbst dirigierte. Nach Abschluß des Gymnasiums in Melk lernte er bei dem berühmten Hoforganisten Simon Sechter in Wien, gleichzeitig absolvierte er ein Jusstudium und begann als Beamter im Ministerium für Kultur und Unterricht zu arbeiten.

Carl-Zeller-Haus in St. Peter in der Au: „Grüß enk Gott, alle miteinander"

Daneben komponierte er fleißig. Es entstanden Lieder, Chöre, die Oper „Joconde" sowie die Operetten „Carbonari" und „Vagabund". Den absoluten Operettenhit schrieb er 1891 mit dem „Vogelhändler", der im Theater an der Wien 183 Mal en suite aufgeführt wurde. Maßgeblichen Anteil am Erfolg hatte der Hauptdarsteller Alexander Girardi. Der „Vogelhändler" kann als eine der großen Volksoperetten bezeichnet werden, vor allem auch wegen der vielen „g'schmackigen" Einzelnummern, die zu vielgesungenen Hits wurden. Besonders beliebt waren und sind das Auftrittslied des Adam „Grüß enk Gott, alle miteinander" und der Rheinwalzer „Ich bin die Christl von der Post". Insgesamt wurde der „Vogelhändler" viermal verfilmt. Die bekannteste Verfilmung stammt aus dem Jahre 1940: Geza von Bolvary führte Regie, Johannes Heesters, Theo Lingen und Leo Slezak spielten die Hauptrollen. Unter dem Titel „Rosen in Tirol" wurde der Stoff mit Hans Holt in der Titelrolle verfilmt.

Angesichts solcher Erfolge – auch heute noch ist der „Vogelhändler" eine der meistgespielten Operetten – erstaunt es nicht, daß man sich in St. Peter gerne an Zeller erinnert. Neben dem Museum gibt es im Ort ein *Vogelhändler-Denkmal*, einen Vogelhändlerplatz und eine Carl-Zeller-Halle.

Im *Zeller-Museum* finden sich neben einem beachtlichen Zeller-Tonarchiv Dokumente, Briefe, Partituren, eine Zeller-Büste, diverse Auszeichnungen, Fotos, das Plakat von der „Vogelhändler"-Premiere und das einer New Yorker Aufführung. Die Originalpartitur befindet sich zwar auch in St. Peter, ausgestellt ist aber aus nachvollziehbaren Gründen nur eine Kopie. (➤ Zeller in Baden, S. 200)

☞ Carl-Zeller-Museum St. Peter in der Au,
im Geburtshaus, Marktplatz 13, Besichtigung nach
Voranmeldung am Gemeindeamt, Tel. 07477/421 11

Das Tal der Donau

*Sepp Mayrhuber in Golling – Oskar Kokoschka in Pöchlarn
– Jakob Prandtauer, Josef Munggenast, Paul Troger, Johann
Georg Albrechtsberger und Maximilian Stadler in
Stift Melk –Josef Plečnik in Melk*

Das Donautal zwischen Ybbs und Melk wird „Nibelungengau"
genannt. Der unschwer zu erratende Grund: Dieser Abschnitt
wird im mittelhochdeutschen Nibelungenlied in vielfachem Zusammenhang erwähnt. So kommt etwa der Ort „Bechelaren", das
heutige Pöchlarn, des öfteren zu Ehren. Es nennt sich heute deshalb auch stolz „Nibelungenstadt". Das Nibelungenlied erzählt
von der Werbung des Burgunden Siegfried um Kriemhild und der
daran anschließenden Hochzeit, dem Tod Siegfrieds durch die
Hand Hagens und von der Rache der – nun mit König Etzel ver-
mählten – Kriemhild an den Burgunden, die letztlich den Unter-
gang dieses Volks bewirkt. Spurensucher sind noch immer unterwegs, den Autor der heute letztgültigen Fassung aufzustöbern.
Daß dieser Künstler das Donauland besonders gut gekannt haben
muß, steht außer Zweifel, ebenso, daß er dieses Werk um 1200
vollbracht hat. Die These, daß der Pfarrer von Groß-Rußbach, Ka-
plan Konrad, der Autor sei, läßt sich allerdings nur schwer er-
härten. Dieser fromme Mann wird 1207 als Pfarrer genannt und
trat später als Schreiber und Notar der bischöflichen Kanzlei in
Passau in Erscheinung.

Sepp Mayrhuber in Golling

Golling gibt es nicht nur im Salzburgischen. Dort, wo die Erlauf in
die Donau mündet, ganz nahe bei Pöchlarn, liegt das niederösterreichische Golling. Zur großen Überraschung befindet sich in dem
unscheinbaren Ort ein hübsches, zu einem Besuch einladendes
Museum. Gezeigt wird ein repräsentativer Querschnitt aus dem
Schaffen des Malers SEPP MAYRHUBER (1904–1989).

Die Gedenkstätte ist nur nach Voranmeldung zu besichtigen.
Sie befindet sich hinter der am Hauptplatz befindlichen
Raiffeisenkassa und ist in einer alten Arbeiterwohnhausanlage
untergebracht.

Mayrhuber gilt als Wiederentdecker des Stuccolustro, einer
Technik zur Herstellung glänzender Fresken. Sein bedeutendstes

»Meine Meinung muß Ihnen schon etwas wert sein!«

Schön, wenn Sie uns einmal so richtig Ihre Meinung sagen. Was Ihnen an diesem Buch gefällt. Und was nicht. Wir belohnen jede Einsendung mit der exklusiven **Falter** Gürteltasche.

Falter Verlag
Die besten Seiten Österreichs

Ich habe folgendes Buch aus dem **Falter Verlag** gelesen:

Es hat mir ☐ ausgezeichnet ☐ gut ☐ mittelmäßig ☐ nicht gefallen

Bemerkungen/Anregungen:

_____

_____

_____

_____

Name

_____

Straße

_____

PLZ/Ort

_____

Telefon

_____

☐ Bitte informieren Sie mich regelmäßig über das Verlagsprogramm
des **Falter Verlags.**

☐ Senden Sie mir bitte den **Falter,** die Stadtzeitung Wien mit
Programm, 4 Wochen lang gratis und unverbindlich zu.

Falter Verlag
Die besten Seiten Österreichs

Postfach 474
Marc-Aurel-Straße 9
1011 Wien

Bitte mit
öS 5,50
freimachen

und größtes Stuccolustro-
Bild mit dem Titel „Alte
und Neue Welt" schuf er
62jährig im Jahre 1968/
69 für die Public Library
in Seattle/USA.

Mayrhuber wurde als
Zweijähriger zum Bruder
seines verstorbenen Va-
ters in Pflege gegeben. Im
nahe gelegenen Krumm-
nußbaum ging er zur
Schule. Der Lehrer er-
kannte das zeichnerische
Talent des Schülers und
erwirkte, daß der 14jähri-
ge die Graphische Ver-
suchs- und Lehranstalt in
Wien besuchen konnte.
Nach dem zweiten Welt-
krieg machte er sich als
Maler selbständig. In Gol-

*Portal der Mayrhuber-
Gedenkstätte, Golling*

ling verbrachte er seine letzten Lebensjahre, gestorben ist er aber
im oberösterreichischen Laakirchen.

Mayrhuber schuf nicht nur Stuccolustro-Arbeiten; sein Schaffen war vielfältig und wurde auch von großen Künstlern ge-
schätzt. Bei der Einweihung seines Mosaiks in der Volksschule
von Pöchlarn war beispielsweise Oskar Kokoschka anwesend.

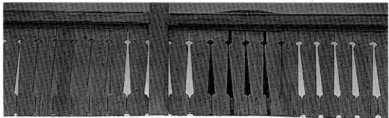 ☞ *Gedenkstätte Sepp Mayrhuber in Golling/Erlauf. Zu Amtszeiten
Schlüssel bei der Gemeinde Golling, Tel. 02757/22 40; außerhalb
der Amtszeiten bzw. wenn Führung gewünscht Herrn Anton Mühlbacher,
Tel. 02757/729 32, kontaktieren.*

Oskar Kokoschka in Pöchlarn

OSKAR KOKOSCHKA (1886–1980) wurde in Pöchlarn geboren,
weil sein Vater das unstete Leben eines Geschäftsreisenden führte und vom 1. Mai 1885 bis 27. Jänner 1886 bei seinem Bruder
logierte, der ein Sägewerk in Pöchlarn betrieb. Seine schwangere
Frau war mit ihm gekommen – und blieb bis nach der Geburt des

Buben am 1. März im Haus des Schwagers. Am 25. März wurde das Kind in der Pöchlarner Pfarrkiche auf den Namen Oskar getauft; wenige Monate später übersiedelte die Familie nach Wien. Erst nach dem Zweiten Weltkrieg kam Kokoschka wieder auf Kurzbesuche nach Pöchlarn und freute sich darüber, daß sich die Gemeinde für ihn interessierte, ihn ehrte und ihm schließlich ein Museum einrichtete. Schon 1951 wurde ihm die Ehrenbürgerschaft verliehen und eine Straße nach ihm benannt, 1956, anläßlich seines 70. Geburtstags, der Ehrenring der Stadt überreicht. 1967 fand in Pöchlarn erstmals eine Kokoschka-Ausstellung statt. 1973 wurde schließlich die *Kokoschka-Dokumentation* im *Geburtshaus* eröffnet. Die Adresse: *Regensburger Straße 29*, fast direkt an der Donaulände, unweit des alten römischen Lagerturms.

Das Geburtszimmer Kokoschkas liegt im Straßentrakt des Hauses; dieser wird bewohnt und ist nicht zu besichtigen. Wohl aber ist der gesamte hintere Teil des adaptierten Grundstücks musealen Zwecken gewidmet:

Im ehemaligen Stadel wird mittels Fotos und Texten ein kurzer Überblick über die Lebensgeschichte des Künstlers gegeben. Im ersten Stock sind wechselnde Ausstellungen mit Werken Ko-

Kokoschka-Dokumentation in Pöchlarn im Geburtshaus des Künstlers

koschkas zu sehen und einige Dokumente ausgestellt, die seine Beziehung zur Geburtsstadt Pöchlarn nachweisen.

Dokumentiert ist, daß anläßlich der Eröffnung der Dokumentationsstätte von der „Liga gegen entartete Kunst" Flugblätter verbreitet wurden, auf denen gegen die „Verschwendung öffentlicher Geldmittel" protestiert und aufs widerwärtigste polemisiert wurde: „Er malte ein Körner-Porträt, so schauderhaft, daß es im Wiener Rathaus nicht aufgehängt werden konnte. Er war kein guter Österreicher, denn er ging ins Ausland, als wir die Kümmernisse und die Schrecken des Zweiten Weltkrieges erleben mußten."

Im Obergeschoß können ein von „OK" entworfener Wandteppich sowie einige Aquarelle bewundert werden; darüber hinaus sind Informationen zu seiner Salzburger „Schule des Sehens" zusammengestellt.

Nach Voranmeldung kann die umfangreiche Kokoschka-Bibliothek und -Dokumentation für wissenschaftliche und journalistische Zwecke benutzt werden.

Da das offizielle Nachkriegsösterreich Kokoschka kaum Aufmerksamkeit geschenkt hatte, ist das Verdienst Pöchlarns und Niederösterreichs gar nicht genug zu betonen, wobei besonders zu erwähnen ist, daß Kokoschka die Bemühungen zur Museumsgründung tatkräftig unterstützte. So schenkte der der Stadt 1971 die Lithographie-Mappe „Bekenntnis zu Hellas" mit dem erklärten Wunsch, daß damit in Pöchlarn eine Sammlung von Druckwerken begonnen werden sollte, „um zukünftigen Besuchern aus anderen Ländern auch zu beweisen, wie die Stadtväter meiner Geburtsstadt für das kulturelle Erbe und ihre Heimat besorgt waren."

Der Brief an die Stadtgemeinde Pöchlarn – zitiert nach Rupert Feuchtmüller in der niederösterreichischen Kulturzeitschrift „morgen" – endet berührend:

„Trotzdem ich in meiner Jugend heftig verspottet und nachher als entarteter Künstler auch arg angegriffen worden bin, habe ich meiner Heimat zu verdanken, daß ich dort auch immer wieder ergebene Freunde fand, die mir glaubten, daß, gibt man einem Propheten Zeit, so wird er auch einmal zu Hause zur Geltung kommen. Was wollte ich denn so sehr Neues? Bloß ein Zeugnis dafür mit meiner Existenz ablegen, daß Sehen zu Einsehen führen kann, macht man nicht allein die Ohren, sondern auch die Augen auf."

Kokoschka schuf neben seinen Bildern auch Theater- und Opernaustattungen sowie Bühnenbilder und Kostüme für drei Raimund-Stücke am Burgtheater. Er illustrierte Werke der Weltliteratur, z.b. Shakespeares „King Lear" und Kleists „Penthesilea". Außerdem schrieb er selbst Dramen, Erzählungen und Essays, z. B. ein Schauspiel über seine weltanschauliche Leitfigur Comenius, das 1974 auch verfilmt wurde.

Nach Bemühungen Bruno Kreiskys konnte er 1975 wieder die österreichische Staatsbürgerschaft annehmen.

„Es ist nicht übertrieben, Kokoschkas Persönlichkeit und seine künstlerische Stellung im 20. Jahrhundert in einem Atemzug mit Picasso zu nennen, wenngleich der Spanier für ihn stets eine Art ‚Feindbild' war", schreibt Edwin Lachnit über Kokoschka, der bekanntlich ein gewaltiges Lebenswerk hinterlassen hat: Neben 485 Gemälden schuf er 567 Druckgrafiken sowie eine noch nicht vollständig erfaßte Zahl an Feder-, Pinsel-, Kreide-, Kohle- und Buntstiftzeichnungen und Aquarellen – insgesamt etwa 5000 Blätter. (➤ Kokoschka in Lassing, S. 281 f.)

☛ Oskar-Kokoschka-Dokumentation Pöchlarn, Regensburger Straße 29, Tel. 02757/76 56; 20. Mai bis 1. Oktober tägl. außer Mo 9–12 und 14–17 Uhr sowie nach Voranmeldung

Jakob Prandtauer, Josef Munggenast, Paul Troger, Johann Georg Albrechtsberger und Maximilian Stadler in Stift Melk

Nach Melk kommen pro Jahr rund 300.000 Touristen. Das sagt schon einiges, wenn auch nicht alles. Stift Melk, das Aushängeschild der Wachau, ein mächtiges, über der Donau schwebendes, barockes Juwel, ist das Lebenswerk des großen Architekten JAKOB PRANDTAUER (1660–1726). Der ursprüngliche Plan, das Stift nur zu barockisieren, erwies sich bald als undurchführbar – so wurde der Neubau beschlossen. Prandtauer erlebte – nach 25 Jahren Arbeit – die Fertigstellung des Baus nicht mehr. Er starb im September 1726 in St. Pölten (➤ Prandtauer in St. Pölten, S. 60 ff.). Der große Marmorsaal und die Bibliothek in Melk wurden zwei Jahre nach seinem Tode fertiggestellt; 1730 wurde Prandtauers Neffe und Schüler JOSEF MUNGGENAST (1680–1741) beauftragt, das monumentale Barockwerk zu vollenden. 1746, fast ein halbes Jahrhundert nach Beginn der Umbauarbeiten, war die Arbeit vollbracht (➤ Munggenast in St. Pölten, S. 62 f.; Munggenast in Altenburg, S. 100 f.). Im Stiftsmuseum ist die Baugeschichte des Stifts genauer dargelegt, zu sehen ist auch einer der zwischen Bauherrn und Baumeister geschlossenen Kontrakte.

Stift Melk: Lebenswerk von Jakob Prandtauer

Eine Reihe der bekanntesten Barockkünstler war zur Ausgestaltung der Räume nach Melk geholt worden, unter ihnen auch PAUL TROGER (1698–1762). Von ihm stammen die Deckenfresken im Marmorsaal, in der Bibliothek, im Prälatur- und im Kolomanisaal. Das Fresko im Marmorsaal, der als Gäste- und Speisesaal für Feste gedacht war, stellte Troger 1731 fertig. Es gibt unterschiedliche Deutungen der von Troger geschaffenen Allegorien, sicher handelt es sich aber um eine Verherrlichung des Herrscherhauses.

Im 1731/32 geschaffenen Fresko in der Bibliothek wird der Glaube als Hauptgestalt allegorisch dargestellt. Im Vorraum zur Bibliothek malte Troger die verkörperte Wissenschaft. Die berühmte Bibliothek umfaßt etwa 1800 Handschriften, deren älteste aus dem 9. Jahrhundert stammt. (➤ Troger in Altenburg, S. 100 ff; Troger in St. Pölten, S. 60 f.)

Die Innenbemalung der Stiftskirche schuf Johann Michael Rottmayr nach Skizzen Beduzzis. Im Stiftsmuseum befindet sich ein Selbstbildnis des berühmten Barockkünstlers.

Ein Schüler im bereits fertig barockisierten Melk war JOHANN GEORG ALBRECHTSBERGER (1736–1809). Mit 13 Jahren kam der spätere Musiker als Sängerknabe in das Stiftsgymnasium. Er ging hier von 1749 bis 1753 zur Schule und begann sich mit den Werken der großen Meister auseinanderzusetzen, die er im

289

großen Musikarchiv des Stifts fand. Angeblich fiel er beim Spielen in die Donau und wurde nur knapp vor dem Ertrinken gerettet.

Die Anmerkung am Rand seines Erstlingswerkes „Offertorium für Laurenzi" „ Aus Dankbarkeit, weil ich nach seiner Anrufung gerettet worden bin" soll sich auf jenes Beinahe-Unglück beziehen. Nach Stationen in Wien, Györ und Maria Taferl kehrte Albrechtsberger wieder nach Melk zurück. Als der spätere Kaiser Joseph II. im Jahr 1764 hier Station machte, wurde er mit Albrechtsberger bekannt gemacht und war von dessen Fugenspiel so begeistert, daß er ihm vorschlug, sich als Hoforganist zu bewerben.

Albrechtsberger wurde 1766 aus Melk entlassen, weil er als Stiftsorganist während der Wandlung über einen bekannten Gassenhauer improvisiert haben soll. Der Abt war darüber offenbar „not very amused". Heute freilich ist ihm diese läßliche Sünde längst verziehen; im Musikerraum (Raum 8 des Stiftsmuseums) erinnert man sich gerne an den berühmten Organisten und Musiktheoretiker. Zu sehen sind Originalpartituren von in Melk entstandenen Werken. (➤ Albrechtsberger in Klosterneuburg, S. 292 ff.)

Im Musikerraum des Stiftsmuseums wird neben Albrechtsberger auch seines Schülers, MAXIMILIAN STADLERS (1748–1833), gedacht, der 1772 zum Priester geweiht wurde, von 1784 bis 1786 Prior in Melk war, später Abt in Lilienfeld wurde und sich 1815 in Wien niederließ. Stadler komponierte kirchliche Werke, vor allem Messen und Requien, 1816 das Oratorium „Die Befreiung Jerusalems".

 ➤ *Stift Melk,*
täglich 9–17 Uhr, Tel. 02752/23 12-232.

Josef Plečnik in Melk

Melk, das merkt man bei einem Spaziergang vom Donauufer durch die kleine Stadt, besteht nicht nur aus dem Barockstift. Die Fußgängerzone des hübschen Ortes quillt im Sommer über von Radfahrern und sonstigen Touristen. – Ein kleiner, lohnender Abstecher für Freunde des Jugendstils führt aus dem Ortszentrum hinaus ins Villenviertel, in die *Abt-Karl-Straße 7*. Hier befindet sich das Melker *Looshaus*, von der Bevölkerung wegen seiner Keramikverkachelung auch *Kachelvilla* genannt. Selbst die Bewohner der Villa dachten längere Zeit, daß Adolf Loos der Architekt gewesen sei, bis sich herausstellte, daß das Gebäude dem Bauherrn Notar Dr. Loos seinen Namen verdankt. Gestaltet hat die Villa ein berühmt gewordener Schüler Otto Wagners, JOSEF PLEČNIK (1872–1957).

Plečnik, der vor allem in seiner Heimat Slowenien baute, war zwischen 1900 und 1911 in Wien als Architekt tätig, anschließend Professor an der Prager Akademie und schließlich an der Laibacher Universität. Diese Stadt prägte er durch zahlreiche Bauten entscheidend.

Das im Jahre 1901 fertiggestellte Jugendstilhaus beeindruckt durch die weißen und blauen Kacheln, Dekorstreifen und Flächenmuster in gelbbraunem Klinker.

 ☛ Fremdenverkehrsstelle der Stadt Melk,
Linzer Straße 3–5, Tel. 02752/23 07

Klosterneuburg, Kierling, Weidling und Altenberg
Nikolaus von Verdun, Anton Bruckner, Johann Georg
Albrechtsberger und Leopold Knebelsberger in Klosterneuburg –
Nikolaus Lenau, Joseph Freiherr von Hammer-Purgstall, Irene
Abendroth und August Siccard von Siccardsburg in Weidling –
Nikolaus Lenau und Franz Kafka in Kierling – Peter Altenberg,
Adolf und Konrad Lorenz in Altenberg

Ein Tag in Klosterneuburg muß mit einer *Stiftsbesichtigung* begonnen werden. Denn schließlich handelt es sich um ein Herzstück österreichischer und niederösterreichischer Geschichte und Kultur. Das barocke, auf einem Plateau hoch über der Donauniederung gelegene Stift wurde vom niederösterreichischen Landespatron, dem Babenberger Markgrafen Leopold III., im Jahr 1113 gegründet, nachdem er selbst seine Residenz von Gars am Kamp bzw. Tulln hierher verlegt hatte.

Nikolaus von Verdun und Anton Bruckner in Klosterneuburg
Im Stift gilt es, die Spur eines berühmten Künstlers der Romanik aufzunehmen. Der Goldschmied und Emailleur NIKOLAUS VON VERDUN (ca. 1130 bis ca. 1205) schuf in den Jahren um 1181 in und für Klosterneuburg sein Hauptwerk, den „Verduner Altar". Dieses einmalige Zeugnis romanischer Kunst bestand ursprünglich aus 45 emaillierten und vergoldeten, die Bibel illustrierenden Tafeln.
  In der 1723 bis 1770 barockisierten Stiftskirche ist die frühbarocke, zwischen 1638 und 1642 geschaffene Orgel von großem Wert, vor allem deshalb, weil das barocke Spielwerk bis heute erhalten werden konnte. Das Instrument wird auch „Brucknerorgel" genannt, da ANTON BRUCKNER (1824–1896) sehr gerne auf ihr spielte. Gewohnt hat er während seiner Klosterneuburger Aufenthalte bei der Familie Schatz im Haus *Rathausplatz Nummer 11* in der Oberen Stadt.

Johann Georg Albrechtsberger in Klosterneuburg
Nicht nur Bruckner spielte auf der *Stiftsorgel.* Als junger Bub durfte auch schon der spätere Musiktheoretiker, Komponist und Organist JOHANN GEORG ALBRECHTSBERGER (1736–1809) auf dem wertvollen Instrument dilettieren. Albrechtsberger stammt aus der Unteren Stadt. Sein Vater war noch nicht zum

Martinskirche in Klosterneuburg:
Taufkirche von Johann Georg Albrechtsberger

„Bürger" von Klosterneuburg aufgestiegen, er besaß nur eine kleine Landwirtschaft – ungefähr dort, wo sich heute die Fußgängerzone in der Hofkirchnergasse befindet.

Getauft wurde Johann Georg Albrechtsberger in der *Martinskirche*, die sich im ältesten Stadtteil Klosterneuburgs befindet. Das unmittelbar an der Geländekante zum Donautal liegende Gotteshaus erreicht man vom Stadtplatz aus über die Martinstraße.

☞ *Archäologische Gedenkstätte St. Martin, So und Fei um 10 Uhr Führungen, Gruppen ansonsten auch mit Voranmeldung beim Pfarramt, Tel. 02243/325 68-75 (Mi 15–17, Fr 9–11 und 15.30–16.30 Uhr)*

Der Pfarrer von St. Martin, Leopold Pittner, taufte nicht nur den Neugeborenen, er entdeckte und förderte auch sein musikalisches Talent. Die Familie Albrechtsberger soll einige Zeit im zur Kirche gehörenden, im Kern aus dem 15. Jahrhundert stammenden *Mesnerhaus, Martinstraße 40*, gewohnt haben. Im selben Gebäude wurde auch der Komponist des Andreas-Hofer-Liedes, LEOPOLD KNEBELSBERGER (1814–1896) geboren.

In der Martinstraße waren aber auch noch Musiker ganz anderer Art zu Hause: die Angehörigen der berühmten „Trapp-Family". Die singende Großfamilie lebte 1935 bis 1938, dem Jahr

293

ihrer Emigration in die USA, im früheren *Martinschloß, Martin-straße 34–36.* Der ihr Schicksal thematisierende, tränenselige Film „Sound of Music" ist – alle Jahre wieder – in diversen Fernsehkanälen zu sehen, der daraus stammende Edelweiß-Song („Edelweiß, Edelweiß, bless my homeland forever") zu einem Volkslied geworden. Bis vor kurzem beherbergte das renovierte Schlößchen ein Hotel.

Zurück zu Alberchtsberger: Pfarrer Pittner, ein Chorherr, brachte den siebenjährigen Bub als Sängerknabe ins *Stift.* Dort lehrte er ihn auf einer eigens angefertigten Übungsorgel das Orgelspiel. Sechs Jahre lang war Albrechtsberger Sängerknabe in Klosterneuburg. Mit 13 Jahren wechselte er an das Stiftsgymnasium in Melk, 1753 ins Jesuitenseminar in Wien und erhielt etwa um 1755 in Györ seine erste Anstellung als Organist. Danach wirkte er in Maria Taferl, Melk und Wien. (➢ Albrechtsberger in Melk, S. 289 f.)

Auch durch theoretische Schriften bekannt geworden, komponierte er 26 Messen sowie zahlreiche Oratorien und Symphonien. Der Freund von Joseph Haydn wurde 1794 auf dessen Vermittlung Lehrer Beethovens. An seinem Können wurden andere Musiker gemessen.

i ☛ *Stift Klosterneuburg, Stiftsführungen täglich 9.30–11 und 13.30–16 Uhr, Tel. 02243/362 10* ☛ *Tourismusverein Klosterneuburg, Niedermarkt, Tel. 02243/320 38*

Nikolaus Lenau in Kierling und Weidling

Die beiden zu Klosterneuburg gehörenden, Richtung Wienerwald gelegenen Ortschaften Kierling und Weidling waren Lieblingsaufenthaltsorte von NIKOLAUS LENAU (1802–1850); hier hat er den Hintergund für seinen Gedichtzyklus „Waldlieder" gefunden. Das erste „Lenau-Haus" befindet sich in der Kierlinger *Lenaugasse 10.*

Nachdem sich Lenaus Schwester Theresia und Schwager Anton X. Schurz, der erste Biograph Lenaus, 1836 „ein hübsches Haus um ein sehr Billiges" gekauft hatten, war Lenau hier oft zu Gast. Dieses Haus lag und liegt abseits der Dorfstraße, nahe am Waldesrand. Es bestand aus einem Kuhstall, zwei Zimmern, einer Küche und einer für Lenau eingerichteten Dachstube. Schwager Schurz schreibt: „Die Spaziergänge bei Kierling gehören zu den schönsten unter den bekanntlich schönen um Wien. Dort brachte

nun auch Niembsch (das ist Lenau, Anm. d. Verf.) manchen angenehmen Tag zu."

Das direkt am Kierlinger Bach gelegene Haus Lenaugasse 10
wird auch „Theresienschlößl" genannt, wahrscheinlich nach der
Schwester Theresia. Allerdings vermittelt es heute keinen
„Schlößl"-Reiz mehr: Das aus dem 18. Jahrhundert stammende
Gebäude hat seinen Charme verloren.

Schwager Schurz verkaufte das „Schlößl" 1840 und erstand ein
Haus in Weidling, in der *Weidlinger Lenaugasse 24*. Das nach einem Brand stark veränderte Gebäude liegt nahe beim Weidlinger
Friedhof; mehr als eine *Gedenktafel* gibt es hier allerdings nicht zu
sehen. Lenau war jedenfalls oft zu Gast, unternahm gerne *Spaziergänge ins Rotgrabental*, das man erreicht, indem man die Verlängerung der Lenaugasse, die Reichergasse, weiterfährt. Man
kannn das Tal bis zum Naturpark Eichenhain bewandern.

Lenau erzählt, daß er im Herbst 1843 fast täglich von Unterdöb-
ling über den Kahlenberg nach Weidling zu seiner Schwester und
ihren Kindern gewandert sei und sich fast jedesmal im Wald verirrt
habe. „Dann setzte ich mich unter einen Baum, und da flog mir bald
dieses, bald jenes Gedicht zu." (➤ Lenau in Stockerau, S. 122 ff.)

Schon zu Lebzeiten suchte er sich den *Weidlinger Friedhof* als
letzte Ruhestätte aus. In diesem Friedhof befindet sich nun nicht
nur sein Grab, das seiner Lieblingsschwester Therese und das ihres Mannes Anton. Schurz, sondern auch der berühmte Orienta-
list JOSEPH VON HAMMER-PURGSTALL (1774–1856) liegt
hier begraben. Sein Grab beindruckt durch arabische Schriftzeichen. Ihm gegenüber ist die Sängerin Irene Abendroth (s.u.) bestattet. Und Ferdinand Raimund hat an diesem romantischen Ort
1827 das Schauspiel „Moisasurs Zauberfluch" geschrieben – oder
zumindest angedacht. In Weidling ist auch ein Teil von Raimunds
„Die Unheilvolle Krone" (1829) entstanden.

Im Gedicht „Der Postillon" beschreibt Lenau den Friedhof:

> *Hingelehnt an Bergesrand*
> *War die bleiche Mauer,*
> *Und das Kreuzbild Gottes stand*
> *Hoch in stummer Trauer.*

 Nikolaus Lenau:
Gedichte, Stuttgart 1993.

Irene Abendroth in Weidling

*Villa Abendroth in
Klosterneuburg/Weidling*

Die aus Lemberg stammende Koloratursängerin IRENE ABENDROTH (1872–1932) trat bereits mit 16 Jahren an der Hofoper auf, 1892 sang sie die Amina in Bellinis „Die Nachtwandlerin". Nach Verpflichtungen in Riga und München war sie von 1895 bis 1900 wieder an der Wiener Hofoper engagiert.

Große Erfolge feierte sie in Dresden; ihr Auftritt bei der ersten Aufführung von „Tosca" in Deutschland war der Höhepunkt ihrer Karriere. Ab 1910 wirkte sie wieder in Wien, auch als Pädagogin und Konzertsängerin.

Irene Abendroth lebte von 1909 bis 1932 in einer schönen Villa in Weidling, *Löblichgasse 5*. Dieses Haus ist erhalten und mit einer Gedenktafel markiert. Die enge Löblichgasse führt nahe der Weidlinger Kirche, gleich neben dem kleinen Gendarmeriehaus von der Hauptstraße ab.

August Siccard von Siccardsburg in Weidling

Zur Abwechslung eine Elferfrage: Wer erbaute die Wiener Staatsoper? Falsch. Es waren nämlich zwei, und zwar Eduard van der Nüll und AUGUST SICCARD VON SICCARDSBURG (1813–1868).

Siccardsburg, der für den geschäftlich-technischen Teil verantwortlich zeichnete, baute zusammen mit van der Nüll auch das Ständehaus in Budapest und das Sophienbad, das Carltheater und 1861 bis 1869 die Hofoper in Wien .

Nüll und Siccard von Siccardsburg lösten sich vom Spätklassizismus, wandten sich einer reicheren, dekorativen und farbigen

Bauweise zu und bezogen auch barocke Elemente in ihre Architektur ein. Dem Duo ist auch die Erhaltung von so manchem barocken Kunstwerk zu verdanken.

Infolge von Schwierigkeiten und Anfeindungen im Zusammenhang mit dem Opernbau verübte van der Nüll noch vor dessen Fertigstellung im April 1868 Selbstmord. Siccardsburg erlebte diese ebenfalls nicht mehr und starb zwei Monate später in Weidling, im ehemaligen *Ferienheim der Orientalischen Akademie*, heute *Janschkygasse 6*. Jetzt sind dort Wohnungen, Gemeindeamt und Kindergarten untergebracht. In diesem Gebäude lebte auch Joseph von Hammer-Purgstall, der sich große Verdienste um die Kenntnis des islamischen Orients und dessen Literatur erworben hatte.

Die von Siccardsburg geplante *Janschky-Villa, Klosterneuburger Gasse 2*, erreicht man, indem man von der Weidlinger Hauptstraße nahe der Kirche in die Löblichgasse abzweigt. Unmittelbar am Beginn der an diese Gasse anschließenden Klosterneuburger Gasse steht das Haus mit dem markanten Turm. Gegenüber liegen Terrassen mit Weingärten, ein Spazierweg zum Türkenkreuz führt hier ab.

Franz Kafka: Tod in Kierling

Der große graue Gründerzeitbau in der *Kierlinger Hauptstraße 187* ist auf den ersten Blick ein ganz normales Wohnhaus. Es ist aber auch das Sterbehaus des Schriftstellers FRANZ KAFKA

(1883–1924). Im zweiten Stock des 1913 zum Sanatorium umgebauten Gebäudes befindet sich die Gedenkstätte und ein *Veranstaltungsraum der Franz-Kafka-Gesellschaft*; eine Bibliothek ist im Entstehen. Im Stiegenhaus sind Bassenabecken und Lampen aus der Gründerzeit erhalten geblieben. Schritt für Schritt taucht man ein in die Zeit nach dem Ersten Weltkrieg, in der dieses Gebäude ein *Privatsanatorium* oder besser gesagt ein Sterbehospiz war.

Seit 1913 führte Dr. Hugo Hoffmann das Haus, das insgesamt nur acht bis zwölf Patienten Aufnahme gewährte. Einer der Unglücklichen war Franz Kafka; er kam am 19. April 1924 in Begleitung seiner Freundin Dora Diamant und Robert Klopstocks als todkranker Mann in das kleinste, billigste und bescheidenste aller

Liegebalkon im ehemaligen Sanatorium Hoffmann, Kafkas Sterbehaus

Sanatorien, die er in seinen letzten Jahren besucht hatte. Kafka litt an Tuberkulose, über die er selbst sagte, sie sei „nur ein Aus-den-Ufern-Treten der geistigen Krankheit".

Als Kafka in Kierling eintraf, war sein Schicksal längst besiegelt. Behandlung im engeren Sinn war keine mehr möglich, der Kehlkopf bereits in Mitleidenschaft gezogen. Die Ärzte konnten nur noch die ärgsten Schmerzen lindern. Seine letzten Tage und Wochen verbrachte er in dem Stockwerk, in dem sich heute die Gedenkräume befinden. Wenn man vom Gang dieser Etage auf den Balkon tritt, sieht man scharf links sein ehemaliges Krankenzimmer, wie alle anderen mit Liegebalkon ausgestattet. Der Blick streift über die Hänge des Wienerwalds, ins Maital und auf den Kierlingbach – die Aussicht ist heute ebenso beruhigend grün wie vor siebzig Jahren. Auch ein großer Garten gehört zum Anwesen; den sollte man sich nach Besichtigung der Gedenkräume anschauen, um das ehemalige Sanatorium aus diesem Blickwinkel zu betrachten, denn die Südfront ist die attraktive „Schauseite" des Hauses.

Bis zuletzt war Kafka ein bescheidener, ruhiger und unauffälliger Patient. Obendrein wurde ihm, um den Kehlkopf zu schonen, eine „Schweigekur" verordnet; er mußte sich mittels Notizen auf Zetteln verständlich machen.

Die Schmerzen wurden im Laufe der Zeit immer schlimmer; selbst das Schlucken von Flüssigkeit bereitete ihm bald große Schmerzen, er litt ständig Durst und magerte rasch ab. „Wenn die Nudeln nicht so sanft gewesen wären, hätte ich gar nicht essen können, alles, auch das Bier hat mich gebrannt", teilt er einmal seinen Freunden mit.

Selbst in diesen qualvollen letzten Lebenswochen versuchte er noch zu arbeiten. So wollte er hier den „Hungerkünstler" korrigieren – was eine große körperliche und geistige Anstrengung für ihn bedeutete.

Am 2. Juni 1924 schrieb er einen letzten, auch heute noch bewegenden Brief an seine Eltern, in denen er ihnen von einem Besuch abrät, da er „noch immer nicht sehr schön, gar nicht sehenswert" sei – tatsächlich wog er zuletzt nur noch 45 Kilogramm. Im Angesicht des nahen Todes beruhigte er die Eltern, schrieb, daß die Genesung „in den besten Anfängen" sei, aber „noch die besten Anfänge sind nichts; wenn man dem Besuch – und gar einem Besuch, wie ihr es wäret – nicht große unleugbare, mit Laienaugen meßbare Fortschritte zeigen kann, soll man es lieber bleiben lassen. Sollen wir es nicht also vorläufig bleiben lassen, meine lieben Eltern?"

Dieser Brief erreichte seine Eltern zu spät. Franz Kafka starb am 3. Juni um die Mittagszeit, nach 46 Tagen Aufenthalt in Kierling.

Franz Kafka ist einer der bedeutendsten Prosaautoren der deutschen Literatur des 20. Jahrhunderts. Zu Lebzeiten wenig beachtet, wurden seine Werke erst nach seinem Tode berühmt. Sein Freund Max Brod setzte sich über Kafkas strikte testamentarische Verfügungen, seinen Handschriftlichen Nachlaß zu vernichten, hinweg und gab der Reihe nach die Romanfragmente „Der Prozeß" (1925), „Das Schloß" (1926) und „Amerika" (1927) heraus. Nach einer Grundstimmung in diesen Romanen nennt man heute groteske, absurde und überbürokratisierte Situationen „kafkaesk".

Die Österreichische Franz-Kafka-Gesellschaft mit Sitz in Klosterneuburg betreut heute die Räumlichkeiten in der Kierlinger Hauptstraße 187. Alljährlich wird von der Gesellschaft der Franz-Kafka-Preis vergeben.

Am *Roman-Himmelbauer-Platz*, direkt unter der markanten Kirche von Kierling, befindet sich ein *Denkmal* für den Schriftsteller.

☞ Franz-Kafka-Tagungs- und Gedenkraum im 2. Stock des Hauses Kierlinger Hauptstraße 187. Mo–Sa 8–12 und 13–17 Uhr, bei Fam. Rester oder Dunay läuten. So nur nach Voranmeldung, Führungen bei Dir. Norbert Winkler, Tel. 02243/865 93 od. 818 96 anmelden

☞ Österreichische Franz-Kafka-Gesellschaft, Rathausplatz 1, Klosterneuburg, Tel. 02243/818 96 od. 871 68

Peter Altenberg in Altenberg

In das kleine, direkt am steilen Übergang von der Donauebene zum Wienerwald gelegene Dorf Altenberg gelangt man von Klosterneuburg aus entweder auf der Straße über Kritzendorf oder über Kierling und St. Andrä-Wördern; allerdings ist eine Anreise mit der Schnellbahn ab Wien, Franz-Josefs-Bahnhof, die klügste Variante. In dieses Nest verschlug es einst einen schwärmerischen jungen Mann namens Richard Engländer, allgemein bekannt unter dem Namen PETER ALTENBERG (1859–1919).

Der 17 Jahre alte Engländer war Gast bei seinem Schulfreund Lecher; dessen Vater, Besitzer eines Sommerhauses mit Garten und Veranda in der *Adolf-Lorenz-Gasse 3*, war Chefredakteur der „Presse". Altenberg verliebte sich in die 13jährige Bertha, eine der Schwestern des Freundes, die von ihren Brüdern spöttisch Peter genannt wurde. Richard schrieb seine späteren Werke unter dem Pseudonym Peter Altenberg – in Gedanken an die geliebte Bertha und an den Ort seines Zusammentreffens mit ihr.

Noch 1881, nach abgebrochener Buchhändlerlehre und ebenfalls abgebrochenem Jus- und Medizinstudium, schrieben sich Bertha und Richard Briefe: „Ich hatte heute abend ein glückliches Gesicht und ein feuchtes Auge. Mein liebes Mäderl, ich danke Dir für Deinen lieben Brief und Dein schönes Geschenk. (...) Am meisten gefreut habe ich mich, meine P., daß Du mich Deinen Bruder genannt hast. Lebewohl – Richard." Bertha heiratete schließlich einen um zwanzig Jahre älteren Mann. Altenberg kam erst nach dreißig Jahren wieder in den Ort und schrieb darüber:

> *Ich war heute, nach 30 Jahren, in dem kleinen lieben Orte „Altenberg", an der Donau. Heißt er so nach mir, heiße ich so nach ihm, gleichviel! Die Gebüsche der Weiden und der Birken sind Waldungen geworden, und niemand schwimmt mehr in der „freien großen breiten Donau", sondern in den sogenannten reizenden „toten Lacken". Wo ist Emma, wo ist Bertha, wo ist Hilda, wo ist Elsa? (...) Was man da alles sich erträumte, ist verweht. Alle, alle haben sich gerettet, irgendwohin, nur ich nicht. Ich mache eine Landpartie hinaus, in dieses Land meiner heiligen Jugendträume, und bemerke, daß die Weiden, die Birken dichte Waldungen geworden sind mit der Zeit.*

Adolf und Konrad Lorenz in Altenberg

Nur einige Meter von der schmalen Ortsstraße durch die *Adolf-Lorenz-Gasse 2* hinauf, steht inmitten eines großen, sich hangwärts ziehenden Parks ein beherrschendes schloßähnliches Gebäude – die Villa Lorenz. Errichtet wurde das riesige, verspielt-neobarocke Haus für den berühmten Orthopäden ADOLF LORENZ (1854–1946).

Der Erfinder der „unblutigen Einrichtung der angeborenen Hüftverrenkung" kam durch seine medizinischen Erfolge zu Ruhm und Ehre und durch zahlreiche Privatpatienten aus der ganzen Welt zu viel Geld – was man an der Gestaltung der Villa ablesen kann. Der staunende Besucher betritt das durch schmiedeeiserne Tore und hohe Mauern eingefriedete Anwesen und gelangt in die dunkle, feudale Halle. Adolf Lorenz lud hierher des öfteren seine Privatpatienten ein – amerikanische Millionäre und arabische Prinzen gaben sich die Türschnalle in die Hand. Aber auch Freunde quartierten sich immer wieder für längere Zeit hier ein. So schrieb der Arzt und Schriftsteller KARL SCHÖNHERR (1867–1943) in dieser Villa sein naturalistisches Schauspiel „Erde".

Der mit Abstand bekannteste Sohn des Mediziners Lorenz ist der Verhaltensforscher KONRAD LORENZ (1903–1989). Der spätere „Vater der Graugänse" wuchs in diesem feudalen Ambiente nahe den damals noch ungestauten Greifensteiner Donauauen auf. Schon als Kind beobachtete er gern die Tierwelt. Sein Bruder berichtet über die Anfänge der Lorenzschen Verhaltensforschung: „Da er an dem Prinzip der Dressur im Freien festhielt und in Freiheit gezähmte Tiere zwar die Angst, aber damit auch meist den Re-

spekt vor den Menschen verlieren, konnte es dem im Altenberger Garten Lustwandelnden leicht passieren, daß eine Tibetkatze unversehens aus dem Busch heraus seine Waden attackierte, ein Kakadu sich ihm in den Nacken festkrallte, oder, wenn er seine Jause im Freien einnehmen wollte, zwei große Kolkraben, die Vögel Wotans, sich aus den Lüften auf das glitzernde Silberbesteck stürzten und einen Löffel oder eine Zuckerzange auf Nimmerwiedersehen entführten."

Lorenz vermittelte die Ergebnisse seiner Forschung sehr populär. Viel diskutiert wurde seine 1963 erschienene Studie über den Aggressionstrieb des Menschen „Das sogenannte Böse". Er sah sich nicht nur als Biologe, sondern auch als Vertreter der „Evolutionären Erkenntnistheorie", die, populär aufbereitet, auch seinen „Acht Todsünden der zivilisierten Menschheit" zugrunde liegt. Sein Grundgedanke, den er immer wieder in abgewandelter Form publizierte: Die Zivilisation tendiere dazu, den Menschen zu domestizieren, ihn seiner Instinkte zu berauben und ihn zu degenerieren – zu „verhausschweinern", wie der eingängig formulierende Wissenschafter sagte. Damit, so Lorenz, verliere der Mensch auch sein angeborenes Empfinden für das Gute, das Schöne und die Gerechtigkeit.

Lorenz ist heute nicht unumstritten. So etwa polemisiert der Philosoph Konrad Paul Liessmann heftig gegen diese Denkschule: „Lorenz' Schriften (…) verströmten eine zutiefst antiurbane Atmosphäre, eine polternde Hemdsärmeligkeit, die die Natur auf ihrer Seite glaubte, manchmal, bei aller rhetorischen Beschwörung des Menschlichen, eine Anti-Humanität im Wortsinn: Man spürt, daß wir, wäre es nach Lorenz gegangen, eigentlich leben sollten wie die Tiere."

Lorenz lebte und arbeitete bis zu seinem Tod in Altenberg. 1973 erhielt er gemeinsam mit Karl von Frisch den Nobelpreis für Biologie. Er war ein energischer Kämpfer für den Umweltschutz, einer

Villa Lorenz in Altenberg: fast schon ein Schloß

der Hauptaktivisten gegen die Zerstörung der Hainburger Au. Die Räume des Lorenzschen Anwesens werden heute zur Hälfte vom Enkel Max Lorenz bewohnt, der einige Zimmer als Seminarräume weitervermietet. Die zweite Hälfte wird vom „Konrad-Lorenz-Institut für Evolutions- und Kognitionsforschung" unter der Leitung des angesehenen Biologen Rupert Riedl genutzt, wobei die Räume weitgehend unverändert aus der Lorenzschen Ära erhalten sind.

Villa Lorenz: Die große Halle

In der Bibliothek, dem einstigen Arbeitszimmer von Lorenz, finden heute Vorträge und Seminare statt; der Blick von hier auf die Donauniederung bzw. den sympathisch verwilderten Garten ist wunderbar, die Sekretärin über ihren Arbeitsplatz mehr als glücklich: „Das ist", sagt sie mit sympathisch überzeugter Stimme, „das schönste Büro der Welt."

☞ *Konrad-Lorenz-Institut für Evolutions- und Kognitionsforschung, Adolf-Lorenz-Gasse 2, Altenberg/Donau, Besichtigung nach Anmeldung, Tel. 02242/323 90*

303

Personenregister

Ortsregister

Ortsregister

Literatur in Auswahl

Lexika, Nachschlagewerke und Sammelbände
Dix, Robert (Hg.): Niederösterreich neu entdecken. St. Pölten 1978.
Gutkas, Karl (Hg.): Landeschronik Niederösterreich.
Wien/München 1990.
Kleindel, Walter (Hg.): Das große Buch der Österreicher. Wien 1987.
Kos, Wolfgang; Krasny, Elke (Hg.): Schreibtisch mit Aussicht.
Wien 1995.
Österreich-Lexikon in zwei Bänden. Hg. v. Richard und Maria
Bamberger, Ernst Bruckmüller und Karl Gutkas. Wien 1995.
Pollak, Walter (Hg.): Tausend Jahre Österreich.
Eine biographische Chronik. Bd.1–3. Wien o.J.
Twaroch, Johannes (Hg): Literatur aus Niederösterreich.
St. Pölten 1985.
Weikert, Alfred: Menschen in Niederösterreich. Bad Vöslau o.J.
Weikert, Alfred: Schauplatz Niederösterreich. Horn/Wien 1984.
Ziegler, Senta (Hg.): Ort der Handlung Niederösterreich.
St. Pölten 1981.

Ferdinand Raimund: Dichterkönig und Naturfreund
Ast, Wilhelm und Hiltraud: Du, mein geliebtes Gutenstein. Ferdinand
Raimund und Gutenstein. Gutenstein o.J.
Buczkowski, Hans: Der Tod im „Goldenen Hirschen".
In: morgen 48/1986.
Raimund, Ferdinand: Der Alpenkönig und der Menschenfeind.
Stuttgart 1968.
Raimund, Ferdinand: Werke in zwei Bänden, Bd. 2. Salzburg 1984.

Das Land Ludwig van Beethovens
Beethoven in Gneixendorf. In: Deutsche Musik-Zeitung.
Wien 3/10/1862.
Ley, Stephan: Beethoven. Sein Leben in Selbstzeugnissen, Briefen und
Berichten. Wien 1970.
Wallner, Viktor: Ludwig van Beethoven und Baden. Baden 1994.

Wo liegt Walthers Vogelweide?
Walther von der Vogelweide: Lieder und Sprüche. Übersetzung von
Richard Schaeffer. Stuttgart 1982.

Das Eisenbahnerkind Egon Schiele
Nebehay, Christian: Egon Schiele, 1890–1918. Leben, Gedichte, Briefe.
Salzburg 1979.
Nebehay, Christian: Egon Schiele und die Eisenbahn.
Wien 1995.
Roessler, Arthur: Briefe und Prosa von Egon Schiele.
Wien 1921.

Ludwig Wittgenstein: das Genie als Dorfschullehrer
Nedo, Michael (Hg.): Wittgenstein. Sein Leben in Bildern und Texten.
Frankfurt/M. 1983.

Wittgenstein, Ludwig: Tractatus logico-philosophicus.
　Frankfurt/M. 1963.
Wuchterl, Kurt; Hübner, Adolf: Ludwig Wittgenstein mit Selbst-
　zeugnissen und Bilddokumenten. Reinbek 1989.

Eine Reise mit Franz Schubert
Deutsch, Otto (Hg.): Franz Schubert. Die Dokumente seines Lebens.
　Kassel 1964.
Hilmar, Ernst (Hg.): Schubertgedenkstätte Schloß Atzenbrugg. Veröf-
　fentlichungen des Internationalen Franz Schubert Instituts, Bd. 8.
　Tutzing 1992.

Die Prominenz von St. Pölten
Kisler, Karl Michael: Die unbekannte Hauptstadt.
　In: NÖ Kulturberichte 1988–1993.

Das stolze Krems
Dworschak, F., u.a.: Der Maler Martin Johann Schmidt, genannt
　„Der Kremser Schmidt" 1718–1801. Wien 1955.
Stadt Krems (Hg.): 1000 Jahre Kunst in Krems. Ausstellungskatalog.
　Krems 1971.

Das Kremser Umland
Dachs, Robert: Oskar Werner. Wien 1994.
Eugippius: Das Leben des heiligen Severin. Übersetzung von Rudolf
　Noll. Passau 1981.
Fabian, Reinhard: Christian von Ehrenfels: Leben und Werk.
　Amsterdam 1986.
Hauer-Fruhmann, Christa (Hg.): Johann Fruhmann 1928–1985.
　Klagenfurt/Wien 1989.
Hauer-Fruhmann, Christa (Hg.): Leopold Hauer 1896–1984.
　St. Pölten 1987.
Hauer-Fruhmann, Christa (Hg.): Lengenfeld. 20 Jahre in Lengenfeld.
　St. Pölten 1990.
Szabo, Wilhelm: Lob des Dunkels. Gedichte 1930–1980. St. Pölten 1981.
Szabo, Wilhelm: Zwielicht der Kindheit. St. Pölten 1986.

Die Größen des Waldviertels
Castelli, Ignaz Franz: Memoiren meines Lebens, Gefundenes und
　Empfundenes, Erlebtes und Erstrebtes. Wien/Prag 1861.
Feuchtmüller, Rupert (Hg.): Franz Traunfellner. Mein Waldviertel.
　Siebenberg/Zwettl 1973.
Hamerling, Robert: Stationen meiner Lebenspilgerschaft. Hamburg 1889.
Peter, Elmar: Robert Hamerling. Sein Leben und seine Werke.
　Kirchberg/Walde 1993.

Spuren durchs Kamptal
Holzer-Andraschek, Ralph: Grillparzer im Waldviertel.
　In: Das Waldviertel 40, Heft 1, 1991.
Prihoda, Ingo (Hg.): Höbarth zum 30. Todestag 1982. Gedenkschrift der
　Gemeinde Horn. Horn 1982.

Sauer, August (Hg.): Franz Grillparzer. Sämtliche Werke, Bd. 1 und 5.
   Wien 1913–1917.
Schneidereit, Otto: Franz von Suppé. Der Wiener aus Dalmatien.
   Berlin 1977.
Urwalek, Johann: Erinnerungen an Gars im Kampthal und seine
   allernächste Umgebung. Korneuburg 1878.
Zweig, Stefan und Friderike: Unrast der Liebe. Ihr Leben und ihre Zeit
   im Spiegel ihres Briefwechsels. Bern/München 1981.

Bunte Mischung am Manhartsberg
Gaspar, Burghard: Die Gründung der Krahuletz-Gesellschaft im Jahre
   1900. Sonderdruck „Das Waldviertel", 40. Jg., Heft 1, 1991.
Suttner, Bertha von: Memoiren. Stuttgart 1909.
Suttner, Bertha von: Die Waffen nieder! Bd. 1 und 2. Dresden 1904.

Die Weinviertler Lyrik- und Romantiktour
Bayer, Konrad: autobiografische skizze. In: Sämtliche Werke,
   Bd. 1 und 2. Stuttgart/Wien 1985.
Britz, Nikolaus: Lenau und Stockerau. Stockerau 1982.
Britz, Nikolaus: Aus Nikolaus Lenaus familiengeschichtlicher
   Vergangenheit. Wien 1982.
Britz, Nikolaus: Lenau in Niederösterreich. Wien 1974.
Ebendorfer, Thomas: Chronica Austriae. Hg. v. Alphons Lhotsky.
   Berlin/München 1980.
Eichendorff, Joseph: Aus dem Leben eines Taugenichts. Novelle.
   Leipzig 1943.
Kaiser, Konstantin: Kramer, der Spurenleger. In: Buchkultur 2/1994.
Kramer, Theodor: Gesammelte Gedichte. Wien 1989.
Lenau, Nikolaus: Schilflieder. In: Gedichte. Stuttgart 1993.
Pichler, Caroline: Denkwürdigkeiten aus meinem Leben.
   Pichler's Witwe. Wien 1844.
Schurz, A.X.: Lenau's Leben. Bd. 1 und 2. Stuttgart 1855.

An den Hängen des Bisambergs
Kapner, Gerhardt: Anton Hanak. Kunst- und Künstlerkult. Wien 1984.

Das Marchfeld und darüber hinaus
Feuchtmüller, Rupert (Hg.): Hans Knesl. Plastiken. Bad Pirawarth o.J.
Fritsch, Gerhard: Moos auf den Steinen. Salzburg 1956.
Fritsch, Gerhard: Gesammelte Gedichte. Salzburg 1978.
Haller, Rudolf; Stadler, Friedrich (Hg.): Ernst Mach – Werk und
   Wirkung. Wien 1988.
Rosner, Leopold: Schatten aus dem alten Wien. Berlin 1910.

Ein philosophierender Kaiser und ein König der Musik
Marc Aurel: Selbstbetrachtungen, nach der Übersetzung von Albert
   Wittstock. Stuttgart 1993.

An der Westbahn
Auden, W.H.: Poems. Kirchstetten Gedichte 1958–1973. NÖ.
   St. Pölten 1983.

Feuerstein, Günther: Josef Hoffmann. In: Pollak, Walter (Hg.):
Tausend Jahre Österreich, Bd. 3. Wien o.J., S. 153–157.
Kaiser, Konstantin: Ist Weinheber diskutabel? In: Jahresgabe 1993/94
der Josef Weinheber-Gesellschaft, Kirchstetten 1993, S. 96–99.
Mahler-Werfel, Alma: Mein Leben. Frankfurt/M. 1963.
Weinheber, Josef: Kirchstettner Trilogie. In: Sämtliche Werke, Bd. IV.
Salzburg 1953/1956.
Weinheber, Josef: Wien wörtlich. In: Sämtliche Werke, Bd. II.
Salzburg 1953/1956.
Weinheber, Josef: Hymnus auf die deutsche Sprache.
In: Das große Josef Weinheber Hausbuch. Wien 1995.

Eine Reise durch die Vorstadt
Hellmer, Edmund (Hg.): Hugo Wolf. Eine Persönlichkeit in Briefen.
Leipzig 1912.
Orel, Alfred: Hugo Wolf. Ein Künstlerbildnis. Wien 1947.
Müller, Ludwig: Rudolf Steiner und Brunn am Gebirge. Wien 1968.
Müller, Ludwig: Der Gliedererhof. Brunn 1969.
Nics, Peter: Vom Mississippi zur Donau. In: NÖ Kulturberichte,
Dezember 1985.
Steiner, Rudolf: Mein Lebensgang. Dornach 1925.
Weigel, Hans: Die Westbahn ist so feucht. In: Ziegler, Senta (Hg.):
Ort der Handlung Niederösterreich. St. Pölten 1981, S. 174–179.

Die Künstlerkolonien in Mödling und in der Hinterbrühl
Freitag, Eberhard: Arnold Schönberg mit Selbstzeugnissen und
Bilddokumenten. Reinbek 1994.
Grieser, Dietmar: Stifters Rosenhaus und Kafkas Schloß. Wien 1995.
Historisches Museum der Stadt Wien (Hg.): Adam und Anima.
Rudolf Hausner 80 Jahre. Wien 1995.
Schondorff, Joachim: Die unsentimentale Lebensreise des Albert Drach.
Zum 75. Geburtstag. In: morgen 12/1977.
Skarabela, Lilli: Franz Theodor Csokor und Mödling.
In: mogen 42/1985.
Weinheber, Josef: Das Waisenhaus. In: Sämtliche Werke, Bd. III.
Salzburg 1953/1956.
Wildgans, Anton: Gedichte. Musik der Kindheit. Kirbisch.
Hg. v. Gottfried Wildgans. Wien 1981.
Wildgans, Lilly: Das Haus bei St. Othmar. In: In Memoriam
Anton Wildgans. Hg. v. der Stadt Mödling. Mödling 1956.

Baden in Baden
Meissner, Hans, u.a.: Anton Rollett – ein Badener Arzt und
Naturforscher im Biedermeier. Baden 1992.
Nabl, Franz: Meine Wohnstätten. Graz 1975.
Radax-Ziegler, Senta: Labyrinthe der Liebe. Albert Paris Gütersloh und
Milena Hutter. Wien 1988.
Wallner, Viktor: Katharina Schratt – Eine Badenerin als Freundin von
Kaiser Franz Joseph I. Baden 1990.
Wallner, Viktor: Franz Grillparzer – ein österreichischer Dichter und
Beamter. Baden 1991.

Wallner, Viktor: Wolfgang Amadeus Mozart und Baden. Baden 1991.
Wallner, Viktor: Josef Lanner und Carl Michael Ziehrer –
Zwei Walzerfürsten in Baden. Baden 1993.
Wallner, Viktor: Zwischen Fächer und Bubikopf. Die „vergessene"
Emanzipation in Baden. Baden 1993.

Bad Vöslauer Stammgäste
Rychlik, Otmar (Hg.): Gäste – Große Welt in Bad Vöslau.
Bad Vöslau 1994.

Fabrikanten und Fabriksstädte
Ebner, Ferdinand: Notizen, Tagebücher, Lebenserinnerungen.
In: Ferdinand Ebners Schriften, Bd. 2. München 1963.
Haiko, Peter; Reissberger, Maria: Die Kruppschen Schulen.
In: Magie der Industrie. Katalog der NÖ. Landesausstellung 1989.
München 1989.
Hauer, Josef Matthias: Vom Wesen des Musikalischen. Lehrbuch der
atonalen Musik. Leipzig 1920.
Hauer, Josef Matthias: Deutung des Melos. Leipzig 1923.
Hösl, Wolfgang: Industriestraße. Guntramsdorf 1989.
Lützeler, Paul Michael: Hermann Broch. Eine Biographie.
Frankfurt/M. 1988.
Nö. Kulturforum (Hg.): Josef Matthias Hauer. Schwechat 1979.
Pinczolits, Franz: Der Philosoph aus dem Café Lehn. In: Der Philosoph
Ferdinand Ebner 1882–1931. Festschrift des Nö. Kulturforums.
Schwechat 1982.
Szmolyan, Walter: Josef Matthias Hauer. Eine Studie. Wien 1965.
Steiner, Rudolf: Mein Lebensgang. Dornach 1925.
Stoessl, Otto: Sonnenmelodie. Wien 1977.

Das Biedermeiertal
Feuchtmüller, Rupert: Friedrich Gauermann.
In: Katalog Gauermann-Museum Miesenbach 1976.
Mliner, Josef: Das Brahmshaus in Oed. In: Waldegg Aktuell 5/1979.

Hexameter in der Buckligen Welt
Grieser, Dietmar: Stifters Rosenhaus und Kafkas Schloß. München 1995.
Wildgans, Anton: Kirbisch oder Der Gendarm, die Schande und das
Glück. In: Sämtliche Werke, Bd. 5, Wien 1948.
Wildgans, Anton: Gedichte. Musik der Kindheit. Kirbisch.
Hg. v. Gottfried Wildgans. Wien 1981.
Wildgans, Lilly (Hg.): Ein Leben in Briefen. Bd. 1–3 . Wien 1947.

Auf den Semmering!
Altenberg, Peter: Semmering 1912. Berlin 1913.
Doderer, Heimito von: Die Wasserfälle von Slunj. München 1994.
Freud, Sigmund: Briefe 1873–1939. Frankfurt/M. 1960.
Freud, Sigmund: Briefe an Wilhelm Fließ. 1887–1904.
Frankfurt/M. 1986.
Kos, Wolfgang: Über den Semmering. Kulturgeschichte einer
künstlichen Landschaft. Wien 1991.

Kos, Wolfgang (Hg.): Die Eroberung der Landschaft. Semmering, Rax, Schneeberg. Wien 1992.

Krasny,Elke: Teil der Ansicht. Lesende Begehungen einer Gedächtnislandschaft. In: Kos, Wolfgang (Hg.): Die Eroberung der Landschaft. Wien 1992.

Krasny, Elke: Ein Semmeringaufenthalt von Arthur Schnitzler. In: Kos, Wolfgang (Hg.): Die Eroberung der Landschaft. Wien 1992.

Schnitzler, Arthur: Das weite Land. In: Das weite Land. Dramen 1910–1912. Frankfurt/M. 1993

Wie Schnitzler seine Menschen zeichnete. In: Neues Wiener Journal, 22.11.1931.

Zweig, Stefan: Brennendes Geheimnis. Erzählung. Wien 1989.

Unter, an und auf der Rax

Altenberg, Peter: Vita ipsa. Berlin 1924.

Altenberg, Peter: Was der Tag mir zuträgt. Berlin 1924.

Doderer, Heimito von: Commentarii 1951–1956. Tagebücher aus dem Nachlaß. München 1976.

Leupold-Löwenthal, Harald: Psychoanalyse in 2000 Metern Seehöhe. In: Kos, Wolfgang (Hg.): Die Eroberung der Landschaft. Wien 1992.

Mahler-Werfel, Alma: Mein Leben. Frankfurt/M. 1963.

Musil, Robert: Tagebücher, Aphorismen, Essays. Reinbek 1955.

Schmidt-Dengler, Wendelin: Man sollte nie mit dem Automobil über den Semmering fahren. In: Kos, Wolfgang (Hg.): Die Eroberung der Landschaft. Wien 1992.

Schnitzler, Arthur: Jugend in Wien. Eine Autobiographie. Frankfurt/M. 1994.

Weidmann, Carl Franz: Alpengegenden Niederösterreichs und Obersteyermarks im Bereiche der Eisenbahn von Wien bis Mürzzuschlag. Wien 1862.

Im Hochgebirge

Castelli, Ignaz Franz: Memoiren meines Lebens. Gefundenes und Empfundenes, Erlebtes und Erstrebtes. Wien/Prag 1861.

Feuchtmüller, Rupert: OK zeichnet in Lassing. In: morgen 1/1977.

Nabl, Franz: Der Ödhof. Graz 1975.

Nabl, Franz: Meine Wohnstätten. Graz 1975.

Das Tal der Donau

Lachnit, Edwin: Oskar Kokoschka. Leben und Werk. Pöchlarn o.J.

Kokoschka, Oskar: Mein Leben. München 1971.

Paul, Ernst: Johann Georg Albrechtsberger. Klosterneuburg/Wien 1976.

Klosterneuburg, Kierling, Weidling und Altenberg

Altenberg, Peter: Mein Lebensabend. Berlin 1919.

Grieser, Dietmar: Stifters Rosenhaus und Kafkas Schloß. München 1995.

Hackermüller, Rotraut: Das Leben, das mich stört. Eine Dokumentation zu Kafkas letzten Jahren 1917–1924. Wien/Berlin 1984.

Schurz, Anton: Lenau's Leben. Bd. 1 und 2. Stuttgart 1855.

Bildnachweis

Bildarchiv der Österreichischen Nationalbibliothek:
Seiten 11, 20, 31, 36, 44, 53, 55, 64, 65, 66, 67, 69, 70, 73, 76, 79,
81, 102, 106, 111, 122, 129, 131, 135, 137, 140, 141, 143, 147,
153, 156, 161, 163, 165, 168, 170, 173, 182, 188, 190, 196, 200,
205, 210, 211, 213, 216, 220, 228, 232, 234, 236, 244, 245, 247,
249, 252, 254, 261, 264, 267, 268, 270, 277, 278, 286, 290, 301
Brand-Archiv, Langenzersdorf: Seite 139
Broch-Archiv, Teesdorf: Seite 219
Elmar Peter: Seite 88
Falter-Archiv: Seiten 38, 58, 75, 83, 84, 86, 105, 119, 127, 149, 169,
179, 202, 223, 224, 252, 262, 264, 297
Fremdenverkehrsverband Lilienfeld: Seite 275
Burghard Gaspar: Seiten 117, 118
Anne Hausner: Seite 193
Klaus K.G.: Seite 157
Irmgard Linke-Traunfellner: Seite 97
NÖ Fremdenverkehrswerbung: Seite 101 (Luftbild 1978-69924),
Seiten 115, 229, 250
Barbara Pflaum: Seite 78
Rollett Museum: Seite 198
Anton-Wildgans-Archiv, Mödling: Seiten 184, 240
Zdarsky-Museum, Lilienfeld: Seite 273

Alle übrigen Fotos stammen von Othmar Pruckner.

Für Beratung und Unterstützung danken wir:

Adolf Auska, Scheideldorf; Dr. Beatrix Bastl, Wiener Neustadt;
Raimund Bichler, Semmering; Franz und Johanna Bojanowsky,
Wolkersdorf; Familie Buczkowski, Pottenstein; Robert Dachs,
Wien; Helmut Dorfner, St. Pölten; Gerti Drach, Mödling;
Adolf Ehrentraud, Ruppersthal; Gerhard Eidler, Wiener
Neustadt; Dr. Ernst Englisch, Krems; Heinrich Eppensteiner,
Lilienfeld; Burkhard Gaspar, Eggenburg; Erna Geiger,
Neulengbach; Familie Gettinger, Gneixendorf; Dr. Erich
Glawischnig, Harmannsdorf; Christa Hauer-Fruhmann,
Lengenfeld; Anne Hausner, Mödling; Dr. Adolf Hübner,
Kirchberg/ Wechsel; Angelika Jensen-Payr und Norbert Payr,
Zeiselmauer; Franz Jungbauer, Berndorf; Jutta Kaindl, Gföhl;
Irmgard Linke-Traunfellner, Wien; Emmerich Märzendorfer,
Mönichkirchen; Dr. Rudolf Maurer, Baden;
Wolfgang Messenbüchel, Korneuburg; Anton Mühlbauer,
Golling; Elmar Peter, Kirchberg/Walde; Gertrude Plach,
Litschau; Gerda Platz, Wien; Mag. Pulle, St. Pölten;
Richard Rauscher, Lichtenau; Dr. Otmar Rychlik, Bad Vöslau;
Dr. Georg Schmitz, Wien; Alois Schmutzer, St. Peter/Au;
Rosl Schwab, Atzenbrugg; Dr. Helmut Schwarzjirg,
Langenzersdorf; Anna Seitz, Teesdorf; Mag. Eva Smekal, Wien;
Dr. Lilli Skarabela, Mödling; Dr. Karl Hermann Spitzy, Baden;
Familie Steiner, Kreuzberg; Franz Stern, Mönichkirchen;
Wolfgang Stummer, Prein/Rax; Familie Weinheber-Janota,
Kirchstetten; Berthold Weiß, Gablitz; Familie Waissnix,
Reichenau; Marianne Wiessner, Großwetzdorf;
Ing. Gottfried und Ilse Wildgans, Mödling; Johann Wolmuth,
Purkersdorf; Dr. Walter Zimper, Markt Piesting.